Les Français aussi ont un accent

Jean-Benoît Nadeau

Les Français aussi ont un accent

*Mésaventures anthropologiques
d'un Québécois en Vieille-France*

Payot

I

Le Martien

Où l'auteur, s'étant présenté, explique ce que diable il va faire dans cette galère et pourquoi il ne se contentera pas de rénover une maison en Provence, révélant par là qu'il se fait un mouron d'enfer avant le départ à propos de son sujet d'étude, qu'il juge impossible, et pourquoi en définitive il la jouera cool.

« Jean-Benoît, tu es le Martien que je cherche depuis vingt ans !
— Aha ?
— *Absolutely.* »
Sur le coup, je ne dis rien, mais j'ai plutôt l'impression que le Martien, c'est l'Américain en face de moi. Peter Bird Martin dirige une fondation américaine au nom intraduisible, *the Institute of Current World Affairs* — en français, ça donne quelque chose d'improbable comme Institut des affaires mondiales courantes, ce qui ne rime à rien. Drôle d'oiseau que ce Bird-là, donc, qui est venu en ce beau matin de mai 1998 m'interviewer dans mon home de Montréal, comme il le fait pour tous les candidats au poste de correspondant.
« Chaque année, je reçois des candidatures de jeunes

qui s'intéressent à la France. C'est toujours pareil : ou bien ils écrivent des conneries, ou bien ils n'y connaissent rien à rien. Toi, ton idée d'étudier les Français et la mondialisation, c'est parfait. Et en plus, tu sais de quoi tu parles.

— Pourtant, Peter, je connais mieux l'Angleterre que la France.

— Je sais, tu l'as écrit aussi, mais je ne cherche pas des gens qui ont réponse à tout. Et puis, des francophones qui savent écrire en anglais et qui ne connaissent pas la France, ça ne court pas les rues non plus.

— En effet.

— *So, you're the Martian, I'm telling you !* »

À vrai dire, Peter n'a pas entièrement tort, car mon profil de carrière me rend difficile à classer. Voilà quinze ans, j'ai renoncé à mes études d'ingénieur par refus de me limiter à un seul créneau, et j'aime écrire autant sur l'économie que sur la politique, la science et le plein air. Journaliste, je n'ai jamais eu d'emploi, et j'ai toujours vécu, plutôt bien, de la vente de mes articles. Bien que le français soit ma langue maternelle (et paternelle), je travaille également en anglais, ce qui est très rare même au Canada, pays bilingue. Dans ma vie personnelle, c'est tout aussi bizarre : je suis marié avec une anglophone de l'Ontario, et nous avons développé un système d'alternance anglais-français. Le mois de janvier, c'est en français entre nous. Le mois suivant, *in English*, et ainsi de suite. Il faut dire que le cadre s'y prête. Montréal est une de ces rares villes biculturelles comme Bruxelles, Barcelone et Sarajevo. Montréal, c'est la métropole-sans-être-la-capitale d'une province schizophrène sans identité particulière, le Québec, sorte de monde perdu de la francophonie, et partie fondatrice du Canada, pays principalement anglophone dont les habitants se définissent comme n'étant pas américains. Quant à moi, je me suis toujours perçu comme un Américain parlant français, davantage que comme un Français échoué en Amérique. Drôle de mec, donc. Avec son sens de la formule, Peter Martin dit « Martien ». Voilà pour les présentations.

Au moment de la visite de Peter, j'éprouve – comme ça m'arrive périodiquement – le désir violent de sortir du Québec, du Canada, et de voir autre chose. Le Canada est si populaire chez les Français qu'il leur est difficile de comprendre qu'on puisse vouloir en sortir un peu, pas mal, beaucoup. C'est mon cas. Mon problème, ce n'est ni l'extrême désolation du territoire ni l'absence d'histoire. Mon problème, c'est l'insularité étouffante du Québec, en particulier pour un journaliste. Par exemple, aucun des grands quotidiens francophones de Montréal n'a de bureau dans aucune des grandes villes voisines comme Toronto, Boston, New York. Cet isolement tient moins aux sirènes du séparatisme qu'à une sourde volonté de repli. L'herbe paraît toujours moins verte dans la cour du voisin si l'on ignore qu'il y a un voisin, une cour et de l'herbe !

Donc, l'*Institute* que Peter dirige représente une occasion en or. Difficile d'expliquer ce que c'est que cet *Institute*-là, car cette fondation privée ne correspond à rien de connu hors de l'Amérique. Mais commençons par le commencement.

Sa naissance remonte aux années folles. Son fondateur, Charles Crane, était le fils du roi de la porcelaine sanitaire, dont le nom apparaît sur la moitié des pissotières, chiottes et baignoires d'Amérique. Plutôt dilettante qu'industriel, le fils Crane préférait voyager que contempler de nouveaux designs d'urinoirs. Ses activités de journaliste, de diplomate et de professeur en faisaient un assez beau spécimen d'une espèce menacée : l'intellectuel américain. Charles Crane comptait parmi les négociateurs de Versailles en 1919. Or, dans les années vingt, l'Amérique frileuse s'isolait dans son coin et cela le frustrait, lui, l'internationaliste. Tant et si bien qu'il créa en 1925 une fondation, ICWA, qu'il dota en signant un chèque d'un million de dollars – une petite fortune pour l'époque.

En fait, Crane poursuivait deux buts : informer l'intelligentsia sur les enjeux internationaux et permettre à des jeunes de moins de trente-cinq ans de se former à la compréhension ou à la gestion des questions internationales. En soixante-quinze ans, son *Institute* a envoyé plus de cent quarante correspondants dans le monde. Quand je suis arrivé dans le décor, il y en avait en Chine intérieure, en Érythrée, en Hongrie, au Guatemala, à Cuba, en Ouzbékistan et au Brésil.

La visite de Peter va porter fruit. Après une ronde de rendez-vous à New York et Washington, je décroche le contrat en juin 1998 : deux années comme correspondant à Paris, avec liberté totale des sujets et des déplacements. Le rêve : pisser de la copie grâce au fils du roi des urinoirs. Qui dit mieux ?

Ma femme et moi mettrons plus de six mois à quitter Montréal. Il faut vendre la cabane au Canada, trouver preneur pour nos deux chats, et surtout fermer boutique. Douze ans de journalisme à la pige à mettre au rancart, ça ne se fait pas en criant martien.

À vrai dire, je prends mon temps, car le défi m'effraie. La plupart des trois cents membres individuels de l'institut – principalement des journalistes, des professeurs et des hauts fonctionnaires – entretiennent des attentes très fortes sur mon compte. Je suis censé être celui qui expliquera la France aux Américains. De fait, je suis le premier correspondant à partir pour l'Europe de l'Ouest en cinquante ans. La plupart des autres correspondants de l'ICWA choisissent des destinations difficiles, vivant à la dure dans des trous paumés de pays tarés, sans eau potable ni électricité, risquant le paludisme et la dysenterie pour extraire quelques pépites de savoir enfoui. Ce ne sera évidemment pas mon cas en France, moi qui risque surtout la honte et le ridicule. Paris est une ville bien plus chère que Hô Chi Minh-Ville, Achkhabad ou Ouagadougou, et Peter s'attend à ce que son correspondant parisien lui en donne pour son argent.

Il faut dire que le ton fut donné dès la première rencontre.

« Tu connais Tocqueville ? » m'a demandé Peter, pas très longtemps après m'avoir traité de Martien.

« Bien sûr. »

Tu parles si je connais Tocqueville ! Alexis-de, pour les intimes. C'est lui qui, le premier, en 1830, a étudié la Démocratie en Amérique – le titre de son livre, un classique. En fait, il a anticipé plusieurs tendances lourdes de la culture et de la mentalité américaines en décortiquant dans le détail le fonctionnement du système politique américain.

« Eh bien, Jean-Benoît, je te vois comme mon *reverse* Tocqueville.

– Aha...

– Tocqueville, c'est le gars qui a expliqué l'Amérique aux Français et au monde. Toi, tu vas être celui qui expliquera la France à l'Amérique.

– Rien que ça. »

C'est toujours comme ça avec les Américains : les enchères montent vite. Mais là, c'était un peu ma faute, vous vous en doutez bien.

Tout aurait été très simple si j'étais parti en France pour rénover une maison en Provence, lalalère, écrivant chaque mois sur mes découvertes du voisinage.

11

Non, j'ai un sujet d'étude, un gros, et il me tarabuste tout l'automne 1998. Je suis censé étudier – roulement de tambours – POURQUOI LES FRANÇAIS RÉSISTENT À LA MONDIALISATION – coup de trompette ! Le genre de truc qui ne peut impressionner que les Américains. Plus j'y réfléchis, plus mon projet me paraît être un ramassis des préjugés et idées reçues de la presse tant américaine que française. Mon « projet », qui tient en deux pages, a toutes les apparences de la profondeur alors que c'est d'un vide consternant. Pour le rédiger, je me suis fondé sur trois douzaines d'articles glanés au fil des ans. C'est un fait que pendant toutes les années quatre-vingt et quatre-vingt-dix même la presse française s'est laissée aller à une sorte de surenchère dans le genre pessimisme délirant. Dans tous les articles que j'ai lus, il n'était question que d'une société bouchée, en plein marasme, refoulant ses étrangers, dans un climat de racisme semi-officiel. Un pays ranci, moisi, endetté, engoncé dans l'histoire, constipé, obnubilé par l'excellence de ses TGV, Minitel et autres Concorde invendus parce que invendables, tournant un cinéma insupportable dans une langue en perdition, langue mal défendue par des auteurs illisibles, suffisants et enculeurs de mouches mortes. Bref, la France était en train de rater le train de la mondialisation comme elle avait raté l'Amérique ! Vu de très loin, c'était bien l'impression qui se dégageait, et moi je me proposais d'expliquer ce gâchis...

Mission impossible. Durant tout l'automne, je m'en voudrai d'avoir choisi un thème d'étude aussi large. Pourquoi la France résiste-t-elle à la mondialisation ? Et d'abord, pourquoi ne résisterait-elle pas à la mondialisation ? Résiste-t-elle vraiment ? Mais qu'est-ce que la mondialisation ? Et qu'est-ce que la France ? De quelle France parle-t-on ? De celle de Paris ? De celle de Lyon ? De celle de Le Pen ? Ou de celle du

Val-Fourré ? De la Chiraquie mitterrandienne ? De la Mitterrandie gaullienne ? De la Giscardie pompidolienne ? Une année en Provence aurait été moins compliquée – à plus forte raison deux.

Et à supposer que tous les termes soient clairs et que la question soit juste, comment l'étudier ? Comme un journaliste ? Comme un politologue ? Comme un historien ? À qui parler ? À Chirac ? À l'ambassadeur des États-Unis ? À Le Pen ? La plupart des autres correspondants d'ICWA ont des objectifs mieux cadrés – biologie de la foi chez les aborigènes de Vanuatu, rôle des plantes médicinales chez la femme ghanéenne, gestion des parcs nationaux au Chili. Pourquoi n'ai-je pas choisi un thème plus digeste – passage à l'euro, autonomisme corse, réforme de l'ENA ?

J'ai une autre raison, plus intime, de redouter le départ : les Français me font un peu peur. Il faut dire que je n'ai jamais eu pour ambition personnelle de devenir français, contrairement à bien des Québécois, surtout ceux de la vieille école. La première fois qu'elle a mis le pied en terre française, Denise Bombardier s'est couchée en plein aéroport pour baiser le sol français. Moi, la seule fois que je suis venu en France, j'ai plutôt eu l'impression de me faire baiser pendant les deux semaines de voyage.

Pour être précis, j'ai perdu ma virginité en matière de « francitude » en mai 1992. Julie et moi allions nous marier, et nous avions eu pour idée fantaisiste de faire un petit voyage de deux semaines en France – une à Paris et l'autre en Provence. Nous avons conservé tous deux un souvenir lumineux du palais des Papes, des maisons de gardians, des flamants roses, du chant des grenouilles, et du premier sandwich au brie – je ne croyais pas qu'on puisse mettre du brie dans un sandwich. Nous étions aux Saintes-Maries-de-la-Mer lorsque les premiers gitans sont arrivés avec leurs caravanes pour les célébrations de la Sainte-Sarah, leur patronne. Je n'oublierai jamais ce concert de guitare improvisé dans une pizzeria non loin de l'église. Je revois le guitariste qui jouait divinement malgré le fait qu'il portait deux bagues à chaque doigt au risque de péter ses cordes.

Nous avons donc vu des *choses* passionnantes pendant ces deux semaines. Je ne peux pas en dire autant des Français. Ils s'agitaient sans jamais nous parler, sauf pour dire des trucs déplaisants ou déplacés. Tout le monde me paraissait gris, assez peu expressif, ennuyeux ou ennuyé – une sorte de film de Claude Chabrol. Tout cela se passait quelques mois avant le référendum de Maastricht, au milieu d'une crise économique profonde, alors que déferlait le néopoujadisme tendance Le Pen. Il se dégageait une impression de renfrognement franchouillard à peine supportable, qui plaçait tous les étrangers dans le même sac. Plus d'une fois on m'a répondu en anglais, ou alors en français mais avec ce ton du parent grondant l'enfant. Et souvent, on me corrigeait, ce qui est parfaitement impertinent dans l'esprit d'un Nord-Américain.

Le seul dialogue mémorable de ce séjour, je l'ai eu avec une gitane qui m'a abordé devant l'église des Saintes-Maries-de-la-Mer en me glissant un médaillon de sainte Sarah dans la main.

« C'est vingt francs.

– Je n'ai que dix francs. »

Elle me l'a repris, et avant de me signer sur le front :

« La bénédiction, c'est dix francs. »

Puis elle est partie rejoindre les autres. J'en suis resté tout ébaubi. Et dix francs moins riche.

Le vide de communication fut donc presque absolu durant ces deux semaines. En fait, j'ai pris conscience qu'outre la langue et un fonds de commerce culturel

14

— Depardieu, *Les Misérables* — je n'avais presque rien en commun avec les Français. L'explication la plus évidente, c'est que je ne comprenais aucun des codes de communication, en particulier non verbale. Avant même d'ouvrir la bouche, on a déjà signifié à son interlocuteur toute une série de messages conçus pour montrer son appartenance, son rang social, ses émotions. C'est animal. Bref, ça colle ou pas. Pour ma part, ça ne collait pas du tout. Et j'ai décollé deux semaines plus tard avec soulagement en me demandant : « Mais comment peut-on être français ? »

Malgré toutes ces impressions très fortes et très désagréables au retour, je me suis interdit de trop généraliser. Je n'ai jamais aimé ce genre de boutade qui veut que la France soit un pays parfait sans les Français. C'est drôle, mais idiot. La vie en couple bilingue, dans une ville bilingue, avec une expérience professionnelle totalement bilingue m'ont entraîné à distinguer la connerie pure des malentendus résultant de différences culturelles insondables, intraduisibles et souvent inintelligibles. À franchement parler, je suis rentré assez fâché contre les Français, tout en étant conscient que le code, que les clés m'avaient échappé. Bref, j'ai longtemps eu l'impression d'un rendez-vous raté.

Au début de décembre 1998, Peter Martin nous reçoit Julie et moi chez lui. Ce n'est pas une première : il le fait pour tous ses correspondants à la veille du départ. Le but officiel de la réunion est de mieux faire connaissance et de s'assurer que tout est en ordre. Son but officieux consiste à enseigner au futur correspondant la bonne manière de préparer le martini, boisson fétiche de Peter. Le message qu'il tient à faire passer est le suivant : toujours garder des glaçons au congélateur en prévision d'une de ses visites. C'est l'une des rares obligations imposées aux correspondants – outre la production d'un long article chaque mois.

Martin et son Martien sirotent donc des martinis dans le living de la belle maison de Peter sur les berges de la rivière Connecticut, qui sépare le Vermont du New Hampshire. Entre le deuxième et le troisième martini, je lui confie mes soucis sur mon sujet d'étude, sur la France et les Français – j'ai déjà tout expliqué, alors vous ne me ferez pas répéter.

« Ne t'en fais pas, Jean-Benoît. J'encourage tous nos correspondants à remettre en question leur idée de départ et la plupart finissent par faire autre chose.

– Heureux de te l'entendre dire, Peter, mais je ne sais toujours pas par où commencer. C'est gros, la France.

– Alors commence par cultiver tes premières impressions.

– Cultiver mes impressions ?

– Tes *premières* impressions. Des impressions, on en a tous, sur tout, mais on n'a des premières impressions qu'une seule fois : la première. Dit comme ça, ça fait bête. Mais ces impressions-là sont à toi seul. Si tu ne cultives pas tes premières impressions, c'est fini. Woosh !

– Woosh ?

– Woosh ! Je te le dis. Ton impression ?

– J'ai l'impression que j'en prendrais bien un autre. »

Ce soir-là, je prends donc deux décisions fondamentales, qui influenceront tout mon séjour – et qui se trouvent à l'origine de ce livre. D'abord, la mondialisation, qu'est-ce que j'en ai à foutre ? Surtout : je ne porterai pas sur les Français un regard de journaliste, mais d'anthropologue. Les bons journalistes ont justement l'art de se forger une opinion très vite, parfois avec justesse, mais leur idée est toujours limitée au papier qu'ils ont à produire. Tout cela parce qu'ils n'ont que deux ou trois jours, parfois une semaine pour se faire une idée. Or, j'ai sept cent trente jours devant moi, et je n'ai aucune obligation de résultat. Les journalistes ont aussi des obligations de moyens : ils se battent constamment pour recueillir les opinions et des citations « significatives » de personnalités culturelles, industrielles ou politiques. Or, qu'est-ce que j'en ai à fiche de l'opinion de Bourdieu, de Messier ou de Jospin ?

Je vais la jouer martien, justement, et porter sur la France et les Français le même regard qu'un anthropologue débarquant chez les Yanomanis de l'Amazonie inférieure. Il s'agira de se faire accepter en s'installant progressivement, en interrogeant les faits de la vie courante, en mangeant avec les autochtones, en skiant et en randonnant avec eux, en lisant leurs bédés, en repeignant leurs plafonds, en m'accrochant au pinceau, en enlevant l'échelle. La différence étant que la France, ce n'est pas l'Amazonie inférieure.

C'est donc après les libations de Noël et du jour de l'an que Julie et moi prenons l'avion, le 8 janvier 1999, avec nos six valises et tout un bagage de préjugés et d'idées reçues pour un voyage de deux ans dans ce qui va se révéler une drôle de tribu.

II

Le déclic

Où l'auteur, plongé dans un état d'euphorie qui l'étonne,
contemple les arènes de Lutèce et les péniches de la Seine
puis éprouve dans un flash la certitude que les craintes
exprimées au chapitre précédent sont nulles et non avenues
et que son expérience sera aux antipodes de la première.

À peine débarqués, Julie et moi mettons le cap sur
le 13e arrondissement, où nous avons trouvé à nous
loger dans un gîte rue Lebrun – le genre d'établissement assez rare à Paris, et nettement mieux que l'hôtel
en la circonstance. Le petit couple qui tient gîte ne
fait pas de pub : il ne marche qu'avec les z'amis des
z'amis. Maryse et Marie ont beaucoup voyagé et se
sont spécialisées, à ce que j'ai compris, dans les Canadiens, quoiqu'elles aient reçu aussi quelques Grands-
Bretons. Tout est affaire de réseau.
Nous sommes affamés et Marie nous sert le petit
déj, qui attendait bien sagement d'être dévoré. On
voit que nos hôtesses ont beaucoup bourlingué à la
qualité de leur petit déj. On a droit à des céréales et
donc à du lait – wow ! –, et aussi à une assiette,
pas juste à un bol pour tremper ses deux bouts
de baguette. Dans un pays où même l'ouvrier en

bâtiment déjeune sur son chantier avec une serviette sur les genoux, j'ai toujours été étonné de la malpropreté du petit déjeuner français. J'en ai fait l'expérience une fois avec des Français en visite : le matin, j'ai posé une assiette devant eux. Ils l'ont mise de côté et se sont amusés à faire des miettes partout.

Ici, j'en profite pour faire une parenthèse sur cette expression bizarre de « petit déjeuner ». Déjeuner, c'est dé-jeûner, il me semble. Au Québec, on dé-jeûne le matin, on dîne le midi et on soupe le soir. Les Français, eux, dé-jeûnent deux fois de suite. C'est très curieux. Je pense qu'ils disent « petit déjeuner » pour le premier déjeuner parce qu'ils dé-jeûnent assez petitement.

Toujours est-il que Maryse et Marie sont absolument charmantes. Leur hébergement, c'est le type de commerce pas clair que j'observerai souvent en France — pas de tiroir-caisse, on paie en espèces, et tout part dans le matelas. Mais pour le reste, elles sont parfaitement organisées. Ayant sillonné la planète, elles ne sont pas du genre à parler plus fort si on ne comprend pas. Elles ont un grand cartable bourré de dépliants : horaires d'autobus, musées, restaurants. Elles sont d'ailleurs parfaites dans le rôle d'introductrices. « Prenez la ligne 1, c'est plus moderne » ; « Achetez *Le Monde* aujourd'hui. Vous pourrez prendre l'*Aden* » ; « Le ramadan commence aujourd'hui. »

Ce que j'aime le plus de leur chez z'elles, c'est la vue depuis le quatrième. La cour intérieure de notre immeuble est un beau jardin gazonné où s'élève un joli pavillon XVIIe bâti dans la belle pierre crème de Paris. D'où nous sommes, nous pouvons observer la succession de jardins séparés par de très hauts murs, mais s'étendant sur près d'un hectare. Tout est verdure — car l'hiver à Paris est vert, autre objet d'étonnement. Depuis la rue, Paris est une muraille aux volets fermés, avec assez peu de jardins publics. Drôle de théâtre où les coulisses sont parfois plus belles que la scène. Il y a un monde entre la France du dedans et celle du dehors. La frontière entre ces deux mondes, c'est la porte, le digicode et le volet. Je découvrirai à quel point le volet est le grand élément unificateur de la culture française d'est en ouest, et du nord aux suds (eh oui, au pluriel).

À 13 heures, coup de barre effroyable. Rien de plus déplaisant que le vol de nuit Montréal-Paris. Je n'ai jamais pu dormir dans un avion, et j'ai l'impression d'avoir passé la nuit sur la corde à linge. Maryse et Marie ont des courses à faire, mais avant de partir Marie tient à m'expliquer le fonctionnement de la porte d'entrée.

Encore faut-il la trouver, la porte ! Je n'ai jamais compris cette espèce de coquetterie bizarre des Parisiens qui consiste à masquer la porte avec un rideau. Cette tenture fort laide – bien plus laide que la porte qu'elle cherche à cacher – est d'abord un ramasse-poussière, véritable régal pour les acariens et autres parasites pelliculophages. Enfin...

Cette coquetterie, donc, dissimule cet héritage moyenâgeux qu'est la porte française – blindée, renforcée, et ornée de serrures compliquées. Pour ouvrir cette porte – que dis-je ? ce portail ! – il faut actionner tout un jeu de clés dans un ordre précis. Il n'est pas rare de voir sur un même trousseau une clé de serrure électronique et une clé modèle bourgeois de Calais 1328 remontant à la guerre de Cent Ans. Dans le cas de la porte de nos deux commères (par opposition à compères), il faut tourner la clé A dans le sens des aiguilles d'une montre (deux tours, jamais un), puis la clé B dans le sens contraire des aiguilles d'une montre (un tour, jamais deux), lever le loquet au même moment, donner un coup de genou en un point précis et réciter deux *Je vous salue Marie.*

« Ça, c'est pour ouvrir de l'intérieur, dit Marie.

— Et quand je rentre ?

— Il faut faire le contraire. »

Je m'endors, et je n'y comprends rien. La porte s'ouvrira bien si je lui dis « Sésame ».

Au réveil de la sieste, quelques heures plus tard, l'impression d'avoir passé la nuit sur la corde à linge s'est dissipée, remplacée par la sensation d'avoir avalé une pelletée de sciure de bois. Voici l'heure de la douche, moment redoutable, car j'ai affaire à une baignoire équipée de la tragique et très française douche-téléphone-sans-fixation-au-mur. Mystère insondable qui me laisse sans voix. Que n'a-t-on pas encore compris, au pays du TGV, de la cartapuce et du Mirage V, l'intérêt de fixer la pomme de douche au mur pour en faire une douche plutôt que de s'accroupir dans les positions les plus humiliantes pour se laver ! Ce gadget est l'une des icônes les plus uniformes de la France éternelle — avec le volet. Un jour, je m'en ouvrirai à un hôtelier de La Rochelle, qui m'expliquera, sans rire, qu'il est impossible de fixer la douche-téléphone au mur en l'absence de rideau de douche ! Argument de pingre ou de malpropre ? Ma théorie, c'est que la douche-téléphone-sans-fixation-au-mur s'explique par la présence de son voisin historique, le bidet, qui permet de se laver instamment là où ça pique le plus sans avoir à laver le reste. Il ne reste plus beaucoup de bidets en service en République, preuve que la France évolue, mais il subsiste encore trop de douches-téléphones-sans-fixation-au-mur, preuve que la France évolue comme elle l'entend.

Juste avant le décollage de l'avion, Julie m'a demandé ce que je rêvais de faire à l'arrivée. Mon rêve, c'est d'arpenter les quais de Seine. C'est tout bête, mais j'ignore encore que cette balade innocente sera mon véritable baptême de France et qu'elle me mettra au diapason de façon durable.

Nous empruntons l'axe de la rue Linné, qui passe par la mosquée de Paris, le Jardin des Plantes, les arènes de Lutèce et l'Institut du monde arabe. En 1992, Julie et moi avions pris nos habitudes rue Mouffetard et place de la Contrescarpe. Cette fois, notre parcours s'est déplacé d'à peine trois cents mètres, mais tout est radicalement différent. De l'extérieur, la mosquée de Paris présente quelques dômes, sans plus, mais il y règne un ramdam extraordinaire – ramadan oblige. Il n'y a personne aux arènes de Lutèce, sauf deux ou trois ti-culs qui jouent au ballon. (Je ne dis pas des « gosses », terme qui signifie couilles au Québec, et qui suscite des propos équivoques du genre « Pierre sort ses gosses » ou « Super, tes gosses, Michel ».) Ti-cul, donc, les enfants jouent là où l'on jetait jadis les chrétiens en pâture aux fauves. Ça fait tout drôle de penser que cette construction remonte à deux mille ans. Pourtant, j'ai déjà vu ça, de la vieille pierre ! Ce qui m'émeut, c'est que ça traîne là, un peu à l'abandon, avec des ti-culs qui jouent au ballon là où ça se trucidait au glaive il y a vingt siècles. En Amérique du Nord, un machin pareil attirerait des touristes de partout et on aurait construit un village thématique tout autour, avec maisons hantées, musées de cire et McDonald's à l'appui. Ici, les ti-culs jouent au ballon dedans.

La nuit tombe. Je ne sais trop pourquoi, mais je suis plongé dans une espèce d'euphorie que j'ai rarement éprouvée – Julie aussi, d'ailleurs. Les longs mois de préparatifs sont derrière nous. Devant, il n'y a rien de précis, ce qui est inhabituel : je suis plutôt du genre à avoir des plans et contre-plans sur trois jours, trois semaines, trois mois, trois ans, trois lustres et trois décennies. Pour vous donner une idée de notre curieux état : nous tombons en extase devant un marchand de fruits et légumes près de la mosquée, et ensuite devant un magasin de surgelés Picard à l'angle du boulevard Saint-Germain et du quai de la Tournelle. C'est tout dire.

En arrivant au bord de la Seine, je comprends très exactement pourquoi je tenais tant à y venir. Cela peut sembler banal mais c'est ainsi : la perspective des façades des immeubles donnant sur la Seine est splendide, et le spectacle des arcs-boutants illuminés de Notre-Dame de Paris proprement féerique. Tout simplement.

La Seine est une rivière jaune appelée « fleuve », aux eaux peu ragoûtantes, mais c'est le véritable cœur de Paris. J'ai toujours eu peur de l'eau, mais j'ai toujours aimé ce qui flotte : canoës, bateaux, barques, paquebots, porte-avions, péniches. Ma mère dit que c'est à force de me lire et relire – plus de cinq cents fois – mon premier livre, *Les Petits Bateaux*. Ce qui n'explique rien, car j'avais aussi *Mon ami le babouin*, qui amusait plus mes parents que moi. J'ai sans doute vu quelque chose dans les bateaux qui me fascine encore aujourd'hui. Le spectacle d'une vulgaire péniche en rade me laisse gaga. Mais que dire du spectacle du chaland surchargé de gravier dérapant dans la courbe de l'île Saint-Louis pour s'enligner entre les piliers du pont d'Arcole ? C'est banal, je sais, mais je constate que lors de notre premier voyage en France Julie et moi avions à peine regardé la Seine, alors que tout Paris est tourné vers elle en réalité. La France a peu de lacs, surtout des étangs, mais c'est un pays de flotte où les cours d'eau furent longtemps les seules routes sûres. En fait, la devise de Paris – *Fluctuat nec mergitur* (Elle flotte sans jamais être submergée) – aurait dû être la devise de la France.

Nous marchons bras dessus bras dessous dans le chenal étroit de la Seine entre la rive gauche et Notre-Dame lorsque passe un bateau-mouche beuglant son commentaire préenregistré : « *Im Jahre 1163 begann der Bau von Notre-Dame auf Sugers Initiative.* » À bord, derrière la lumière aveuglante des projecteurs, les touristes ne sont plus que des ombres. L'effet est exactement le même que celui produit dans *Blade Runner* par cette espèce de zeppelin couvert de téléviseurs que l'on voit défiler au-dessus de la ville.

Soudain, un bras se tend vers nous, comme pour nous pointer, et la petite lumière bleutée d'un flash éclate dans le halo pour disparaître aussitôt.

Un déclic. Ce bras pointé et ce flash mettent immédiatement une distance entre les soixante-dix millions de touristes et nous. Ni Julie ni moi ne serons des ombres dans un bateau-mouche, pressées de consommer le plus de Paris possible avant le retour. Nous figurerons dans l'album de photos d'un Teuton avec la mention : « *Parisisches Paar spaziert an der Rive Gauche* [Couple parisien déambulant sur la rive gauche]. » Encore un peu, et c'est moi qui donnerai des renseignements aux touristes !

Nous allons souper rue Mouffetard. En 1992, Julie et moi passions toutes nos soirées au café de la Contrescarpe – sur la place du même nom qui fut l'un des centres de la révolte estudiantine de Mai 68. Je ne sais pourquoi, j'ai toujours aimé cette place un peu ramassée sur elle-même. L'ambiance germanopratine – c'est l'adjectif pour Saint-Germain-des-Prés, j'y peux rien – m'avait séduit en 1992, mais cette fois, ça s'embourgeoise clairement rue Mouffetard. Il y a toute une rangée de restaurants, dont plusieurs grecs, un signe certain de décadence – quand il y a des Grecs, c'est le début de la fin.

Finalement, nous prenons le premier resto français venu. Très mauvais choix : on le voit tout de suite à la tête de la grosse patronne en fausse blonde. La seule chose à faire, quand ça ne colle pas d'instinct, c'est de sortir sans explication, mais c'est exactement ce que Julie et moi ne faisons pas : en bons Canadiens consensuels et un peu nonos, on laisse la Thénardière nous asseoir. Drôle de gargote, fermée depuis. Dans la toilette, il y a un dessin assez salace, de style Druillet mais en noir et blanc, représentant la patronne à l'époque de sa fraîcheur couchée dans une pose suggestive et se faisant brouter la moustouflette par une sorte de grosse sauterelle anguleuse du type coriace. Je suis certain que la grosse blonde me zieute quand je sors des chiottes. Doit s'y passer des choses pas claires, dans ce resto, après la fermeture des volets.

Un mythe tenace hors de France veut qu'on mange très bien à Paris. C'est vrai pour les très grands restaurants et les petites gargotes sans prétention. En revanche, dans le genre restaurant français moyen de gamme, c'est souvent n'importe quoi. Pour moi, ça ira. Mes amis français m'avaient parlé de l'andouillette, et je m'en commande une, de Troyes. Grosse surprise : cela goûte le cochon ! Si je m'attendais à ça ! Ce genre de saveur est absolument proscrit en Amérique. C'est comme la première fois que j'ai mangé un fromage qui sentait la vache. Toujours est-il que la découverte me plaît, même si cela m'a fait l'effet d'un électrochoc. Cependant, Julie n'apprécie guère son poulet mal cuit, et la Thénardière essaie de lui faire croire que le poulet française se mange mi-cuit. Manifestement, nous passons pour deux couillons de touristes, mais je suis tellement de bonne humeur que je ne m'en formalise pas.

Les préparatifs du départ ont été épuisants et nous nous accordons deux jours de repos pour souffler un peu et visiter avant de commencer la course au logement. Paris est absolument magnifique l'hiver, c'est même la meilleure saison pour la visiter. L'été, il y a du feuillage partout. Mais l'hiver, rien de tel : on aperçoit des bouts de tour Eiffel ici et là, les façades apparaissent au complet et rien ne vient rompre les perspectives. L'hiver y est d'ailleurs très doux : c'est une sorte de long automne qui finit en printemps. Début janvier, certains arbres finissent à peine de perdre leurs feuilles que d'autres bourgeonnent déjà. On en oublie que Paris est bien plus proche du pôle Nord que Montréal. Paris se situe très exactement à la latitude de Chibougamau, petite ville minière du nord du Québec – Montréal, c'est Bordeaux...

Chose rare, il y aura hiver à Paris cette année-là : le 12 janvier, entre 16 h 30 et 19 h 30. Sans crier gare, il se met à tomber des paquets de neige à plein ciel, tant et tellement qu'une dizaine de centimètres s'accumulent en trois heures. D'où je viens, dix centimètres, c'est de la rigolade. Ici, c'est des accidents partout, l'arrêt du transport ferroviaire, la paralysie routière, la syncope de Bison futé, l'Apocalypse de saint Jean, alouette ! Bref, la cata. Et les banlieusards et les banlieusardes, qui n'attendaient que ça, se ruent sur les hôtels de la capitale pour s'organiser des parties fines entre collègues de travail. « Désolé, chérie, expliquent-ils à bobonne au téléphone, rien ne bouge ce soir. » Tu parles si ça bouge. Bobonne fait pareil de son côté, penses-tu !

Moi, la neige, ça me met toujours de bonne humeur. Je m'attendais au dépaysement, mais c'est plutôt les Français qui ont l'air dépaysés. J'ai presque envie de les prendre dans mes bras et de leur dire :

« C'est gentil comme accueil, mais vous en faites trop, vraiment. »

Je sors me promener avec mon chapeau-de-lapin-à-oreilles-triomphantes — j'ignore encore que je le porte pour la dernière fois. L'immeuble de nos hôtesses est presque en face du garage de la RATP, rue Lebrun, et ce soir-là il y a un bus en travers de l'entrée. Je descends les Gobelins. Les enfants font des bonshommes de neige, ce qui est tout à fait naturel avec ce type de neige, mais je n'en ai jamais vu faire sur les trottoirs. Les hommes verts de la Propreté de Paris pellettent vaillamment la neige avec leur balai vert. Place de la Contrescarpe, devant la fontaine, quelques étudiants finissent de sculpter une bonne femme de neige avec une poitrine qui eût rendu jalouse feu Lolo Ferrari. Au coin de Port-Royal, c'est l'anarchie. Les automobiles sont enchevêtrées les unes dans les autres. Quelques automobilistes en petits souliers dégivrent leur pare-brise avec leur cartapuce. Deux ou trois bricoleurs, couchés dans la gibelotte, mettent leurs chaînes, qui ne serviront de toute façon à rien dans les bouchons. Et moi, je suis là, avec mon chapeau-de-lapin-à-oreilles-triomphantes, comme un con, à regarder la circulation qui ne circule pas du tout.

Tout le monde a l'air martien, finalement.

III

Bon pour location

Où l'auteur, affrontant la réalité réelle telle que vécue d'ordinaire ordinairement par les Français de France, cherche où crécher, reçoit l'aide inespérée d'une amie d'un ami, survit au parcours du combattant locatif et s'initie aux joies de se faire corriger.

Le premier défi du nouvel arrivant est de se trouver un logis. Maryse et Marie, toujours pleines de bons conseils, nous expliquent qu'il est inutile de commencer avant le mercredi, jour où paraissent les publications telles que *De particulier à particulier, France-USA Contact, Paris Voice*, etc. Pour appâter le proprio, nous expliquent-elles, il faut se confectionner un petit cahier de présentation, avec une copie de notre carte d'identité, un RIB, un contrat de travail, un livret de famille.

Facile... sauf que ces documents n'existent pas au Canada ! Les Canadiens n'ont pas de carte d'identité formelle. Et le livret de famille, connais pas. Le RIB, jamais entendu parler – le concept de relevé d'identité bancaire est inconnu au Canada. Quant au contrat de travail, je n'en ai pas – je ne connais d'ailleurs personne qui en ait un. Il faudra bien que les proprios se

29

contentent de notre passeport et de notre contrat de mariage, qui a le défaut de ne pas présenter le nom de nos parents et grands-parents respectifs. Ce n'est pas extra comme pedigree, mais on n'a rien d'autre.

Une rumeur assez tenace veut qu'on ne trouve rien à louer à Paris, mais c'est faux. Si vous tirez au canon dans n'importe quelle façade, vous aurez 20 pour cent de chances de frapper un appartement vide. La moitié des logis appartiennent à des provinciaux qui tiennent à garder un pied-à-terre non loin du centre de l'univers ; l'autre moitié appartiennent à des rentiers qui ne sont pas encore tombés sur un locataire répondant à toutes leurs exigences !

Certes, la prudence s'impose pour les proprios : la loi, mal faite, protège trop certaines catégories de locataires. Toutefois, il faut bien dire qu'un très grand nombre de proprios attendent le marsouin qui va tomber dans leurs combines pas claires. Par exemple : notre première visite concerne un appartement dans le 16e, près du village d'Auteuil – une adresse obtenue par l'entremise de la Délégation du Québec à Paris. Je ne sais pas ce qui m'a pris, car je déteste cordialement le 16e. Je vous raconte ça pour les combines du proprio. Ce vieux chnoque souhaite garder le téléphone et le gaz à son nom. Pas de bail non plus et paiement en liquide – en billets de cinq cents francs, pour que ça ne fasse pas de bosses dans le matelas.

Les combinards de ce style, on apprend à les repérer de loin. Rue d'Assas, un prof de collège nous propose un *gentleman's agreement* pour occuper l'appartement de sa copine tandis que ladite copine et ses marmots emménageraient chez lui. Or, l'appartement de la rue d'Assas doit rester au nom de la locataire, car elle n'a pas le droit de sous-louer – d'où *gentleman's agreement*. En fait, elle souhaite garder son adresse pour continuer de percevoir ses allocations spéciales de monoparentale à famille nombreuse, tout en n'étant plus monoparentale du tout.

Si l'on marche dans ce genre de combine, on peut trouver un nid douillet en deux jours à Paris. Ça peut aller quand on a déjà sa carte d'identité française, son permis de séjour, son permis de conduire et son compte en banque. Mais un tel arrangement est risqué pour un étranger : pour obtenir un permis de séjour et ouvrir un compte bancaire, entre autres, il faut en plus un bail et des factures d'électricité ou de gaz ! Bien sûr, il existe une solution pour obtenir lesdits papiers : il suffit que le propriétaire combinard déclare sous serment par lettre manuscrite que nous résidons chez lui. Or les combinards n'aiment pas laisser de traces : c'est le genre de truc à la mords-moi-le-youpiaille qui n'attire que des ennuis. Certes, j'ai peu de chances de finir avec les clandestins de l'église Saint-Bernard dans les bras d'Emmanuelle Béart, mais il y a plusieurs stades intermédiaires de semi-clandestinité fort déplaisants.

Conscients qu'il faudra un mois pour décrocher le morceau, Julie et moi passons la première semaine à rechercher une planque temporaire — nous devons laisser notre place au gîte à de nouveaux clients. Rien n'est simple, car nous avons assez peu de balises et tout juste six valises. Notre seul repère solide est une très éthéreuse adresse Internet, mais pour s'en servir il faut un café Internet, ce qui n'est pas si simple à trouver quand on ignore où regarder. Finalement, Julie en repère un, le Web Bar, près de République. Le caissier nous donne un carton, la serveuse nous pousse sur la mezzanine et le webmestre nous assigne une machine.

En m'asseyant au clavier, grosse surprise : la moitié des touches est au mauvais endroit. Une simple phrase du genre « Salut vous autres, ça va chez vous ? »

devient : « Sqlwt voas qatrez8 ma pq ched voas7. » Comparé à ça, la conduite à droite des British c'est de la rigolade. Tout mon beau doigté de dactylo fout le camp. J'en suis réduit à taper une lettre à la fois, en visant bien. Imaginez ma surprise : je suis écrivain depuis quinze ans et je n'ai jamais entendu parler ni d'Ève ni d'Adam de tels claviers. En Russie, je m'attendrais à des touches en cyrillique. Mais en France, pays civilisé ?

Depuis l'arrivée, j'ai gardé mon calme malgré les magouilles, les livrets de famille et autres RIB. Mais je prends comme un affront personnel ce bouleversement de l'ordre immuable du clavier. Devant l'inattendu, le gorille qui sommeille en moi se réveille avec l'envie irrépressible de casser du Français. Tiens, voilà justement le webmestre qui passe. Je vais te me lui sauter dessus sans présentation.

« Qu'est-ce que c'est que ça ? Les lettres sont n'importe où ! Vous ne pourriez pas avoir un clavier normal ! »

Je vois à son sourire sadique qu'il attendait ma réaction.

« Cher monsieur, sachez que le clavier AZERTY est plus répandu que QWERTY. »

Je m'en bats les fesses, de son AZERTY. Mon gorille n'a qu'une envie : aller régler ça dans la ruelle.

« Vous n'avez pas de clavier QWERTY ? demande alors Julie

— Bien sûr, madame. Il suffit de le demander ! »

Finalement, rien de tel que la guenon pour calmer le gorille.

La solution à nos problèmes de logement se trouve justement sur Internet. Dans la boîte aux lettres, je tombe sur le message d'un ami français résidant à Montréal, Pierre Pluye, qui me dirige vers trois de ses amis, dont une certaine Sophie Maura, qui pourraient peut-être nous aider. J'appelle donc Sophie et lui laisse un message. Ce soir-là, à minuit, le téléphone sonne : Sophie Maura, avocate, part justement pour cinq semaines au Rwanda avec Avocats sans frontières et nous prêterait volontiers son deux pièces rue des Plâtrières dans le 20ᵉ jusqu'à son retour fin février. C'est trop beau.

« Tu nous louerais ça combien ?

— Gratis, mais vous faites le ménage. C'est vraiment en désordre et je n'ai pas le temps de nettoyer. Je pars à quatre heures dans la nuit de demain. »

Finalement, je ne verrai Sophie que dix minutes le lendemain soir, le temps de prendre la clé. Durant ces premières semaines en terre française, ce ne sera pas le seul cas de générosité désintéressée qui mettra à mal le mythe de l'inhospitalité française.

L'appartement de la rue des Plâtrières, près de Ménilmontant, est situé exactement là où nous le souhaitions. Lors des quelques randonnées parisiennes des jours précédents, nous avons développé une préférence marquée pour les quartiers échevelés des 18ᵉ, 19ᵉ et 20ᵉ, avec les mamas en boubou et sandales, leurs maris scarifiés, les épiciers arabes qui se rincent le gorgoton pendant le ramadan, le marché de Belleville, les ouvriers en bleu, les start-upeurs de First Tuesday. Bref, la vie. Le 16ᵉ est plus tranquille, mais c'est le 16ᵉ. Je ne connais que deux personnes y ayant vécu, et toutes deux m'ont fait valoir la tranquillité du coin et sa proximité avec l'OCDE. Chic et de bon goût, mais non merci, je préfère la chique. La rue des Plâtrières, c'est aussi une espèce de faille urbaine entre deux plaques architectoniques : d'un côté le vieux bâti et ses maisons populaires, de l'autre les HLM laids quoique salubres d'esthétique Cinquième Plan.

Orienté au sud, l'appartement de Sophie laisse entrer une belle lumière par deux larges baies vitrées.

Son deux pièces correspond très exactement à l'idée que l'on se fait de l'appartement parisien : cuisine nulle, salle de bains mal foutue, toilettes n'importe où, escalier décati. Et il y a la concierge, tartignole entre toutes et malpropre avec ça, qui laisse les déchets macérer dans le bac vert près de l'escalier. Ah, Paris !

C'est une sensation curieuse que de vivre dans les affaires d'une inconnue. Longtemps, je ne connaîtrai Sophie Maura que par ses objets : son casque protecteur de karaté, ses pantalons de suède, ses romans, ses livres sur la guerre d'Algérie, quelques papiers au nom de Marina – son vrai prénom. Plus bohème qu'artiste, quoique pas trop, Sophie a décoré son intérieur de toiles et de photos produites par sa sœur, une excellente artiste vivant à Bordeaux. Ce jeu de devinettes durera quelques mois jusqu'à ce qu'on se revoie.

Cet appartement va nous faire le plus grand bien, car nous pourrons chercher une planque et nous familiariser avec la vie française avec sérénité. Il faut dire que depuis le début on se complique la vie inutilement en tâchant d'éviter les agents immobiliers. Maryse et Marie nous l'avaient conseillé, par souci d'économie, mais ça ne marche carrément pas. Aux yeux d'un proprio français, un étranger ne pèse pas lourd à côté d'un fonctionnaire ou d'un ingénieur de France Télécom. Il y en a même un, au téléphone, qui a exigé que je lui dépose deux ans de loyer sur un compte.

« Deux ans ? À ce prix-là, autant acheter le taudis, tabarnaque !

– Vous dites ?

– Hostie ! »

Et j'ai racroché. Quoi de plus frustrant que de blasphémer le quidam et de se faire demander ce qu'on dit !

Toujours est-il que la chance tourne le lendemain.

C'est Julie qui repère le morceau dans *Le Figaro* – pour ne pas le nommer, ce qui est une expression idiote puisque je le nomme. Quatre pièces à 5 900 francs hors charges, rue Etex dans le 18ᵉ. On se présente et un jeune homme, M. Prunier, nous ouvre. Tête d'agent – il faudra donc traiter avec un agent.

Tout de suite, c'est le coup de foudre (pour l'appartement, pas pour l'agent). Belles grandes fenêtres françaises, pièces bien proportionnées. La cuisine est entière, alors que les locataires ont pour habitude de partir avec leurs placards, et la chambre comporte des rangements sur tout un côté. Les Français appellent ça un quatre pièces, parce qu'ils ne comptent pas la cuisine, qui ne vaut en général pas la peine d'être comptée. À Montréal, on dirait un cinq et demic (la demie étant les toilettes-salle de bains). Cela nous fait un bureau chacun, un salon et une chambre à coucher. Parfait. L'immeuble est bien tenu : portique impeccable, tapis rouges dans l'escalier. L'entrée, surmontée d'une grosse tête de lion rugissant façon Metro Goldwin Mayer, donne sur une petite cour avec deux tilleuls. La rue est pavée, et du balcon on voit le cimetière de Montmartre – les voisins seront tranquilles.

« Le bon 18ᵉ », nous assure M. Prunier, pour bien montrer qu'il ne s'agit pas du 18ᵉ des Arabes et des Africains, de l'autre côté de la butte Montmartre, côté Barbès. Je me suis toujours amusé de la manie des Français de se moquer du *politically correct* à l'américaine, car ils font pareil en d'autres matières. Il n'y a pas de pauvres, que des exclus. Et pour dire qu'il n'y a pas de Noirs ni d'Arabes, on dit que c'est le « bon 18ᵉ » – comprenne qui peut.

Rodrigue Prunier est un petit homme à la figure longue, les cheveux frisés courts, avec un regard allumé et un petit air moqueur. Propre de sa personne, il a des manières assez bizarres, comme s'il était issu d'une partouze entre un snob péteux du 16e, un prof de français et un chat de gouttière du Val-Fourré.

« Rappelez-moi le prix, s'il vous plaît ?

— À vrai dire, je ne peux pas vous répondre. Il faut arracher les moquettes, refaire le plâtre et la peinture, poncer les planchers. Un entrepreneur doit venir, qui doit préparer un devis. À partir du devis, on pourra établir un prix ferme. »

Encore le genre de truc pas net. Julie me regarde. L'appartement nous plaît. Ce ne sont pas deux ou trois taches sur les tapis, quelques fissures et deux écailles de peinture qui nous rebutent.

« Ça ferait quoi si on le prenait tel quel ? demande Julie.

— Sérieusement ? Alors, vous passeriez sur le dessus de la pile ! Il faut confirmer avec le propriétaire, qui est à Antibes, mais c'est presque acquis. »

Prunier ne se sent plus de joie : nous lui tirons une grosse épine du pied, et un gros mois de travail à superviser des travaux. Nous aussi, on est contents à l'idée de doubler quatre ou cinq petits couples de fonctionnaires et d'ingénieurs de France Télécom.

« Et puis, s'il faut peinturer un peu, on le fera », dit Julie.

Prunier nous regarde de travers et éclate d'un rire moqueur.

« Vous voulez dire refaire les peintures. Peinturer ! Ha ! Ha ! Ha ! Elle est bien bonne. »

Je ne vois pas ce qu'il y a de drôle, alors autant changer de sujet :

« On va certainement arracher le tapis dans quelques pièces pour profiter du plancher. Il est en bon état ? »

Prunier fronce les sourcils et éclate du même rire.

« Le tapis ? Vous voulez dire la moquette ! Ha !

Ha ! Ha ! Elle est bien bonne. Vous dites un tapis chez vous ? Ha ! Ha ! Ha ! »

Deux ans plus tard, je ne me serai toujours pas habitué à cette manie des Français de toujours corriger leur interlocuteur même quand ils ont très bien compris de quoi il est question. Ils ne le font pas tous, mais Prunier, c'est son fort. En Amérique, c'est la chose la plus impertinente qu'on puisse faire, mais ce n'est visiblement pas incorrect en République. À croire que les Français ont tous une maîtresse d'école pincée qui sommeille en eux. Le gorille qui sommeille en moi voudrait bien agripper le Prunier par sa cravate bon marché et le défenestrer. Mais il nous faut l'appartement, alors je contiens le gorille.

Tel que promis, nous passons donc sur le dessus de la pile l'après-midi même, mais nous ignorons qu'il nous faudra encore dix jours pour *sortir* de la pile. En tout et pour tout, nous repasserons une quinzaine de fois à l'agence, sur le boulevard des Batignolles.

Nous faisons bien rire M. Prunier et son patron, M. Greleau. Dès que nous arrivons, ils arrêtent tout pour nous écouter parler. Il faut dire que j'ai un accent assez prononcé – même les Québécois trouvent que j'ai un accent –, et le patron s'étrangle de rire quand je lui explique que lui aussi a un accent – provençal. Julie et moi comptons parmi les 9,8 millions de spectateurs ayant vu *Le Dîner de cons*, ce qui n'est pas pour nous rassurer. Heureusement, les deux agents répondent à nos nombreuses questions avec entrain et une certaine candeur. Il faut dire que nous leur avons bien fait comprendre d'entrée de jeu que nous ne savions rien du système et qu'il faudrait tout nous expliquer.

Premier obstacle : l'argent. Pour un loyer de 7 000 francs charges comprises, il faut allonger environ quatre fois ce montant pour la commission et la caution. Malheur : les banques françaises n'acceptent les chèques d'origine étrangère qu'après les avoir laissés macérer un mois et demi. On peut résoudre le problème en ouvrant un compte d'étranger, auquel cas il faut placer un minimum de 50 000 francs à des taux ridicules ne défiant aucunement la concurrence. En jouant de la carte-retrait dans deux ou trois comptes, nous réunissons rapidement 28 000 francs en espèces, et M. Greleau nous produit un beau reçu manuscrit de son écriture méticuleuse. (Entre-temps, je me suis assuré que le duo Prunier-Greleau était bien formé de vrais agents et pas d'escrocs sympathiques spécialisés dans l'extorsion du métèque.)

Deuxième obstacle : le garant. À Montréal, j'avais pu obtenir une hypothèque de 750 000 francs sans qu'on me demande nul garant, mais à Paris il m'en faut un pour cautionner un loyer de 7 000 francs. Je me rabats donc sur mon père, avec qui j'échange quelques courriers express. Je lui explique qu'il doit rédiger sa déclaration à la main et qu'il doit signer avec la mention « Lu et approuvé, bon pour caution solidaire ». La signature du contrat de location doit obligatoirement comporter la mention « Bon pour location ». D'où vient cette manie d'écrire qu'une signature est bonne pour ceci ou pour cela ? Je le sais que c'est bon pour location puisque je le loue ! Des fois, j'ai envie de signer « Bon à rien », juste pour voir. Enfin... Comme mon père n'a guère plus de livret de famille que moi pour prouver sa filiation, il fournit les baptistaires de toute la famille sur trois générations. Autant la jouer catho quand on n'est pas franco de port.

Heureusement, le hasard a joué en notre faveur trois fois, comme nous l'apprendrons par la suite. D'abord, le fait qu'on ait pris la planque telle quelle a résolu un quiproquo financier entre le propriétaire légal de l'appartement, Thouin fils, et l'usufruitier, Thouin père – qui ne s'entendent pas sur le qui paie quoi des travaux. Sans le savoir, nous avons joué comme force d'interposition dans ces batailles d'héritage et d'usufruit qui font tout le piquant de la France rentière et dont nous ne savons encore rien. De plus, Thouin père, vivant à Antibes, revient tout juste d'un voyage au Canada – Niagara-Gaspé en deux semaines – qui l'a proprement ébloui, et convaincu que le Canada n'est pas une république bananière. Troisio, M. Thouin est ingénieur, comme mon père, ce qui le range d'emblée dans la catégorie « Grandes Écoles », dont nous ne savons rien encore.

« À demain, monsieur Nadeau, me dit M. Prunier.

– Mais les clés ?

– Après l'état des lieux.

– Quoi encore ? Qu'est-ce que c'est que ça ? »

À ce stade, je suis convaincu d'être tombé dans une arnaque. Je ne reverrai pas mes 28 000 francs. Gozlan m'explique qu'il s'agit de faire l'inventaire très détaillé des défauts et bris de l'appartement, pièce par pièce, mur par mur, tuile par tuile. Le but de l'exercice étant de restituer la chose en l'état quand nous quitterons – si nous voulons revoir les deux mois de caution versés à la signature (sans intérêts bien sûr).

« C'est la dernière étape ?

– La dernière.

– Vous ne nous demanderez plus rien après ?

– Plus rien. »

Le lendemain matin, Julie et moi arrivons à l'appartement avec nos appareils photo. On va te lui en faire un, d'état des lieux.

« Tut ! Tut ! » fait M. Prunier.

Je jure que les Français sont les seules personnes au monde à produire cette espèce de claquement de langue pour marquer la dénégation, le contraire

de « si ». C'est le genre de truc qu'on réserve normalement aux enfants. Cela fait partie de l'arsenal général
de correction, bien garni dans le cas de Prunier

En fait, l'état des lieux est un exercice littéraire sur
formulaire ! Nous voilà partis pour deux heures d'en-
culage de mouches en petits caractères. La latte de
bois du plancher est-elle égratignée ou détériorée ? La
tuile est-elle craquée ou écaillée ? Et le tapis est-il
éraillé ou élimé ? Le locataire précédent est parti avec
les ampoules, ce qui explique que l'état des lieux doit
être établi de jour. Il faut tout vérifier, jusqu'à la
moindre prise de courant. C'est une opération chiante
au max, sauf que le locataire précédent a emporté le
papier-cul aussi.

Dans toutes les pièces, M. Prunier prend la peine
d'ouvrir la fenêtre, de déplier les volets, de les verrouiller, de les rouvrir, de les replier et de fermer la
fenêtre en concluant à chaque fois :

« Ça marche. »

Il ne m'était jamais venu à l'esprit qu'un volet
puisse « marcher ». Les quelques volets qu'on observe
au Canada sont presque toujours rivés à l'immeuble
et ne servent qu'à faire français. Il ne vient à personne
l'idée qu'il faille s'en servir et qu'ils puissent marcher.
Mais pour faire français pour de vrai, il faut que les
volets marchent.

Tout cela se termine par la signature rituelle et
M. Prunier nous remet les clés. Julie et moi tombons
dans les bras l'un de l'autre. Nous sommes enfin
« bons pour location », comme nous l'avons écrit à
côté de nos signatures.

Prunier et moi filons à la poste pour faire une copie
de l'état des lieux. Comme il est pressé, ça ne traîne
pas.

« Au revoir, monsieur Nadeau.

— Bonjour ! »

Sur ce mot, Prunier fait trois pas de côté comme s'il évitait un boulet de canon et se retourne avec une sorte de crampe du zygomatique. Il me pointe avec son portable, en me fourrant presque l'antenne dans la narine.

« Ah non, monsieur Nadeau ! Ne dites plus jamais ça ! »

Je regarde à droite, à gauche. Il ne va pas me déchirer le bail sous le nez ?

« J'ai un conseil à vous donner. Ne dites jamais bonjour quand vous voulez dire au revoir. Les gens vont penser que vous êtes idiot.

— Je vois !

— Au revoir, monsieur Nadeau.

— Bon... Eh bien ! Au revoir, monsieur Prunier. »

IV

La France mode d'emploi

Où l'auteur, ayant recours à quelques trucs pour mieux se faire accepter des autochtones, se réjouit que son accent lui vaille un tel accueil, rend hommage à un groupe d'amis belgo-franco-canadiens qui jadis l'initièrent malgré lui à quelques us et coutumes en République, et reçoit sa première invitation à dîner chez les amis du même ami salvateur qui s'était illustré au chapitre précédent.

En dépit des outrages de M. Prunier, le courant passe plutôt bien avec les Français. Notre expérience actuelle est aux antipodes de celle de 1992 – c'est d'ailleurs la grande surprise des premiers jours. Je le confesse : je me suis préparé avant de partir en lisant quelques manuels sur la politesse en France. J'ai retenu quatre règles de politesse, qui constituent l'essentiel du kit de survie de base du Nord-Américain dans l'Hexagone. Je vous les livre ici. Ne vous méprenez pas sur l'aspect recette de cuisine : ça fonctionne plutôt comme un bouton on-off. Quand l'interrupteur est fermé, le courant ne peut pas passer. Quand il est ouvert, ça passera – s'il y a du courant à faire passer.

1. *Ne souriez que si on vous le demande.* – En France,

quelqu'un qui sourit sans raison au premier abord est une pute, un hypocrite, un idiot, un colporteur ou un Américain, ce qui n'est guère mieux.

2. *Excusez-vous avant de demander un renseignement, et expliquez la nature de votre problème.* − Les Français aiment jouer au pompier.

3. *Dans un commerce, dites toujours « bonjour » en entrant et « au revoir » en sortant.* − En Amérique du Nord, tout commerce est le prolongement de la place publique, alors qu'en France c'est au contraire un prolongement de la maison du commerçant, d'où la nécessité vitale de s'introduire. Ce qui explique, d'ailleurs, qu'on soit si mal servi dans les grands magasins français : il n'y a pas moyen de se faire entendre de tout le monde quand on dit bonjour en entrant. Ils pourraient mettre des interphones !

4. *Conversez à voix basse.* − Les Français ont un sens prononcé de la vie privée et détestent être envahis.

Grâce au kit de survie, une simple question amène une conversation, et une déferlante de sympathie. Dans un restaurant indien de Ménilmontant, une cliente assise à la table voisine et à qui je demande l'heure finit par me proposer son automobile pour nous aider à déménager. Et quand j'essaie de me rappeler comment c'est arrivé, je n'en sais rien : on s'est échangé les bons codes comme deux modems à haut débit, et le courant est passé. Quant à expliquer ces différences de coutumes, j'en suis incapable, mais j'applique la recette aveuglément et ça marche. Paradoxe : les Français sont beaucoup plus gentils depuis que je souris moins.

Cela peut paraître simple, mais en 1992 Julie et moi faisions exactement le contraire et le courant ne passait pas. Je n'ai jamais aimé cette coutume nord-américaine du sourire Colgate en plastique. Pourtant, lors de mon premier séjour, je suis tombé dans le stéréotype automatiquement. Devant ce signal certain d'américanité, les Français se comportaient à notre égard comme ils se comportent vis-à-vis de la majorité des 75 millions de touristes visitant leur pays chaque année : avec l'indifférence du bouseux breton pour ses cochons. On soigne le troupeau, et puis c'est tout.

Dans mes efforts pour me faire accepter, j'ai découvert le lubrifiant absolu : mon accent. Ça, c'est un gros changement par rapport à 1992. J'avais alors très exactement le même accent, et personne ne faisait aucun cas de nous. Même qu'on me répondait en anglais. Ou bien les gens faisaient semblant de ne pas comprendre. À tel point qu'avant mon retour en France je redoutais de devoir modifier ma façon de parler – la plupart des Québécois à Paris se sentent obligés de parler pointu pour se faire respecter.

Cette fois, c'est exactement le contraire. Un soir, dans la file d'attente devant le cinéma de la rue Mouffetard, je laisse tomber une des dernières pièces de monnaie canadienne encore dans mes poches. Elle roule et décrit un bel arc de cercle, pour aller buter contre la chaussure d'un type au bout de la file. Il remarque que la pièce est étrangère et vise la tête d'orignal étampée dessus :

« Tiens, un orignal ! » s'exclame-t-il en me la rendant.

Plutôt rare. D'habitude, les Français prennent la bestiole pour un caribou ou un élan (un orignal français).

« Vous êtes canadien ? »

Cette question, que j'entendrai des centaines de fois, est toujours posée avec un sourire engageant et une ingénuité désarmante – un très bon signe au pays du zygomatique atrophié.

Comme je réponds que oui, tout le monde dans la file y va de son petit laïus sur le Canada et les cousins.

M. Untel me parle de sa cousine Mauricette qui a voyagé aux chutes du Niagara. M. Telautre me parle de sa grand-tante Barthénoïde qui est partie pour Québec après la guerre d'Algérie. À la longue, ce processus d'identification constante peut devenir réducteur et agaçant, mais dans l'ensemble il facilite puissamment les rapports. À tel point que je décide, dès la première semaine, que je ne ferai aucun effort pour masquer mon accent : il me sert trop.

Le contraste est si fort entre le comportement des Français en 1992 et ce qu'il est en 1999 que j'en déduis d'abord que la France a changé profondément. Ce que de nombreux Français me confirment : « La France bouge ! » ; « C'est l'Europe ! » ; « C'est la mondialisation ! » ; « La France, ce n'est plus ce que c'était ! » En fait, je n'en sais rien. D'abord, ce ne sont pas les mêmes Français. Peut-être ai-je changé davantage ? Peut-être s'en faut-il de quatre astuces ?

(Ici, je vais faire quelque chose de très canadien et de très consensuel : je vais me blâmer. Je m'en excuse auprès du lecteur français, peu habitué à ce type de grossièreté.)

À la décharge des Français, je dois bien admettre que le fossé de communication vécu en 1992 avait été de notre fait, à Julie et à moi – du moins en partie. En dépit de son prénom français, Julie ma Julie est une Barlow, c'est-à-dire une pure Anglo-Klaxonne WASP d'un petit village orangiste appelé Ancaster, non loin de la grosse ville sidérurgique de Hamilton, dans la très royaliste province de l'Ontario. Julie ne parlait pas un traître mot de français quand je l'ai connue en 1987 à l'université McGill de Montréal. Lors de notre voyage en France, elle maîtrisait encore mal la langue, et encore moins les référents culturels. Pas facile de visiter Avignon avec quelqu'un qui ne sait pas ce que c'est que le pont d'Avignon de la

46

chanson ! Toujours est-il que son décalage culturel ne démentait en rien mon sentiment d'exclusion. Qui plus est, comme elle se sentait perdue, nous avions décidé de la reposer un peu en conversant en anglais entre nous — alors qu'à Montréal nous alternions hebdomadairement. En France, ce recours fréquent à l'anglais dans nos conversations privées a fini de m'aliéner les autochtones — les Français ont une intolérance particulière envers les anglophones, très similaire à l'attitude des Mexicains envers les gringos. Bref, je passais pour un anglophone auprès des Français, et je supportais assez mal de me faire répondre en anglais une fois sur deux, même quand je m'adressais en français à mon interlocuteur.

(Fin du mea-culpa.)

Sept ans plus tard, pas question de retomber dans le piège. Dès le jour 1, nous adoptons pour politique de ne parler que le français à l'extérieur et de réserver l'anglais pour la maison. La langue est à la fois contenu et contenant, et donc jamais neutre sur aucun plan. Chose curieuse, même quand nous ne parlons que le français il arrive encore qu'on me réponde en anglais, mais ça n'arrive presque jamais à Julie. Nous comprendrons pourquoi un peu plus tard...

Dans nos efforts pour nous faire accepter, tout n'est pas qu'une affaire d'astuces et de présentation. Depuis sept ans, Julie et moi avons beaucoup appris sur les us et coutumes des Français, et de la meilleure façon qui soit — inconsciemment, par les amis.

Il se trouve que peu de temps après notre retour en 1992, j'ai renoué par hasard avec un groupe de copines d'origine belge, auquel se sont mêlés des Français. Tout ce beau monde a fini par se connaître bibliquement. Comme tous les Québécois, je ne faisais alors aucune différence entre Belges et Français. Pour l'oreille québécoise, ça sonne pareil – sauf dans les cas les plus extrêmes. Les Français s'en offusquent parfois, mais ils font la même chose : dans le sud de la France, je passerai pour belge – si, si, vous verrez, au chapitre x. Pour paraphraser San Antonio, on est toujours le Belge de quelqu'un.

C'est donc par ces amis que j'ai appris à décoder la France. Par petites touches, et presque toujours autour de la table ou en camping. Par exemple, je me rappelle avoir découvert les fromages au lait cru vers 1993 par l'entremise de Juliette Valcke, une amie de longue date et d'origine belge de surcroît. Docteur en littérature française (théâtre bourguignon au XVe siècle), Juliette est une belle rousse tranquille qu'on ne soupçonnerait nullement d'activité subversive. Or, quand je l'ai revue en 1992, elle rapportait de France plusieurs fromages de contrebande. (À l'époque, l'importation de fromage au lait cru était illégale au Canada. Et moi, comme tout bon Canadien élevé au cheddar orange, je tenais le brie pour la limite du tolérable.) Bref, j'ai appris à aimer (le fromage, et ce qui vient avec – mais ne brûlons pas les étapes).

Une autre influence très forte est venue d'une personne que je connais seulement comme lecteur, le journaliste Pierre Foglia, le chroniqueur vedette du quotidien *La Presse*. Il s'agit en réalité d'un Italien ayant grandi en Algérie, où il a acquis la citoyenneté française, avant d'immigrer au Canada au milieu des années soixante. Doté d'un don d'observation formidable, écrivant dans une prose d'une verdeur époustouflante, Foglia cache bien son jeu, car malgré un foisonnement de québécisme de toute eau, c'est en réalité un regard de crypto-Français qu'il porte sur le Québec. Presque chaque année, ce maniaque de vélo profite du Tour de France pour faire des papiers sur la France qui me paraissent des bijoux d'anthologie. Un commentaire, en particulier, m'a marqué : « La France est le pays le plus exotique du monde. » J'ai mis quelques années à comprendre ce qu'il voulait dire, mais je me suis aperçu qu'il rejoignait mes premières impressions. L'exotisme, ce n'est pas juste les noix de coco et la dysenterie. Le confit de canard et le bon vin aussi sont exotiques, de même que la douche-sans-fixation-au-mur et les agents de location cavaliers. Cette idée d'exotisme est, je crois, la meilleure façon de regarder la France — pays de l'étrange.

La première semaine, c'est l'ami Pierre Pluye qui m'aura rendu le meilleur service — en me mettant en rapport avec Sophie Maura, qui nous a prêté son appartement de la rue des Plâtrières. Originaire de Pau, Pierre est un médecin généraliste qui fut chef d'antenne pour Médecins du monde à Sarajevo, et qui a abouti à l'université de Montréal. Il ne fait pas partie de la Belge Connection, puisqu'il a marié une Québécoise, une Nadeau, qui se trouve être une très lointaine arrière-arrière-arrière-petite-cousine-germaine-de-la-fesse-gauche de votre serviteur. C'est par Pierre que j'ai découvert le soufflé, mais j'ai réellement fait sa connaissance (au sens non biblique du terme) au cours d'une sortie en canoë sur le Grand Lac du poisson blanc, où il a failli nous noyer avec son insistance à vouloir installer un mât et une voile sur un canoë sans balancier.

C'est encore par l'entremise de Pierre Pluye que, la troisième semaine, nous recevons notre première invitation à souper chez ses vieux amis de Pau, Bénédicte et Philippe, vivant à quelques encablures de chez Sophie — c'est la Pau Connection. Julie et moi sommes tout excités par cette invitation qui se veut à la bonne franquette, alors que tout le monde nous avait prévenus qu'il faudrait des mois avant qu'un Français nous invite seulement pour l'apéro. L'invitation est d'autant plus sympa que le couple reçoit aussi la sœur de Bénédicte, Martine, prof de physique à Perpignan. Mais baste ! Pluye a fait son œuvre !

Bénédicte Rozeron est basque par sa mère, qui portait le nom de jeune fille quasi paléolithique de Althabegoïty – ça se prononce ! Architecte de systèmes chez Axa, elle est aussi la maman de la petite Louise et une redoutable joueuse de pala (un jeu de raquette). Le papa, c'est Philippe Delannoy, architecte tout court, qui s'est ouvert un cabinet dans le 19e, près de la place du Colonel-Fabien. Ils vivent rue de Charonne dans un immeuble moderne qui ressemble à une centrale nucléaire. La sécurité s'en est d'ailleurs inspirée : pour accéder à leur appartement, il faut franchir une invraisemblable série de barrières, de portes et de digicodes si compliqués que le plus simple est de cogner trois fois sur la vitre de la cuisine pour qu'ils viennent nous ouvrir.

Le souper est excellent et la conversation court à bâtons rompus. Bénédicte et Philippe sont absolument charmants : ils nous offrent même de nous laisser leur voiture toute une semaine à la mi-février pendant qu'ils seront partis au ski dans les Pyrénées.

J'ignore comment le sujet est venu sur la table, mais à un moment donné Julie se met à parler de sa famille – son frère Kelly, ses sœurs Laurie et Lisa, son oncle Earl et sa tante Joan. Philippe lance un commentaire qui nous paraît bizarre :

« Dis donc, Julie, c'est une coutume, chez toi, les noms anglais ? »

Je vois bien dans les regards que quelque chose ne colle pas. Ça, c'est un signe universel dans toutes les langues : cette seconde – un instant – où passe un merlan frit dans la prunelle. Anglais, Français, Espagnols, Teutons, on le fait tous. D'habitude, ça annonce un changement de sujet ou bien une explication fondamentale.

« Julie ne parlait pas un mot de français il y a dix ans. Vous n'entendez pas son accent anglais ? »

« Ça alors, dit Bénédicte. Julie, l'accent anglais ? Je n'entends que le québécois. »

C'est ainsi que nous apprenons qu'à leurs oreilles françaises Julie passe pour une Québécoise pur jus – on dit pure laine au Québec à cause du froid. Moralité : le sirop d'érable masque la gelée à la menthe.

Voilà une excellente nouvelle pour Julie, que son accent à la Jane Birkin a toujours un brin complexée. Il lui a fallu beaucoup d'entêtement pour décider de vivre au Québec et s'y intégrer. En raison de l'histoire particulière de la Belle Province, un accent anglais est souvent perçu comme une tare sociale parce que les francophones assimilent tous les anglophones à l'éternel étranger agresseur. C'est en grande partie faux, mais cela résulte d'un discours politique qui s'est bâti depuis deux cent quarante ans. Et l'anglophone se fait constamment rappeler sa différence, même de la part d'amis qu'on croyait au-dessus de ce genre de distinguo.

Durant un an, Julie restera fort aise de passer pour une Québécoise, jusqu'à ce qu'elle en découvre l'inconvénient... Comme le français n'est pas sa langue maternelle, certains termes, idiomes et accents lui demeurent impénétrables. Mais comme elle passe pour une francophone, ses questions seront parfois mal interprétées. À quelques reprises, elle se trouvera en situation où son interlocuteur la prendra carrément pour une conne. Une consultation avec sa gynécologue tournera même au crêpage de chignons lorsque Julie demandera des éclaircissements au médecin, qui lui répondra ne pas savoir le dire en québécois ! Ce type de situation gênante ne se produirait guère si les

Français n'étaient si prompts à juger leur interlocuteur, mais c'est une autre histoire...

Toujours est-il que la France produit cet effet assez inattendu de nous mettre, Julie et moi, exactement sur le même pied. N'étant plus l'Anglaise qu'elle croyait être, du moins aux yeux des Français, Julie n'en revient tout simplement pas de passer pour une Québécoise. Ça n'explique toujours pas pourquoi on me répond parfois en anglais et jamais à elle, mais ça montre que l'élève a dépassé le maître !

V

Au pays de Nadeau

Où l'auteur, troquant ses charentaises pour la Charente, effectue sa première excursion extra-muros à l'occasion du Festival international de la bédé d'Angoulême et visite le village d'un ancêtre sans aucun renom, mais qui se trouve être le sien.

Le 30 janvier, notre bail enfin signé, Julie et moi décidons de fêter ça par une petite excursion extra-Périphérique. Or la presse fait grand cas du Festival international de la bande dessinée d'Angoulême. Il se trouve qu'Angoulême est perchée non loin d'un petit bled du nom de Genouillac, pays d'origine d'Ozanie Joseph Nadeau, mon ancêtre qui mit les voiles pour la Nouvelle-France en 1665. C'est décidé : en route pour la Charente !

Angoulême me plaît au premier abord. La ville blanche niche sur un plateau assez escarpé au-dessus d'un méandre de la Charente. L'effet est assez saisissant. Cela me rappelle ces photos de lamaseries tibétaines. Lorsque j'y repasserai huit mois plus tard, l'impression sera exactement la même. Je reverrai souvent en France cette disposition : sur un plateau dans un méandre. Assez typique des villes anciennes établies en des temps incertains où les rivières étaient les seules voies de communication fiables et où la puissance venait de ce qu'on pouvait verrouiller le cours d'eau en jetant des objets contondants sur la tête de son prochain.

Jolie mais un tantinet morose, Angoulême est la typique petite ville de province de 42 000 habitants, chef-lieu de département et évêché, aux industries traditionnelles en pleine déconfiture. Il y règne une animation inhabituelle du fait du festival, mais les rues menant de la gare au plateau donnent l'impression d'une zone sinistrée. Les façades grises et sales aux volets clos font tristounet. Je l'apprendrai plus tard : la commune ne s'est pas encore remise des exactions de Jean-Michel Boucheron. Maire jusqu'en 1989, il a détourné 164 millions de francs et endetté la ville d'un autre milliard avant de fuir en Uruguay. Rattrapé par la justice, Boucheron passera le reste de sa vie en prison. Ses 42 000 ex-administrés, eux, passeront le reste de leur vie à payer la note.

Julie n'en revient pas. Elle qui ne connaît rien à la bédé avait toujours considéré que mon intérêt pour les *comics* était une excentricité de ma part. À Montréal, lorsque nous recevions la Belge Connection, elle profitait habituellement de ce que nous devisions sur Astérix pour faire la vaisselle. Ou bien elle me regardait avec une tête d'infirmière en gérontologie, l'air de dire : « C'est l'heure de votre suppositoire, monsieur Nadeau. » Tout ça pour dire qu'il n'est pas évident de la traîner dans une foule d'amateurs de bédé de sept à soixante-dix-sept ans, surtout que ça ne lui dit rien, l'expression « de sept à soixante-dix-sept ans ».

« Tu vois. Je ne suis pas seul.

— Finalement, tu es peut-être plus français que tu ne crois.

– Ne sois pas grossière ! »

Le président d'honneur fait un discours improvisé sur le balcon de l'hôtel de ville gothique. Il parle de la nécessaire reconnaissance de la figuration narrative (le nom intellectuel de la bédé). La foule crie, chahute, siffle. Les poubelles débordent. Pas de personnel visible. Le festival a un petit côté anarcho-amateur, très bédé finalement. Et c'est le bordel quand on apprend que le grand prix est décerné à Uderzo. Il n'y a rien à comprendre, mais je m'intéresse surtout à l'hôtel de ville gothique. Je n'avais jamais pensé qu'un hôtel de ville puisse être gothique.

Je n'ai jamais été un fana de généalogie et je n'ai jamais très bien compris ce qui pousse des gens à éplucher chaque branche, chaque feuille de leur arbre généalogique jusqu'au dernier trognon. Tout ce que j'ai retenu de ma généalogie, c'est qu'un petit matin de 1665, Ozanie Joseph Nadeau, natif du village de Genouillac, quelque part entre Angoulême et Limoges, s'est embarqué à Saint-Malo-Beau-Port-de-Mer (air connu) pour la longue traversée vers la Nouvelle-France, devenant l'un des premiers Français mondialisés. Quelle idée lui a pris ? Pourquoi ? Qui était-il ? Nul ne sait. Nadeau signifie Noël en occitan. Quelques Nadeau des variétés AUD ou AULT se sont poussé une place dans le dictionnaire – comme un certain Gustave Nadaud, compositeur. Mais de Nadeau, point. Silence radio total. Mis à part l'éditeur Maurice Nadeau, que je salue en passant, c'est un nom insignifiant sans résonance historique d'aucune sorte.

Mais me trouvant à Angoulême, je ne peux pas rater cette occasion d'aller visiter le village de Genouillac. Comme je ne connais pas le chemin, je vais frapper au syndicat d'initiative – c'est comme ça qu'ils appellent les organismes touristiques locaux, un terme ridicule, car la porte est fermée et les lumières sont éteintes. Fermé le dimanche, le syndicat d'initiative. Je comprends que tout chrétien ait droit à son dimanche de repos, mais on ne ferme pas le syndicat d'initiative d'Angoulême pendant un Festival international de la bédé, fût-ce un dimanche. Ce n'est pas la fête à Neu-Neu : il y a bien cent mille personnes dans les rues. Cent mille ! Et le syndicat d'initiative est fermé le dimanche ! J'ai d'ailleurs une belle initiative à leur proposer : restez ouvert le dimanche du Festival de la bédé et donnez deux jours de congé additionnel aux employés méritants pour ce preux sacrifice. Sinon, qu'ils changent de nom pour « syndicat du jeanfoutisme » – mais pas syndicat d'initiative. Ils le font exprès. Tout de même, on finit par trouver un plan dans une station-service – ouverte.

Comme de bonne, en sortant de la station-service, bingo ! je cale en travers du chemin et bien évidemment les festivaliers et les chauffeurs du dimanche pressés d'aller dé-jeûner chez la belle-mère s'amoncellent et me klaxonnent. Je n'ai pas conduit en manuel depuis des années, et même une compagnie de location civilisée comme Hertz n'a que du manuel. C'est que les Français raffolent de jouer de la transmission. Comprends pas. Ça klaxonne. Je fais signe aux automobilistes de mettre de la vaseline sur le levier de vitesse et de s'asseoir dessus.

J'aime tellement les ronds-points que je fais huit fois le tour du premier. C'est l'utilité du dispositif : ça permet aux égarés de se retrouver sans devoir s'arrêter, mais il faut avoir le cœur en place. Pendant les quinze premières minutes, les ronds-points jouent au ping-pong avec nous. Nous parvenons à nous en échapper lorsque Julie comprend qu'il ne sert à rien de chercher la direction est. La France est un pays dépourvu d'est, d'ouest, de nord et de sud, du moins au sens où on l'entend en Amérique. Ici, il ne s'agit pas de points cardinaux mais de lieux. La France n'a qu'un Ouest : la Bretagne. Qu'un Est : l'Alsace. Qu'un Nord : Dunkerque. Et pas de Sud. Ce qui fait que l'Italie n'est pas à l'est de Marseille, puisque l'Est, c'est l'Alsace, même si c'est au nord de Marseille. L'Italie est vers l'Italie. Dans le même ordre d'idée : la première semaine, en prenant le taxi, le chauffeur m'a fait une de ces têtes quand je lui ai dit de monter au nord ; dans son esprit il voyait Dunkerque, ce qui fait cher la course. Ainsi, l'expression *Go West, young man* est intraduisible. En français de France, ça donnerait à peu près : « Va sur Brest par Le Mans et Saint-Brieuc, jeune homme. » Ce n'est pas sans une certaine poésie, puisqu'il s'agit d'un alexandrin, mais faut connaître.

Toujours est-il que nous avons fini par comprendre que nous n'allions pas vers l'est mais vers Limoges et qu'avant de trouver Limoges, il fallait suivre « Toutes directions », avant de nous diriger vers « Autres directions ».

Enfin, nous voilà sur la grand-route. Le ciel est d'un bleu profond, offrant un beau contraste avec la terre rouge de la Charente. Les vaches aussi sont rouges comme si la terre avait déteint dessus. Ce sont de grosses limousines. Notre voiture de location, elle, n'est pas une limousine, mais la chaufferette fonctionne correctement, ce qui est heureux, car il fait encore plus froid que la veille et je n'ai pas apporté assez de vêtements – on devient vite parisien.

Genouillac se trouve juste entre Juillac et Lézignac, sur la route de Massignac. La moitié des communes et hameaux du coin riment avec Genouillac : Yvrac, Sargnac, Sansac, Pressac, Vitrac, Fleurignac, Lussac, Chirac, Parzac, Patatrac, Marsattac, Rubricabrac (les trois derniers, c'est juste pour voir si vous suivez – c'est très bien).

Les apparences sont trompeuses. Mon impression sur le coup, c'est que Genouillac doit faire dans les 112, 113 habitants, ce qui la placerait dans le peloton de queue des communes de France. En fait, la statistique exacte est de 575 habitants en comptant tous les hameaux des alentours, ce qui ramène Genouillac dans le peloton de tête des communes de France – en fait, quelque part comme 22 367e sur 36 851. Le hameau le plus proche s'appelle L'Ennui. Tout cela pour dire que le nom de Genouillac n'a pas retenti très fort dans l'histoire de France. Les deux seuls Genouillac qui se sont fait une place dans le dictionnaire furent un héraldiste et un chef artilleur de François Ier à Marignan.

C'est dimanche et il ne se passe rien à Genouillac, comme il ne doit rien s'y passer les lundis, mardis, mercredis, jeudis, vendredis et samedis. Les deux seules industries sont la bouse de vache et le bran de scie. Une quantité impressionnante de troncs attendent d'être débités dans une scierie – comme je l'apprendrai par la suite, il s'agit là d'un niveau extraordinaire d'industrie dans un si petit patelin. Le centre-ville de Genouillac compte un grand total de dix-sept maisons autour d'une église aux murs épais et aux fenêtres étroites comme des meurtrières. Il est frappant qu'un village si paumé ait pu extraire tant de labeur pour construire un lieu de culte aussi massif. Il n'y a rien autour, les environs sont déserts, les toits sont rouges comme la terre, l'eau des éviers se déverse sur des dalles et coule dans les fossés. Trois autos passent. Deux vieux marchent. Un ti-cul descend la côte à mobylette en freinant avec les pieds. Même s'il n'y a pas de muraille, le village donne l'impression d'être ramassé sur lui-même, fortifié, pour se protéger des incursions de ces fieffés réformés. À moins que le village n'eût été réformé lui-même, auquel cas on se protégeait comme on pouvait de ces fieffés cathos. Toujours est-il que j'imagine très bien les règlements de comptes entre voisins à coup de râteaux pendant cet épisode de l'histoire de France où les Français passaient le plus clair du temps à se tapocher – c'est-à-dire tout le temps.

De Nadeau, nulle trace. Une plaque indique qu'un certain Camus fut fusillé contre les murs de l'église en 1943. Ozanie Joseph Nadeau faisait sans doute partie de la masse des obscurs et des sans-grade dont on n'aurait rien su si le Roy n'avait eu une politique d'immigration très restrictive, obligeant les compagnies de fourrures de Nouvelle-France à tenir un registre détaillé des colons – ce qui explique qu'on sache qui fut Nadeau. Que Nadeau soit parti de si loin pour s'embarquer à Saint-Malo-Beau-Port-de-Mer n'avait rien d'exceptionnel. De tout temps, l'homme s'est déplacé sur des distances énormes rien que pour trouver pitance. Un soir de beuverie sur les remparts de Saint-Malo-Beau-Port-de-Mer, Nadeau a dû signer pour s'embarquer pour la Nouvelle-France, et il s'est réveillé le lendemain avec une gueule de bois du tonnerre, respirant l'air vivifiant du large à sa grande surprise. Tout cela est suppositoire – on ne sait rien d'Ozanie Joseph.

Je n'ose pas vraiment sonner à la porte de la mairie pour m'enquérir dudit Nadeau. Je n'ai pas vraiment envie de discuter généalogie. À l'église, aucune mention du nom Nadeau sur les ex-voto. Le cimetière n'a aucune tombe de plus de deux cent ans. Les Michaud, Delage et Bourgoin côtoient les Ben Yamed et les Han Tring Soeng. Je ne sais pas très bien ce que je fais là. J'ai froid, et il est temps de dégosser.

Pas facile de trouver à manger dans le bled français. Plus à l'ouest (entre Angoulême et la mer), quelques beaux noms comme Cognac et Armagnac laissent entrevoir des perspectives fameuses. Mais de ce côté-ci, il n'y a même pas de Biguemac – vous ne dormez pas, c'est très bien.

Le dîner (le dé-jeûner final), nous le trouvons dans la bourgade de Massignac. Comme c'est dimanche, rien n'est ouvert sauf le Bar de la Mairie. Julie hésite terriblement – la Thénardière de la rue Mouffetard l'a traumatisée avec son poulet mi-cuit et ses dessins cochons. Moi aussi j'hésite. Au Québec, comme ailleurs en Amérique, un resto appelé Bar de la Mairie a normalement pour tout menu des hot dogs vapeur et des œufs dans le vinaigre dans un gros bocal verdâtre – un classique. Je redoute que le chef pèche par ambition avec son menu campagnard de six couverts à 120 francs. Mais il est 13 h 30, il n'y a rien d'autre d'ouvert à Massignac, et notre déj petit minable (pain, beurre, bol de cacao) est digéré depuis 9 h 30.

Il faut bien le dire, le Bar de la Mairie ne paie pas de mine du dedans comme du dehors. Une vingtaine de trophées à la gloire de l'équipe de foot locale ornent le bar du Bar. Au centre, un baby-foot et une table de billard. Attachée au bar, une paire de beaufs édentés boit un coup en parlant avec une espèce d'accent que je n'ai jamais entendu – après vérification, il s'agit de l'air qui passe entre le dentier et le palais. Ils portent des bottes de bouseux. Ainsi donc, voilà le destin d'Ozanie Joseph s'il était resté. Grand bien nous fit qu'il partît. Hosanna pour Ozanie.

Le resto m'inspire confiance malgré tout. C'est l'odeur : ça sent la bonne soupe rustique. Les grands bols attendent sur les tables. Le seul couple attablé a l'air de se régaler malgré la télé qui joue à tue-tête au-dessus d'eux. La tolérance des Français au bruit ne laisse jamais de m'étonner, comme dirait ce bon La Fontaine. Il n'est pas rare de passer toute une soirée dans un resto où la seule musique est produite par une radio mal syntonisée que ni les clients ni le patron ne songent à régler. À la télé, c'est *Walker Texas Ranger* qui passe. Pendant que nous explorons le menu, un train explose, une fusillade éclate et la fille embrasse le gars. Vraiment super, la télé française.

La patronne vient prendre notre commande qui est simple : deux menus campagnards et un pot de veing – elle a un acceng, vous vous doutez bieng, sans doute comme mon ancêtre du coing. Julie et moi n'avons pas encore très bien compris qu'on est partis pour un marathon de six services qui occupera l'essentiel de l'après-midi : kir, soupe, crudités, omelette, viande et dessert. Nous accueillerons chaque service avec des oh ! et des ah ! d'étonnement, et chaque bouchée avec des han ! de porteurs d'eau. (Les menus disent claire-ment kir, soupe, crudités, omelette, viande et dessert, et les gens font toujours les étonnés chaque fois qu'il arrive un autre plat.)

C'est un régal, et une découverte. Les crudités, par exemple. Au Québec, des crudités, ce sont des légumes crus servis avec une trempette ou une vinai-grette. Ici, les crudités, c'est du sauciflard, du thon et des rillettes maison. Ensuite, soupe : là, le chef nous étonne. Sa soupe, c'est une soupe de poule, et ça goûte la poule – goût proscrit en Amérique du Nord. Ensuite, c'est l'entremets : une omelette aux cèpes. Le chef vient nous expliquer ce que c'est que des cèpes. Il en profite pour nous raconter qu'il cueille lui-même ses champignons à l'automne et que le cru 1998 est excellent. Il apprête aussi lui-même son cochon et ses canards. Je n'ai jamais mangé dans un restaurant où le chef cueille lui-même ses champignons. C'est en

France que j'apprendrai que le Québec est un grand exportateur de champignons de qualité, en particulier morilles et girolles, chose que nous ignorons tous au Québec. Les descendants de Nadeau (tout comme ceux de Blais, Bernier, Thibault, Cloutier, Bureau, Baillargeon et compagnie sur le même bateau) se contentent des champignons de Paris – qui poussent en paquets bleus de 250 grammes, comme chacun sait.

Le chef et la cheftaine mangent à la table voisine – il ne reste que nous. Cela inspire toujours confiance de voir un chef manger dans le même râtelier que ses clients. La patronne vient nous rajouter du vin dans le pichet avec son propre litron de rouge, parce qu'elle trouve ça triste de le voir vide. Il y a la mère, sa fille et son petit-fils : au faciès, la filiation est évidente pour la mère, mais la paternité n'est pas claire. Il y a aussi les deux oncles bouseux, dont l'un a l'air consanguin et l'autre a une tête de Coluche édenté, et qui continuent de siffler dans leur dentier.

C'est notre premier vrai repas français du dimanche après-midi français, et je dois dire que je suis un peu étourdi. Nous avons le ventre par-dessus le dos quand nous rembarquons en voiture. Je serais bien resté plus longtemps pour deviser avec le chef et sa patronne, mais il faut ramener la voiture et prendre le train de 19 h 11 – onze !

En chemin, nous nous arrêtons à La Rochefoucauld : je suis bien content de voir le château parce que, lorsque j'étais petit, il y avait près de chez moi, entre les rues Beckett et Vermont, une rue qui s'appelait La Rochefoucauld, et on se demandait tous d'où cela venait, La Rochefoucauld. Eh bien ça vient de là.

VI

Ma vie de quartier

*Où l'auteur, ayant éprouvé quelques démêlés avec son
ascenseur, fait connaissance avec le quartier et observe le
contraste marqué entre la familiarité sympathique des
petits commerçants et l'autoritarisme patent du grand
commerce, ce qui l'amène à faire quelques constatations
utiles sur le sujet de la mondialisation.*

Je n'oublierai jamais le 17 février 1999, jour où nos
trois mètres cubes de paperasse, livres, vêtements,
vaisselle et autres bigoudis sont arrivés du Canada.
Je n'oublierai jamais non plus le nom de la compagnie de déménagement, la très nord-américaine North
American Van Lines, qui en a laissé le quart bloqué
dans l'ascenseur avant de nous planter là.

J'étais parti faire des courses au moment de l'inci-
dent, Bénédicte et Philippe nous ayant prêté leur
voiture pour toute la semaine. Au retour, en déchar-
geant le véhicule, je m'aperçois que ça cloche du côté
de l'ascenseur : la lumière est allumée à l'intérieur et
je reconnais la silhouette de mes bagages à travers la
vitre. J'essaie d'ouvrir la porte. Bloquée. J'appuie sur
le bouton. Rien.

Nous v'là cons, comme dirait Gainsbourg, ce poète.

Les ascenseurs parisiens sont un magnifique exemple de compromis technologique – situé très exactement à la frontière de l'archaïque et du moderne. La très grande majorité des immeubles parisiens datent d'une époque où l'idée même d'ascenseur tenait du miracle. On ne connaissait que l'ascension du Christ et celle du mont Blanc. L'installation d'ascenseurs au XXᵉ siècle dans un immeuble non conçu à cette fin a donc requis beaucoup d'ingéniosité. D'où ces cabines minuscules bricolées n'importe comment à l'intérieur du puits de la cage d'escalier. On leur donne d'ailleurs les formes les plus invraisemblables : en V, ou même en L, selon la place dont on dispose. Le nôtre est heureusement rectangulaire. Il porte un maximum de 180 kilos – ma femme, moi et une valise. Autant dire presque rien. Par coquetterie, le syndic de l'immeuble a ajouté un miroir à l'intérieur, pour faire plus grand. J'ai mesuré la cabine : elle contient très exactement un mètre cube hors tout – avec le reflet, ça fait deux. La procédure de décollage fait tout le charme de l'engin : la porte extérieure se ferme, et un gros verrou s'enfonce dedans automatiquement, puis le volet intérieur en accordéon se déploie et envoie un signal aux deux ou trois neurones du circuit électrique pour lui dire go. L'ascenseur possède un tout petit cerveau : si on appuie sur deux boutons à la fois, il ne retient que le plus petit numéro. Dès qu'il a terminé son service, il tombe en léthargie et la lumière s'éteint. Or les déménageurs ont trop empilé de matériel, bloquant la fermeture automatique des volets, interrompant ainsi la procédure de décollage. Dans ces circonstances, le verrou de la porte extérieure reste enclenché, lui, et la lumière reste allumée. C'est d'ailleurs le fait qu'elle soit allumée qui m'a mis la puce à l'oreille.

Heureusement, ça marche d'habitude et je ne me

plains pas. Dans les petites annonces, les Parisiens ont développé toute une terminologie pour permettre d'évaluer la situation ascensionnelle d'un appartement. Par exemple, le couple de femmes chez qui nous avons vécu la première semaine occupe un « quatrième sans ». Sophie, c'est un « troisième sans ». Nous, c'est un « troisième avec » – quand l'ascenseur marche. Ce genre de distinguo est d'autant plus nécessaire qu'en France tout est plus haut : les plafonds sont plus élevés, certes, mais surtout il y a toujours un étage de plus. (En France, quand on dit « troisième étage » c'est vraiment le troisième. Au Québec, ce serait le quatrième. C'est qu'au Québec, sous l'influence américaine, on a pris l'habitude de désigner le rez-de-chaussée comme le premier plancher. Le plancher au-dessus est donc le deuxième – vous voyez l'idée. En France, le rez-de-chaussée n'est pas un étage : c'est l'étage zéro. Par conséquent, l'étage au-dessus n'est que le premier. Si bien que si je dis que je vis au troisième français, c'est l'équivalent d'un quatrième canadien.) Les choses s'arrangent après le treizième étage, qui n'existe pas en Amérique, ce qui fait que le quatorzième est le quatorzième partout. Tout cela est très compliqué et j'ai tout le temps d'y réfléchir pendant que je décharge la Bénédicte-et-Philippe-mobile et en monte le contenu à pied jusqu'au vrai troisième.

Conseil de guerre : Julie est aussi énervée que moi. Elle a appelé Otis, mais la compagnie d'ascenseurs, ça les fait rigoler, des bagages coincés : c'est la dernière priorité des techniciens après les femmes, les enfants et les vieillards emprisonnés. Mon épouse a passé tout l'après-midi à ameuter le voisinage pour trouver une solution – ce qui lui a permis de faire connaissance avec les habitants de l'immeuble au grand complet. Les voisins se sont d'ailleurs empressés d'aider, mais sans résultat. Pour déverrouiller les portes, il faut la clé Otis, ce qui nous ramène à la case départ.

Heureusement, il y a Ridha.

Ridha Ben Hammouda, c'est notre Arabe — autrement dit l'épicier du coin. Au Québec on dirait dépanneur — car Ridha dépanne tout le monde. Sa petite épicerie, Chez Ridha, se trouve juste en dessous de chez nous. Ridha a trente-neuf ans, une femme splendide et trois beaux enfants. Chaque matin vers 10 heures, notre immeuble est pris d'une vibration inquiétante et la rue est secouée d'un vacarme évoquant le roulement de chenillettes d'un tank Sherman dans les décombres de Sainte-Mère-Église : ce n'est que Ridha qui ouvre les volets de Chez Ridha. Chaque soir vers 10 heures, le tank repasse dans les décombres : c'est Ridha qui ferme Chez Ridha. Chaque jour qu'Allah lui accorde, Ridha s'accorde une sieste de 13 h 30 à 16 heures, mais il tient le fort sept jours sur sept. Trapu, rondouillard, petits yeux vifs, Ridha est le pilier du voisinage : il fait ce métier depuis qu'il est arrivé de Tunisie à quatorze ans, et il en a passé plus de vingt à cette adresse, d'abord comme aide-épicier, couchant dans l'arrière-boutique sur un lit de camp pendant près de dix ans avant de racheter le commerce. Contrairement aux autres Arabes, qui bouchent leurs vitrines avec leurs marchandises, Ridha dispose d'une grande baie vitrée toute dégagée qui lui permet de surveiller le périmètre. Ridha, c'est un peu la police du quartier ; c'est aussi la bonne à tout faire. Il vend abominablement cher, mais tout le monde l'aime. Depuis trois semaines que nous venons faire des menus travaux et du nettoyage avant d'emménager, on s'est tout de suite entendus. Ridha et moi, on en est déjà à se crier des grands « Chef ! » pour se saluer. Je descends donc voir le chef, qui est au courant de nos ennuis.

« As-tu des outils, chef ? »

Deux tournevis et une pince. Il me faudrait plutôt une sorte de clé à rochet comme en utilisent les mécaniciens pour dévisser un boulon malcommode.

« As-tu été voir le concierge ?

— Julie dit qu'il n'est pas là.

— Il est là. Je l'ai vu. Tiens, le v'là. Mais attention, c'est un Portugais. »

Je vais donc voir le Portugais. Nous disons tous le Portugais par défaut, car personne ne sait ce qu'il est ni ce qu'il baragouine dans son salmigondis incompréhensible. Ridha m'a certifié que ce n'est pas un Arabe. En fait, il n'a pas de dents, sa syntaxe est tout à l'envers, il parle deux ou trois langues en même temps. À chaque fois qu'on lui demande de répéter, c'est pire, car il ne prononce jamais deux fois le même mot de la même manière. Une conversation avec lui est la hantise de tout le quartier. En fait de neurones, c'est un proche parent de l'ascenseur, et je soupçonne les tortionnaires de Salazar d'avoir trop forcé sur le 220V.

Je lui explique la situation, ce qui déclenche l'avalanche.

« Oh ! Déhà arrihéderche sé. In immole en face, conhierche a fo sé. La clé.

— Pardon ?

— Dué, tré fois cada année arrihé che. En face, sonquiergue, la clé. »

Ne me demandez pas comment, mais je suis parvenu à comprendre que la concierge de l'immeuble d'en face a la clé idoine, et qu'il l'a vue rentrer.

« Merci !

— Pas ya hoi sé ha. Toplacere ta pou. Si he pou aiguerbou encule, tata fetché mé.

— Certes. »

Toujours est-il que je sonne chez la concierge d'en

face en espérant que son dentier est bien ajusté. (Pas facile de faire bouger une concierge qui ne vous connaît ni d'Ève ni d'Adam, surtout si elle est incompréhensible.) Et je me retrouve en face d'une blonde pur jus d'environ quarante ans avec une poitrine à la Lolo Ferrari – période d'avant la greffe des silicones de dix litres. Ses cabots jappent dans le salon, et son gorille jaloux se demande qui c'est – une concierge mariée avec un jaloux, ça fait ambiance. Le gorille est en train de battre son cabot qui pisse n'importe où chaque fois que la porte sonne, une tare sérieuse chez un clebs de concierge. Normalement, ça les ferait sortir de leurs gonds, la concierge et la porte, mais il est 17 heures et elle (la concierge) a déjà siphonné la moitié de sa caisse de bière quotidienne – je tiens ça de Ridha.

« Excusez-moi, madame, j'habite l'immeuble en face, mais j'ai un problème, et le concierge m'envoie chez vous. »

Comme tous les Français, elle aime jouer au pompier et elle réagit parfaitement au mot problème. Au fond, les Français sont comme leurs ascenseurs Otis : un rien les bloque, mais quand on suit la procédure c'est un charme.

« Mais vous êtes canadien !

– On ne se refait pas.

– Mais pas du tout ! C'est mignon, un Canadien. »

Elle me fait un beau sourire. Le gorille, qui doit le sentir, bat son cabot. Pour un peu, j'ai l'impression qu'elle va me prendre la tête et me la foutre entre les lolos. Parler, il faut parler.

« Nous sommes en train d'emménager et les employés de la compagnie de déménagement ont bloqué nos affaires dans l'ascenseur. Mon concierge me dit que vous auriez la clé spéciale qui permet l'ouverture.

– C'est exact. »

Elle me fait un sourire entendu et disparaît un instant. Moi, pendant ce temps, je vise le gorille. Il a fini de battre le chien et il regarde la mare de pisse sur le plancher. Ils ont en fait deux chiens, et le second vient d'imiter le premier. Le second cabot doit être son chouchou, car le gorille ne réagit pas. La concierge revient avec deux clés – en T. Au premier coup d'œil, je vois que c'est le bon modèle. Je suis tellement content que j'ai envie de me plonger la tête dans ses lolos pour lui faire plaisir.

« Merci. J'habite dans l'immeuble en face, au troisième.

– Vous me la rapporterez. ?

– Oui, dès que j'aurai fini. »

J'ai toujours été impressionné par ce genre de comportement. Les Français sont plutôt méfiants au premier abord, mais lorsque la glace est rompue ils vous prêtent n'importe quoi sans vous demander votre nom. Dans le cas présent, c'est une clé assez précieuse – le genre de truc qu'on doit se refiler dans la famille depuis l'Occupation.

Toujours est-il qu'elle fonctionne. Je déverrouille la porte. C'est tout con. Enfin, tout se règle : l'ascenseur est vidé, nos affaires sont montées chez nous.

Au cours des semaines suivantes, nous découvrirons les nombreuses ressources du voisinage. Car la vie de quartier en France, particulièrement à Paris, est d'une richesse et d'une profondeur inouïes, sans commune mesure avec ce que nous appelons un « voisinage » chez nous, surtout pour le petit commerce.

La villa Etex, qui donne sur la rue Etex, est située près du secteur de la Fourche, entre la place de Clichy et la porte de Saint-Ouen. À vol d'oiseau, nous sommes à moins d'un kilomètre de Pigalle et du

Moulin-Rouge. Autant dire qu'un monde nous sépare des touristes – ou plutôt l'autre monde, car entre eux et nous il y a le cimetière de Montmartre.

Mon quartier est l'un des rares où il n'y ait pas de marché public, mais la kermesse permanente de l'avenue de Saint-Ouen compense largement. Elle est, je pense, l'une des plus belles artères commerçantes de Paris. On y trouve de tout ou presque. Près de Guy-Môquet, autour du Champion, s'est greffée toute une série de petits commerces de bouche dont les étals encombrent les deux côtés du trottoir.

En application stricte de la clause n° 3 du kit de survie, nous disons bonjour-au revoir à Tout le monde, même à son chien, et nous apprivoisons rapidement les commerçants du quartier, qui nous étiquettent bientôt comme « Les Deux Canadiens » – espèce rare et convoitée. Essentiel, la reconnaissance, car les échanges sont très personnalisés – parce que c'est vous, et un de plus pour la route, etc. Les commerçants passent un nombre d'heures fantastique derrière leur comptoir, ils savent tout de leurs produits, ils n'emploient personne d'autre qu'eux-mêmes, et surtout pas des jeunes de vingt et un ans et moins, comme c'est courant chez nous. Jamais. C'est très curieux. Ils règnent sans partage sur leurs quatorze mètres carrés de boutique, et ils n'aiment visiblement pas le changement : certaines quincailleries s'appellent encore droguerie, c'est tout dire.

Se nourrir, comme se loger, est le besoin le plus élémentaire qui soit, mais rien n'est pareil en France. Le lait, par exemple : les Français en boivent peu, ils le mangent. Pas moyen donc de trouver du lait frais chez l'Arabe : lui ne vend que du lait stérilisé UHT. Pour le lait, c'est la grande épicerie, encore que l'espace-tablette réservé au lait frais est de cinq à six fois inférieur à celui du lait stérilisé. Les cigarettes, on n'en trouve officiellement que dans les tabacs, jamais à l'épicerie. Pour les médicaments, c'est à la pharmacie – qui n'a rien à voir avec le joyeux bordel des pharmacies nord-américaines. Ce joyeux bordel-là on le trouve dans les grandes surfaces, qui sont en fait des hybrides d'épicerie et de magasin général – c'est là qu'on achète le lait et le vélo. Quant aux capotes, on n'en trouve pas dans les épiceries, mais à la pharmacie, et il faut les demander à la jolie pharmacienne, qui pose invariablement l'une des trois questions suivantes : « Fin ou cuirassé ? » ; « À la fraise ou sans saveur ? » ; « En paquet de six ou de vingt-quatre ? » On voudrait qu'elle demande : « C'est pour un essayage ? »

Ce qui me trouble, ce sont mes ennuis lexicaux, qui font bien rire tout le monde. Car les Français s'ingénient à tout appeler autrement. À la fruiterie, qui est aussi une légumerie, on me voit venir de loin. Chaque fois, je demande des fèves quand je veux des haricots – alors qu'au Québec, c'est exactement l'inverse – ou une salade quand je veux une laitue. Chez le boucher, à côté, mêmes démêlés à propos du steak haché, que j'appelle bœuf haché – ce qui plonge le boucher dans un néant de circonspection.

Mais ma hantise, c'est la quincaillerie. Comme nous avons pris notre appartement « tel quel » avec tous ses défauts, il y a quelques réparations à faire. Or, au Québec, tout le vocabulaire de la mécanique et de la construction est soit emprunté à l'anglais, soit dérivé de normes non métriques. En plomberie française, une chose aussi élémentaire qu'un washer devient une rondelle. Bref, avant chaque visite chez le quincaillier, je me prépare avec deux dictionnaires : le *Robert & Collins* et le *Visuel*. Le premier jour, je décide de convertir la maudite douche-téléphone-sans-fixation-au-mur en douche-téléphone-fixe. Problème : tétanisé

71

par l'état des lieux, je veux laisser le mur intact, donc fixer la douche sans la fixer au mur. Il faut donc que je la suspende à une potence et que je fasse tenir ladite poterne en la vissant sur une étagère Castorama sacrifiée pour la cause... Étagère qui ne peut être placée qu'au-dessus du bidet, condamnant ce bel objet à l'inutilité ! Ce n'est pas sorcier. Mais pour faire la potence, il me faut un madrier de 2 × 2 (deux pouces par deux pouces). Avec le métrique et l'Académie française, ça donne un tasseau de 44 ! Pour compliquer le portrait, il y a l'argot. Heureusement que je parle français !

L'organisation du temps figure parmi les coutumes les plus incompréhensibles du petit commerce. Par exemple, la boulangère au coin Davy et Saint-Ouen ferme les samedis et dimanches, l'autre en face ferme les lundis et mardis, et l'autre au coin Davy et Legendre les jeudis et vendredis. On s'y fait. Le lundi, impossible de rien trouver au marché de l'avenue de Saint-Ouen. Tous les commerces de bouche sont fermés, sauf Champion. Même Ridha se prend sa demi-journée le lundi, c'est tout dire. En revanche, tout est ouvert le dimanche matin (sauf Champion), car c'est jour de marché en vue du dé-jeûner de la belle-mère. Et il y a d'autres magasins qui ferment le mercredi, à cause de l'école. Bref, il n'y a que le mardi où tout marche à peu près − sauf les musées, qui ferment ce jour-là !

Pour les heures d'ouverture, c'est tout aussi débile. La journée française commence souvent tard, parce qu'ils sont à l'heure avancée même l'hiver − le soleil se lève à 20 h 45 le 21 décembre. En revanche, les petits commerces sont ouverts jusqu'à 19 h 30. Cependant, ils ferment souvent sur l'heure du déjeuner français − parfois une heure, parfois deux, parfois trois. Ce qui est frustrant pour ceux qui, comme moi, utilisent habituellement cette période pour les courses. Un bon midi, je vais au pressing (terme français pour nettoyeur). Je tombe sur une porte fermée. Monsieur le Pressing est parti déjeuner et envoie ses clients au diable. Depressing ! D'ailleurs, l'heure du midi, ici, est à 13 heures. Et tout est décalé d'une heure : les séances de cinéma, par exemple, sont à 18, 20 et 22 heures, plutôt qu'à 17, 19 et 21 heures. Cela paraît banal, mais on mesure mal la frustration du journaliste canadien qui, voulant se remettre d'une dure journée à expliquer qu'il veut des haricots et pas des fèves, arrive au cinéma en plein milieu de la séance alors qu'il s'est dépêché d'avaler son dîner (qui est en réalité un souper).

Après deux ou trois mois de rodage, ces différences de coutumes seront assimilées – pour la plupart. La familiarité rassurante du voisinage et du petit commerce français marque un contraste frappant avec le grand commerce, tout confit à cause de l'autoritarisme et de l'arrogance du personnel. Rien n'arrive à la cheville de la suffisance des vendeurs dans tout grand magasin français – tous proverbialement bouchés.

La phrase type qu'ils prononcent tous, c'est : « Ça n'existe pas. » Ce qui est d'autant plus insultant qu'on sait que ça existe, mais ils sont comme incapables de dire qu'ils ne le savent pas. Craint-on la faute professionnelle ? Julie demande une fois à acheter un collant gris et se fait répondre que le gris n'existe pas cette année. Une autre fois, c'est un commis chez Surcouf qui a le front de me dire que les coffrets à disquettes n'existent plus – alors qu'ils existent sur le comptoir à côté. À la rigueur, je peux comprendre le snobisme des vendeuses de guenilles rue Saint-Honoré. Mais quand les vendeurs d'aggloméré de sciure se comportent comme des barons d'Empire, moi, ça me scie.

Il faut dire que ces employés doivent faire avec des méthodes d'avant le déluge imposées par des patrons qui n'ont certainement rien acheté en personne depuis des lustres. Chez Conforama et Surcouf, par exemple, il n'y a pas moyen de prendre l'article soi-même. Il faut obtenir un bon d'achat, faire la queue aux caisses pour payer, et espérer que le vendeur sera encore là une demi-heure plus tard pour vous remettre l'objet convoité. Cette manière de commercer est d'autant plus étonnante chez Surcouf qu'il s'agit d'un magasin d'informatique, un parangon de modernisme. Je ne suis pas sûr qu'ils savent ce que ça fait. C'est un peu comme si le vrai Surcouf, qui fut corsaire de son métier, s'était obstiné à attaquer les bricks anglais à coups de lance : les Godons l'auraient coulé en rade, damned !

Surcouf et Conforama sont heureusement loin de mon quartier, mais que dire des banques ? La mienne [1] est le principal foyer d'arrogance et d'autoritarisme commercial dans notre secteur, une sorte d'avant-poste de la chianterie. Pour ouvrir un compte, il faut postuler – prouver son revenu, fournir son livret de famille, bref refaire tout ce qu'on a fait pour la location d'appartement. Et tout cela pour n'avoir aucun crédit : seulement une carte de débit. Et pas moyen de choisir son code secret pour la carte : on nous l'impose. Mais ce qui me tue, c'est que tout chèque d'origine étrangère est bloqué trois semaines, et il en coûte 273 francs par chèque. 273 francs ! Et ces gars-là veulent faire l'Europe ?

La chianterie fait également une sérieuse percée par le fil du téléphone. On dit que les téléphonistes des

1. Vous voulez savoir le nom, hein ? Ben on vous le dira pas.

74

PTT avaient jadis le pouvoir de débrancher un abonné impoli. C'étaient les belles années où les clients (drôle de mot) attendaient de deux à huit ans pour un branchement. Les choses ont bien changé. De nos jours, les téléphonistes disent merci, et la ligne est installée en deux jours. C'est une évolution. Malgré ses dehors souriants, l'autoritarisme a encore de beaux jours devant lui. Je m'en suis rendu compte en allant m'abonner chez France Télécom. Comme ma femme et moi travaillons à domicile, il nous faut trois lignes : deux lignes de téléphone et une pour le fax. La solution évidente, c'est le service Numeris avec ses trois lignes en une. En discutant avec la vendeuse, j'apprends que le service Top Message (en anglais dans le texte) ne peut pas être offert sur Numeris.

« Nos ingénieurs nous ont dit que ce n'est pas techniquement possible. »

Qu'est-ce qui leur est passé par la tête, aux ingénieurs, pour concevoir un système téléphonique destiné à un type de clientèle qui utilise, justement, ce genre de services, sans pouvoir le lui offrir ?

Mais j'ai vite compris qu'en France on ne remet pas en question la sagesse acquise dans les grandes Z'écoles — surtout l'autorité morale de l'ingénieur. Cette passivité des consommateurs français m'étonne toujours. Que leurs grands capitalistes veuillent enculer le bon peuple à sec, c'est le privilège du prince. Mais que le bon peuple non seulement les laisse faire, mais écarte les jambes et se penche pour les aider, je n'y comprends rien.

La télécarte est un très bel exemple de cupidité corporative de premier ordre. En 1992, j'avais piqué une colère terrible en apprenant que je devais en acheter une de 50 ou 100 francs pour un seul appel d'une minute. Le racket du siècle ! Et les Français, eux, marchent là-dedans.

Un autre exemple concerne Wanadoo, filiale de France Télécom. Comme je suis là pour observer la France, je me dis : pourquoi ne pas utiliser le serveur Wanadoo de France Télécom ? Erreur : aucune des dix-sept personnes du service clientèle de Wanadoo auxquelles j'ai parlé cette semaine-là n'a jamais su me dire pourquoi ça ne connectait pas. Finalement, pour une raison inconnue, ça se débloque et je me retrouve chez le serveur. Je n'avais jamais pensé qu'un serveur puisse être autoritaire, mais c'est un serveur français. Aussi, mon sang de consommateur revendicatif ne fait qu'un tour quand je m'aperçois que ces imbéciles de Wanadoo m'imposent un nom de branchement (fti/gc4btbq), un code de connexion (RQv9Uba) et un code de messagerie (aHgfruu). Pour qui me prend-on ? Réponse : pour un Français. Je suis donc passé chez America On Line : l'installation a pris trois minutes et j'ai choisi mon mot de passe.

Je découvre une autre pratique bizarre en essayant de louer une voiture. J'appelle, je réserve, et quand je me présente le gars me demande si j'ai une preuve de résidence. En l'occurrence une quittance de gaz à mon nom — moi, je ne sais même pas ce que c'est qu'une quittance de gaz. Alors je dis au gadada :

« Mais chez Hertz, ils ne demandent pas une telle chose.

— C'est leur affaire.

— Mais ça veut dire que si à Lyon je dois vous louer une auto, je dois traîner mon classeur.

— Une quittance de gaz, en tout cas.

— C'est absurde. Il y a 75 millions de touristes en France. Autrement dit 75 millions de personnes qui n'ont pas de preuve de résidence.

— Ces gens ne nous intéressent pas. »

Convenez que comme façon d'envoyer promener le touriste on a vu moins élégant. Au fond, c'est l'équivalent, pour les grandes organisations, du « bonjour » que le petit commerçant attend de son client. C'est pour les gens du quartier.

Le plus fascinant là-dedans, c'est que les mêmes Français si gentils dans leur quartier – bonjour, madame la boulangère, monsieur le fleuriste – deviennent des frappés de première catégorie dans le grand commerce. Ça vient d'où, ça ? C'est l'école ? De Gaulle ? Pétain ?

Je mettrai quelque temps à comprendre que toutes ces anecdotes enrageantes, et bien d'autres, ont trois points communs, qui ne tiennent pas aux Français mais à l'étranger – moi, en l'occurrence.

D'abord, ça n'est pas un hasard si tout cela touche le commerce. Pas parce que les Français sont moins bons ou plus bouchés que les autres, non. Mais l'étranger, quand il arrive, ne voit que la partie émergée de l'iceberg, le commerce. Il ne va pas à l'école, il ne va pas à l'URSSAF, ni à l'UNEDIC, ni à l'hôpital. Le touriste, le simple visiteur ne voit pas le chèque-déjeuner et tout le dispositif social derrière. Il ne sait même pas que ça existe, il sait encore moins comment ça marche et il ne peut pas, ne veut pas comprendre comment tout s'articule.

Autre point commun : ces frustrations me fichent dans des rognes terribles, au risque de réveiller le gorille qui sommeille en moi. C'est beaucoup moins anodin qu'il n'y paraît. En fait, cette colère est justement le signal le plus important, car après tout je suis ici pour cultiver mes impressions. Revenons à l'anecdote du pressing fermé sur l'heure du midi. Pourquoi ça me fâche, moi ? Prenons le point de vue français (ici je mets mon béret et je prends un ch'ti canon). Pourquoi le proprio ne fermerait-il pas ? Il ne vient à personne l'idée d'aller porter ses vêtements au pressing pendant l'heure du déjeuner, puisqu'on est censé déjeûner pour de bon cette fois. La plupart des 75 millions d'étrangers qui visitent la France chaque année y viennent pour son art de vivre. Et ils prennent le mors aux dents quand les Français sont les premiers consommateurs de leur propre art de vivre, ce qui implique que tout proprio, même Ridha, ferme son commerce pour aller manger de la bonne nourriture française. (J'enlève mon béret.) Je mettrai beaucoup de temps à comprendre cela, et à comprendre ma réaction d'étranger – quoique, deux ans plus tard, je ne me serai toujours pas habitué au fait que ce genre de commerce ferme sur l'heure du midi qui est à 13 heures.

Et puis il y a la question du label (une étiquette, en français). Supposons que je renarre mon anecdote de l'ascenseur en changeant les noms North American Van Lines et Otis pour quelque chose de très français, comme la Générale du déménagement et la Générale de l'ascension. Tout de suite, l'anecdote change de sens et le lecteur – français ou étranger – saute à la conclusion logique : « Maudits Français ! Tous pareils. Psychorigides. Dépassés. Maginot *once again* ! » Je l'ai essayé et ça marche. Ce qui est fascinant, c'est l'absence de réaction quand on utilise les vrais noms : il ne s'agit alors que d'une anecdote. La raison en est simple : le fait ne cadre pas avec l'idée. Car nous attribuons d'emblée une valeur bien particulière à ces noms. Le mot le plus important dans North American Van Lines est « North American », qui est un synonyme de compétence, comme chacun sait. Si North American Van Lines fait une connerie (je ne sais pas, moi, comme d'abandonner les bagages d'un client dans l'ascenseur), on dira que c'est une erreur. Si la Générale du déménagement couillonne le client de la même façon, on dira qu'ils sont comme ça.

En somme, une chose aussi bête qu'un ascenseur parisien est un véritable objet culturel. Les activités les plus familières s'exécutent différemment en France parce que l'organisation même de l'espace est différente. En l'absence d'ascenseurs dignes de ce nom, les déménageurs français transportent le leur, des espèces de convoyeurs verticaux qu'ils disposent dans la rue. Et comme les autos sont serrées les unes contre les autres, les dépanneuses doivent palanquer les véhicules en utilisant des courroies. EDF doit envoyer un technicien pour vérifier le compteur parce qu'il y a certes des bricoleurs, mais aussi parce que le 220 volts, on ne rigole pas avec ça. Tout est différent, ici, mais tout marche parce que tout est adapté à une réalité nouvelle.

En fait, je suis ici pour évaluer pourquoi les Français résistent à la mondialisation. Mais depuis mon arrivée il n'est question que d'Internet, de mondialisation, de fusion d'Elf et de Total, d'Airbus, d'Europe, d'euro. Bref, la France mondialise, globalise, gros-balèze. Par conséquent, ce qui est intéressant dans tout cela, c'est la différence entre la réalité perçue et la réalité réelle. Pourquoi a-t-on l'impression que les Français résistent alors qu'ils ne résistent pas du tout ? La réponse est peut-être en partie en France, mais elle est certainement en Amérique, et moi, je n'y suis plus... Or il se trouve que mes observations sont tout à fait réelles : ma banque[1], qui me fait payer 273 francs pour déposer le moindre chèque d'origine étrangère et qui m'impose mon code secret ; mon agence de location de voitures, qui me demande une preuve de résidence ; Wanadoo, qui veut que je m'appelle aHgfruu.

---

1. J'ai dit non, pas de nom.

À partir de cette accumulation d'impressions, il serait facile de conclure – comme nombre de mes collègues – que les Français sont arriérés, qu'ils ne savent pas vendre et que, oui, ils résistent à la mondialisation. Sauf que ça ne colle tout simplement pas avec the big picture. Après tout, la France est un des pays les plus riches du monde, l'un des plus prospères, l'un des plus efficaces. Dans le détail, les exemples de dysfonctionnement foisonnent. Pourtant l'ensemble fonctionne parfaitement : c'est donc que ces dysfonctions apparentes sont en parfait accord avec un système qui fonctionne selon ses propres règles pour assurer ses propres besoins. En d'autres termes, la biologie, la physiologie, les fibres d'un cheval ne sont pas les mêmes que celles d'un chameau, et même que le sang de l'un empoisonnerait l'autre. Mais il est indubitable qu'ils marchent tous les deux et qu'ils mangent à peu près la même chose. Le fait de demander pourquoi les Français résistent à la mondialisation est donc assimilable à la question du cheval qui demanderait au chameau pourquoi il n'est pas un cheval. Parce qu'il n'en est pas un.

Donc, autant faire comme les Français et me traîner une quittance de gaz dans mon portefeuille. Je finirai bien par comprendre. S'il y a quelque chose à comprendre.

VII

Planète rando

Où l'auteur, se sentant des fourmis dans les jambes, se fait des petits camarades portant le sac à dos et la chaussure de marche, auprès desquels il acquiert le statut de consul honoraire du Canada, et arpente les quatre coins d'Île-de-France, qui est peut-être l'une des régions les moins connues de France.

Bien avant de partir, j'avais eu l'idée d'intégrer un club de randonnée. La marche, c'est pas cher, et grégaire. Après quelques coups de fil, je tombe sur le Touring Club francilien, qui offre un bon mélange de randonnées pépères, de grandes randonnées et de sorties aventureuses du genre méharées en Mauritanie, ski de fond en Norvège et grand tour du mont Blanc.

Dès que possible, donc, je vais m'inscrire au bureau du TCF, qui se trouve être une grosse péniche en béton amarrée en permanence au port des Champs-Élysées, au pied du pont de la Concorde. Moi qui raffole des bateaux ! Le bureau du club se situe juste sous la ligne de flottaison de la péniche, ce qui est parfaitement approprié pour décrire les finances de l'institution. Fondé il y a un siècle, le Touring Club n'est plus que l'ombre de ce qu'il fut jadis, avant la faillite de 1983. À ses heures de gloire, il comptait un million de membres, possédait plusieurs dizaines d'hôtels et avait installé les mille premiers panneaux routiers de France. Le TCF actuel n'est qu'une petite association de randonneurs ayant repris le nom... et le cœur du fondateur dans un bocal de formol, ce qui emmerde tout le monde, car ça prend de la place, un cœur de fondateur en bocal ! Après avoir envisagé de balancer cette écœuranterie aux mouettes ou de l'envoyer à un éleveur britannique pour qu'il en fasse de la farine animale, le comité directeur du TCF penche maintenant pour la solution humanitaire et cherche au bocal une famille d'adoption, française de préférence. (Appelez-le 01 42 65 05 84 et laissez le message.)

Ainsi donc, un bon dimanche, je me retrouve à la gare de Lyon pour ma première randonnée de vingt-cinq kilomètres à travers la forêt de Fontainebleau. Une vingtaine de personnes se présentent au point de rendez-vous habituel. Le groupe est plutôt mêlé en âge. Je figure parmi les plus jeunes. Il y en a qui ont manifestement fait la guerre (la deuxième) et l'Algérie. Tout le monde a l'air de se connaître. La première personne à s'intéresser à moi est Bernadette. Une célibataire assez vive dans la soixantaine – en fait dans la soixante-quinzaine – kiné de son métier, ancienne championne de natation, qui a beaucoup voyagé au Canada, et qui trouve les Canadiens sympas et mignons comme tout. Bref, elle m'adopte et me présente à Bébert, Nénette, Momone, Dodo, Lulu, Jacotte, Nénesse et autres Nanard. Tout le monde s'appelle par son prénom et se tutoie – c'est le propre de ce type de club, je l'apprendrai –, aussi me faudra-t-il du temps pour comprendre que Bernadette possède un nom à rallonge, chère amie.

On saute donc dans le RER[1]. Juste au moment où les portes se ferment arrive le vingt-troisième luron : Gustave. Avec son physique de rugbyman, la quarantaine verte, Gustave dégage une présence assez particulière, qui fait que tout le monde tient à lui parler. Natif du Périgord, il parle avec un accent du Sud-Ouest assez prononcé – que je mettrai quelque temps à identifier – et une façon presque espagnole de te me vous mettre tout un tas de pronoms avant chaque verbe, vous verrez. Chaque dimanche, il traîne un vieux sac tordu qui remonte à ses belles années d'escalade quand lui et son père, inspecteur du fisc, passaient du pastis de contrebande dans les Pyrénées. Il s'assoit en face de Bernadette et moi. Tout de suite, ils se mettent à comploter.

« Tu l'as ? lui demande Bernadette.

– Putaing, on va se le boire, ma fille.

– J'ai les verres.

– Je t'ai aussi pris du fortifiang.

– Calva ?

– Génépi. Putaing, c'est du bon. C'est mon copaing qui le fait. »

Il existe deux sortes de randonneurs : les hédonistes et les spartiates. Le maître mot des spartiates : « discipline ». L'autre notion importante pour eux, c'est la discipline. Pour le reste, tout est affaire de discipline. Bref, ce sont des gens ennuyeux. Un bon spartiate ne boit jamais une goutte d'alcool – « Ça fait enfler les pieds ». D'ailleurs, ils se méfient aussi de l'eau, et de tout liquide – « Ça fait pisser » –, ce qui entraîne des arrêts – « Ça fait enfler les pieds ». Les spartiates s'assoient rarement, mangent debout, et jettent l'anathème

1. Note à mes compatriotes : RER pour Réseau express régional. Comme ils ont un *vrai* réseau efficace, ils ont aussi un *vrai* sigle pour le désigner.

sur ceux qui délacent leurs chaussures — « Ça fait enfler les pieds ! » Ils n'aiment pas la sieste et transportent aussi peu de choses que possible — quitte à tout emprunter aux hédonistes.

En m'asseyant avec Gustave et Bernadette, j'ai clairement pris parti pour l'hédonisme, dont Gustave est l'un des militants les plus résolus. Au cours d'une rando de quarante kilomètres un dimanche par un soleil de plomb, je le verrai forcer la marche toute une matinée afin de dégager vingt minutes pour la sieste. D'ailleurs, Gustave est toujours le dernier à finir la collation, le repas, la bière.

Le reste du groupe mérite aussi le détour, car il y a de tout, comme je l'espérais. Un administrateur de la poste, un ingénieur roumain, une prof d'histoire-géo de troisième, une institutrice, son mari chez Renault, une comptable chez Cartier, un électricien, un tôlier, une prof de littérature à Jussieu, un ingénieur d'IBM, un mécanicien à la retraite, un conseiller du maire de Paris, une employée de la morgue, une jardinière d'enfants, une infirmière mâle, un inventeur de l'armée française, et même un sous-préfet — que la décence nous interdit de nommer. Il y a même un beur — hyperkhâgneux et matheux de prépa (en clair : prof de mathématiques en classe préparatoire et diplômé de l'École normale supérieure).

Gustave et moi, on s'est tout de suite entendus et nous passons la journée à converser — je parle aux autres aussi, mais je reviens toujours à lui. C'est celui qui s'intéresse le plus à ce que je fais en France et qui comprend le mieux. Il est aussi particulièrement bien informé. Sa connaissance approfondie du mode de fonctionnement du gouvernement et du système hospitalier en fait un informateur averti. Ce n'est qu'en fin de journée que j'apprendrai qu'il est énarque.

La randonnée de ce jour-là se termine, comme

toutes, au point d'eau de Bois-le-Roi, près de la gare, un petit village dont l'industrie principale est d'accueillir les randonneurs échauffés. Naturellement, les spartiates du groupe s'empressent de prendre le premier train, ce qui nous laisse tranquilles entre hédonistes, car il est extrêmement désagréable de boire sa bière sous le regard sévère d'un téteux de Perrier qui fait des bulles. Nous nous tapons donc un ou deux demis — un terme ridicule puisqu'il s'agit d'un quart (de litre). À la gare de Lyon, Bernadette, Gustave et moi formons le dernier carré au point d'eau. Ils sont absolument ravis d'avoir trouvé un autre pilier de l'hédonisme, et ils tiennent à ce que je participe à une grande rando de week-end début mai, mais pour cela ils doivent former un lobby afin de persuader l'organisateur, Gérard.

Au cours des mois suivants, mes amis et autres accointances du club se montreront d'une tolérance remarquable à mon égard, d'autant que je suis là pour les observer et prendre des notes. Mais je le leur rends bien en me couvrant de ridicule à l'occasion.

La fois où j'ai l'air le plus fou, c'est ce jour de mai où je fonce en short dans les orties pour pisser. Au premier contact, ça se met à brûler. Je ne sais pas exactement comment je me tire du bosquet, mais apparemment je vole dans les airs comme si j'étais en feu, sous le regard médusé de Gustave.

« Putaing, Jean-Benoît, qu'est-ce qui t'a pris d'aller te foutre dans les orties ?

— Ah ! C'est ça, des orties ?

— Ne va pas me faire croire que tu n'as jamais vu d'orties ! »

Chers lecteurs canadiens, chers lecteurs français : l'ortie n'est connue au Canada que dans l'expression « jeter aux orties ». Cette mauvaise herbe, très courante en France – particulièrement aux endroits où l'on pisse – est inexistante en Amérique.

Une autre fois j'entreprends ce fameux tour du massif de Fontainebleau auquel Bernadette et Gustave tenaient tant à ce que je participe. Il s'agit de parcourir soixante-cinq kilomètres en deux jours. Chacun apporte son pique-nique ; déj petit et souper nous attendent au refuge.

Tout paraît simple, mais pas dans ma tête. Au Canada, un refuge est en général une sorte d'abri à trois côtés sans porte. Parfois, il ne s'agit que d'un toit sur quatre poteaux. Avec de la chance, il y a un quatrième mur et une porte, mais le jour paraît dans les fentes. On cuisine sur feu de bois dans la seule poêle à frire communautaire. Prévoyant, j'ai donc fourré dans mon sac : un sac de couchage, un matelas de sol, un réchaud de camping avec sa réserve de pétrole, une assiette, des couverts, une poêle à frire et une hache (pour le feu de camp), trois litres de flotte, un insecticide et de la corde (pour suspendre la nourriture). Tout cela est très lourd et j'en arrache sous le soleil, surtout que mes compagnons ont tous des sacs plus légers que le mien.

Toujours est-il que j'ai la surprise de ma vie au refuge de Reclose : situé en plein milieu du village, le Bolet de Satan (c'est le nom du refuge) est une solide maison en pierre d'un étage (deux étages canadiens) avec un sous-sol voûté, trois foyers, un buffet avec de la vaisselle pour cent personnes, trois réchauds en fonte avec bonbonne, salle de bains, eau courante, lits et couvertures pour tout le monde à l'étage.

« Vous appelez ça un refuge ? Mais c'est une maison !

– Non, non, c'est un refuge, je t'assure, me dit Gérard. On couche en dortoir et on se prépare la bouffe.

— Putaing, Jean-Benoît ! ajoute Gustave. Tu t'attendais à quoi ? »

Inutile de vous dire que lorsqu'ils ont compris ce à quoi je m'attendais puis dressé l'inventaire de mon matériel, j'ai passé le reste du week-end à essuyer des sarcasmes du genre : « Lâche du lest ! », « Fais-nous un thé ! » ou « À quelle heure le feu de camp ? ».

J'ai fait beaucoup de plein air dans ma courte vie, mais le plein air français n'est pas le même que le plein air canadien. En France, il y a de l'air, mais surtout du plein. Au Canada, il y a beaucoup d'air, mais pas de plein du tout. Cet aspect ne laisse pas de fasciner mes amis du club de randonnée qui me posent sans arrêt les trois mêmes questions :

1) « Qu'est-ce qui te prend de venir faire de la rando chez nous alors que vous avez tant de grands espaces chez vous ? »

2) « Quand est-ce que tu nous organises une sortie au Canada ? »

3) « Connais-tu quelqu'un à Calgary qui pourrait m'aider à organiser une sortie de plein air au Yukon ? »

La vérité, c'est que les Français sont attirés comme personne par l'immensité. Au Canada, chaque fois qu'un ours démembre un touriste ou qu'un touriste est recueilli, en train de dériver en hypothermie au milieu du golfe du Saint-Laurent, à moitié gelé dans un iglou de l'île de Baffin ou encore échoué dans les rapides de la rivière Moisie, il y a de très grandes chances que ce soit un Français. En tout cas, jamais un Jap ou un New-Yorkais. Les Français savent que le Canada est un pays gigantesque, mais ils en mesurent mal les conséquences pratiques. Dans ma patrie, tout automobiliste prudent traîne des outils, une hache, un briquet, des bougies et une couverture de survie dans son coffre. Au cas où...

J'ignore d'où vient cette fascination des Français pour l'immensité. Il n'y a qu'eux pour organiser des tours de l'Antarctique à la voile en solitaire, des rallyes Paris-Dakar ou des courses de motoneige dans le Grand Nord canadien. D'ailleurs, au XVII\(^e\) siècle, avant même de se développer une colonie solide en Nouvelle-France, les Français avaient déjà parcouru le continent en long et en large, et ils avaient vu tout ce qu'il y avait à voir.

En vérité je vous le dis, le gouvernement canadien devrait me décerner une médaille pour le nombre de fois où j'ai expliqué le Canada à mes amis français. En réalité, je fais œuvre de santé publique. Et en même temps, je contribue à épargner les maigres ressources de notre vaillante brigade de sauvetage héliportée qui s'épuise à secourir les adeptes de nos grands espaces.

J'aime mon immense pays, mais la France présente un intérêt certain côté rando : ça repose. J'en profite ici pour composer une ode aux trains français. Au Canada, les trains ne sont jamais à l'heure, pour la simple et bonne raison qu'il n'y a pas de train, ce qui complique la logistique de la moindre balade. L'Amérique, c'est le tiers-monde du train de voyageurs. Je connais un Français qui a commis l'erreur de faire en train le trajet New York-Winnipeg (Manitoba) : il est arrivé avec douze heures de retard, ce qui a paru normal à tout le monde sauf au principal intéressé. Ici, on transporte deux mille personnes dans un Paris-Lyon en deux heures et l'on s'excuse d'un retard de deux minutes. En fait, partout en Île-de-France on trouve encore de ces petites gares de campagne paumées où le train passe à l'heure. C'est parfois une grosse micheline automotrice, mais ça passe, ce qui permet les combinaisons et les circuits les plus fantastiques. Chose impensable au Canada, où les circuits sont rares (il faut souvent revenir sur ses pas).

Le Premier ministre Mackenzie King disait du Canada qu'il souffre d'avoir trop peu d'habitants et trop de géographie. Montréal est une belle ville entourée d'une belle nature, mais pour s'y rendre, à la nature, il faut se taper deux heures de voiture – le train, y en a pas. Au mont Sutton, par exemple, les « refuges » n'ont pas de sous-sol voûtés ni même de murs : il s'agit de simples plate-formes en bois munies d'un toit. La nuit, il faut suspendre sa nourriture aux arbres pour la protéger des ratons laveurs ou des ours. Ces bêtes-là, comme les Français, adorent les bonnes choses puantes. Et quand un ours décide de s'introduire nuitamment dans une tente pour mettre la patte sur la gamelle, ça fait des dégats, surtout quand le proprio se met en tête de ne pas faire le mort. Dans le meilleur des cas, ce dernier finit dans l'arbre où il aurait dû suspendre sa boustifaille. Trop souvent, il se prend une gamelle et l'ours part avec l'autre gamelle (plus un bras) en s'exclamant : « Cette leçon valait bien un fromage, sans doute ! » – ce sont des ours qui connaissent leurs classiques.

Mais enfin, au Canada, on a le paysage ! Ça, oui ! Comme le territoire est très peu aménagé, on marche surtout en forêt, sans aucune perspective, sauf au bord des précipices ou au sommet des montagnes. Les sentiers évitent les agglomérations, qui sont de toute façon extrêmement espacées et laides : on y trouve assez peu d'églises du XIIᵉ siècle. En fin de journée, on a très peu de chances de tomber sur un point d'eau avec tables, chaises et serveur, sauf en prenant l'auto. Toutes choses que l'on trouve quand on fait de la randonnée en France.

J'arpenterai donc la région parisienne en long et en large avec mes amis du Touring Club pendant plus de deux ans – en m'autorisant quelques escapades dans d'autres régions, notamment les Alpes. Déjà, après seulement quelques mois, je peux me vanter d'être le Canadien qui connaît le mieux l'Île-de-France – ou Île-d'Œuf. L'un des trucs les plus extraordinaires, ce sont quand même les noms des 2 200 communes de la région. Rien de tel qu'une journée de rando entre Bourg-la-Reine et Jouy-en-Josas, ou entre Bourron-Marlotte et Choisy-le-Roi. Ça inspire.

Douze millions de Français vivent en Île-de-France, mais il s'agit de l'une des régions le moins connues de France. Elle s'est développée en servant Paris et n'est jamais sortie de l'ombre de la capitale. Elle possède pourtant des coins superbes, comme la vieille ville de Provins, à l'est, avec ses murailles, ses maisons du XIVe siècle et ses dix kilomètres de souterrains. Et que dire de La Roche-Guyon, côté ouest, blottie dans les falaises de craie de la Seine, avec son donjon du XIIe siècle, son château Renaissance et ses demeures troglodytes ? Bon, j'arrête là, car la liste est longue et je vais faire des jaloux !

Il y a une photo prise par Gustave qui me montre en short appuyé contre un poteau de signalisation indiquant les distances jusqu'à Rozay-en-Brie, Coulommiers et Chaumes. Pour moi, Brie, Coulommiers et Chaumes, c'étaient des fromages. Je sais maintenant que ce sont des pays. Je les ai sillonnés. La terre est riche en Île-de-France, d'une richesse époustouflante. Pour un Canadien, le mot « mirabelle » évoque l'aéroport Mirabel de Montréal, pas un arbre dont on tire un excellent fruit et quelques bonnes bouteilles de Marie-Chatouillette. Un jour de juin que je traîne un peu derrière dans un champ de pavot de la vallée de Chevreuse, je vois mes compagnons quitter précipitamment la piste en une bousculade effrénée. Quand j'arrive, je les découvre autour d'un cerisier, tel un nuage de sauterelles. Ce n'est pas le premier cerisier qu'on voit, mais c'est le premier qui n'est protégé par aucune clôture, ce qui autorise au pillage. Il s'agit de cerises à deux couleurs. Deux couleurs, vous vous rendez compte ? (Non ? C'est pas grave.) Pour quelqu'un qui vient d'un pays où il n'y a que des pommes, des fraises et des framboises, la cerise pinto est une découverte.

J'en pisserai du kirsch tout le reste de la journée.

VIII

Corrida, terroir et petits beurs

Où l'auteur, à l'occasion du congé pascal, fait le grand écart entre le raï marseillais, la corrida arlésienne et l'asperge solognote, profitant de l'occasion pour lancer quelques réflexions sur les rapports singuliers des Français avec la nourriture, tout en se renseignant sur la façon dont on traite la cirrhose du foie chez certaines espèces de volatiles aquatiques.

La Provence et la Sologne n'ont absolument rien en commun, sauf que Julie et moi trouverons le moyen d'être à Fresnes (pas la prison !) et Marseille le week-end de Pâques. C'est que je tiens à visiter Marseille et Arles, pour la corrida, alors qu'un ami nous a invités à Fresnes chez ses parents. Comme week-end déjanté, ça promet.

Vous remarquerez que Marseille a ceci de particulier que chaque fois qu'on veut en parler, il faut se justifier. J'ai deux ou trois raisons d'aller à Marseille. D'abord, c'est l'une des rares vraies grosses villes de France hormis Paris. De plus, la presse française est inondée d'articles dithyrambiques sur le renouveau culturel marseillais. Et puis, il y a eu le film *Taxi*, de Luc Besson, visionné à Montréal, et qui nous avait convaincus que Marseille était le sommet du cool. Elle occupe également une place particulière dans ma mythologie familiale à cause de ma tante Louisette qui, durant un voyage en France en 1973, s'est amouraché d'un Marseillais, un certain Jimmy, un type vaguement corse et à moitié mafieux, avec une tête à la Jacques Dutronc (années cactus).

Marseille, donc.

Dans presque toutes les villes de tous les pays du monde, les gares ferroviaires sont situées au fond de dépressions ou au cœur de vastes étendues industrielles. La gare Saint-Charles, elle, fait exception à la règle. Perchée sur un piton, elle offre une superbe vue sur la ville aux quatre collines. Marseille correspond à l'idée qu'on se fait d'une ville : grouillante, pas nette, et pas faite pour le genre de petit Blanc pète-sec de Vitrolles avec les deux pieds dans la même bottine, qui met un rideau devant sa porte pour oublier qu'il a une porte blindée.

La cité bouge. C'est la première impression qui se dégage – le jour – et qui produit le contraste le plus marqué avec Paris. Ce n'est pas que Paris soit immobile, mais elle fait rentière. Marseille est jeune, et pleine de chats de gouttière partout. Et il y a presque autant de Corses ici que sur l'île de Beauté. En plus, c'est la ville de la fameuse French Connection. Les Marseillais n'aiment pas qu'on en parle – même s'ils en sont un peu fiers. L'artère principale s'appelle d'ailleurs la Canebière – qui n'est pas la contraction de « can de bière », mais vient de cannabis. D'accord, c'est un vestige du temps où le chanvre, dont on tirait la corde, était une ressource vitale pour l'industrie maritime. Mais on y tient, à ce vestige, alors qu'on a ravagé tout le reste.

À Marseille, on est malheureux si on n'est pas futé. Je m'en suis rendu compte en allant acheter des cigarettes dans un tabac face au Vieux-Port. Je paie. Le patron palpe ma pièce de dix francs et me la rend.

« Fausse pièce.

— Vous voulez rire ?

— Pas du tout. Regardez. Elle est plus mince, plus légère.

— Oui, mais on vient juste de me la filer au kiosque à journaux.

— Parce que vous n'êtes pas d'ici.

— Bon. Je fais quoi ?

— Vous la repasserez à Paris. »

Marseille a ceci de particulier que c'est le centre de la ville qui est pauvre, immigré et paumé, tandis que la périphérie est blanche, proprette et raciste. Tout comme en Amérique, et l'inverse de ce que l'on voit dans bien des villes de France — où ce sont les centres qui sont BCBG et les périphéries qui sont pauvres, pas propres et pitoyables.

Un truc que j'ai vu là pour la première fois et que je n'ai pas revu, ce sont les hommes qui s'embrassent. Ça, ça frappe. D'où je viens, il n'y a que les gais et les acteurs qui s'embrassent en public. Même à Paris, c'est plutôt discret. À Marseille, les petits beurs se sautent dessus en pleine rue pour s'embrasser. Même les petits glandeurs de rue se saluent en se donnant la bise.

« Tope là, mec !

— Tu piques, toi, ce matin. »

Contrairement aux Parisiens, les Marseillais se fichent de l'histoire comme de l'an 40. Marseille célèbre cette année ses deux mille six cents ans. Vingt-six siècles, ce n'est pas rien. Le plus drôle, c'est qu'il n'y paraît pas. La ville n'est pas engoncée dans son histoire. Le seul vestige de son passé grec, c'est ce nom de « Cité phocéenne ». On dirait que chaque siècle a fait table rase pour se rebâtir sur des demi-souvenirs et deux ou trois mythes littéraires. Rien à voir avec le nombrilisme historique de Paris. Cela donne des horreurs, comme cette circulation incessante autour du Vieux-Port. Mais c'est un peu ce que j'aime de Marseille : ils en font ce qu'ils veulent, et je t'emmerde. Marseille, c'est une bouillabaisse : un foutoir de n'importe quoi dans un bouillon délicieux. C'est d'ailleurs ce à quoi nous soupons dans un resto du Vieux-Port qui, comme ses concurrents, offre une spécialité de « vraie » bouillabaisse. Qu'elle soit vraie ou pas, je n'en sais rien. D'ailleurs, je ne me risquerais pas à contredire des Marseillais

Arles est aussi blanche que Marseille est sarrasine, mais ce n'est pas le seul contraste entre les deux villes. Alors que Marseille c'est l'affaire d'un présent qui se réinvente constamment, Arles est complètement dominée par son passé – ses églises romanes et surtout, surtout, ses arènes romaines où se tient la corrida. En fait, en raison de la passion des Arlésiens pour la feria, la ville est devenue une sorte d'annexe de la lointaine Espagne, pays bien connu pour avoir mis les Maures dehors (et pas particulièrement intéressé depuis à renouveler le patrimoine génétique). Pour tout dire, les Arlésiens disent *toro* et non taureau. Et leur foire à eux, c'est la feria.

Julie et moi nous étions rendus à Arles en 1992, et la ville nous avait alors paru aussi morte que ses ruines romaines. Cette fois, c'est le choc. Il doit bien y avoir cent cinquante mille personnes dans les rues. La ville est en ébullition, comme transfigurée par l'atmo-sphère de la feria. Le premier bar, près de la gare, fait rôtir le cochonnet sur la place publique. Il y a du vomi partout – dans des coloris évoquant l'œuvre de Van Gogh, lesquels coloris ont sans doute inspiré le maître pendant l'année qu'il a passée là en 1888 – et des concerts improvisés sur toutes les places. Les restaurants ne désemplissent pas. La clientèle se goinfre de paella, qui cuit dans des poêles de trois mètres de diamètre, avant de courir dans les ruelles pour produire une nouvelle ébauche d'inspiration vangoghesque. De temps en temps, un orchestre vient jouer devant une boucherie qui exhibe la tête, les oreilles et les parties sensibles du dernier vaincu de la corrida – généralement le taureau. La ville au grand complet est saoule, même les gars du syndicat d'initiative, qui en ont oublié de fermer les portes.

On se prend deux places pour la corrida. Je suis très curieux de découvrir ce sport, tout au moins de voir une arène romaine en fonction. D'habitude, ce genre de vestige est fermé depuis longtemps... Là, non : il y a vingt mille personnes assises sur des cercles concentriques et criant « olé ! » quand le vedettador touche le front du taureau.

Les arènes dominent complètement la ville. Les villes françaises, plutôt ramassées, restent basses, et la structure des arènes en arches de pierres grises superposées sur trois étages écrase les environs. C'est énorme, mais l'impression de gigantisme est encore plus forte à l'intérieur avec le public, l'orchestre, les coups de trompette cucul, et les vendeurs de pop-corn. Pas étonnant que les Arlésiens du Moyen-Âge, qui avait tout oublié comme les autres paumés de cette période, se soient repliés là-dedans pour en faire une forteresse et y installer rien de moins que deux cents maisons et trois chapelles.

L'idée de la corrida ne m'a jamais écœuré. Je ne sais toujours pas si c'est un sport, un ballet ou un rituel de mise à mort – sans doute les trois. Je n'ai d'ailleurs pas compris ce qu'Hemingway pouvait bien y trouver – il y voyait une lutte entre le bien et le mal, entre la vie et la mort. À mon avis, il avait un

97

faible pour les fesses de tapetador, serrées dans de la housse de divan andalou. J'y ai surtout vu un rituel de boucherie assez fonctionnarisé : ce n'est plus de la tauromachie, c'est du taureau mâché.

Cela commence par deux coups de trompette, qui annoncent le défilé du vedettador, entourés des tapetadors, fifidors, groconeros et autres fonctionnairadors. Puis le taureau teigneux surgit dans l'arène, et c'est la débandade. Il faut voir le monstre – parfois jusqu'à une tonne de steak, de filet mignon, de rôti, de viande hachée, d'andouillette, de côtelettes, d'orgueil – chercher du regard ce qu'il pourrait bien transformer en brochette grecque. Les tapetadors de seconde zone excitent la bête avec des jeux de cape. Ils cherchent à jauger le caractère du fauve puis à amener le monstre à charger un cheval aveuglé et lourdement cuirassé sur lequel est perché le groconero, qui lui enfonce sa lance dans le cou. Le but est de cisailler le muscle abducteur du cou de la bête. Deux fois, si ce n'est pas suffisant. Cette opération cesse quand le taureau n'a plus la force de soulever le cheval. Ensuite, le vedettador fait quelques passes de cape, histoire de pavaner ses belles fesses andalouses. Et puis les fifidors viennent enfoncer des banderilles acérées dans le cou de la bête en tournoyant comme des ballerines affolées. Quand le fauve est épuisé, le vedettador fait quelques passes avant de lui enfoncer son épée dans la nuque pour l'achever. Deux fois sur trois, le *toro* s'effondre d'épuisement sans avoir la force d'aller s'embrocher lui-même. Auquel cas le fonctionnairador vient le finir à la dague. Le vedettador fait alors le paon autour de l'arène tandis que le taureau part pour la boucherie et que la foule lui crie : « Olé ! »

Tout cela est très dommage, car on n'a jamais l'impression que le vedettador chie dans son froc en housse de divan d'Andalousie, ce qui est l'intérêt du spectacle. Hemingway disait que dans la corrida la moitié du public est du côté du taureau. J'en doute – mais il y a au moins moi.

Deux ou trois connaisseurs assis devant nous expliquent le jeu. Ils huent parfois. Eux non plus ne sont pas très impressionnés.

« Ils forcent trop le cheptel. Il y a des bêtes tarées. Celle-ci, entre autres. Elle ne devrait pas pouvoir circuler.

– Qu'est-ce qu'elle a ?

– Il y a que ce taureau est clairement pas de taille. Ils sont obligés de leur mettre du pétrole dans le trou du cul pour les exciter. Et... tenez... il tombe d'épuisement avant la mise à mort. Qu'est-ce que je vous disais ?

– Vous disiez : "Olé !" »

En dépit des apparences, la France est moins petite qu'elle n'en a l'air, et il nous faut bien tout le jour de Pâques pour réussir le grand écart entre la Provence et la Sologne, où nous sommes invités chez les Marsault. Pas de liaison directe : tous les chemins (de fer) mènent à Paris.

Mimi et Éric nous attendent à Fresnes. Myriam Fisch fait partie de la Belge Connection, ce groupe de vieilles amies d'origine belge avec qui j'avais renoué au début des années quatre-vingt-dix. Belge par son père, américaine par sa mère, mais née au Zaïre et élevée au Canada, Mimi a rajouté une touche d'exotisme à cette macédoine en s'amourachant d'un Français, Éric Marsault, qu'elle a connu bibliquement à une date sue d'eux seuls, et qui lui a fait dans un délai convenable une belle petite fille, Enza, née à Milan.

À la première rencontre, Éric et moi, on s'est tout de suite entendus. Grand gars, plutôt plein air, ce chimiste a pris l'habitude, au Canada, d'inviter des amis le dimanche midi – heure bizarre – pour d'interminables repas fort arrosés qui se terminent en devisant sur *Astérix* et la *Rubrique-à-brac* entre gens de goût. Quelques mois avant notre départ pour la France, au cours d'un de ces épiques repas dominicaux, le couple nous a présenté les parents d'Éric. M. Marsault, ex-maire de la commune de Fresnes, a tout de suite mis les points sur les z'i avec moi.

« D'abord, c'est pas monsieur, c'est Jean-Marie. Et Mme Marsault, c'est Marie-Madeleine.

– Oui, monsieur le maire. »

Nous passerons trois jours magnifiques chez les Marsault. Leur pays, c'est la Sologne, qui n'a aucun rapport avec Marseille de quelque manière que ce soit. Pays de lacs et d'étangs : on y chasse le sanglier et la truite. Autour de Noël, ça canarde grave le lièvre. Le père de Jean-Marie entretient toujours les aubes et les engrenages en bois de son vieux moulin – qui servait encore il y a trente ans –, et il fait encore des présentations scolaires pour les ti-culs. Fresnes est un vieux peuplement – il y avait déjà du monde au IIᵉ siècle. Naturellement, il y a aussi un château privé, habité par une châtelaine. Quand il était maire, Jean-Marie a persuadé la châtelaine de léguer à la commune un morceau de marais pour y aménager un parc et un étang.

Des châteaux, il y en a en veux-tu en v'là dans la région. Mon frère Stéphan passera d'ailleurs dix jours l'année suivante à visiter les trente-quatre châteaux de la région. C'est dire combien mon frérot aime les vieilleries. Moi, vous me connaissez, je me contente des morceaux choisis. Fresnes, par exemple, n'est pas très loin de Cheverny, qui fut le modèle de Moulinsart – ça, c'est de la culture, monsieur ! Il y a aussi Chaumont, qui était un véritable château fonctionnel avant que les z'artistes de la Renaissance n'en fassent un bibelot. Mais Chenonceaux m'a mis le cul à terre, si vous me permettez l'expression, chère amie. Le château est bâti sur une sorte de pont au-dessus du Cher. Il appartenait à Diane de Poitiers, maîtresse d'Henri II, jusqu'à la mort de son jeunot de mari. Sa veuve, la très mal baisée Catherine de Médicis, devint régente et exigea que Diane lui échange Chaumont contre Chenonceaux. On jouait très dur au Monopoly à l'époque, et les parties finissaient souvent mal.

Les Marsault habitent une grosse maison couverte de volets qui fonctionnent, ce qui prouve leur nationalité française. (Il leur faut bien une demi-heure, matin et soir, pour ouvrir toutes les fenêtres, puis ouvrir ou fermer les volets et refermer les fenêtres.) Ancien agent d'assurances, Jean-Marie a pris une retraite forcée en 1990 à la suite d'une maladie cardiaque. Marie-Madelon (pour les intimes), qui a dix ans de moins que son homme, travaille encore comme fonctionnaire. Jean-Marie passe beaucoup de temps au bord des étangs solognots à taquiner le brochet, le sandre, l'anguille, la perche, l'ablette, le gardon, le goujon — bref, tout ce qui mord. Ce pêcheur invétéré a fait empailler deux beaux poissons, qu'il a mis de chaque côté de ses galons de quartier-maître des fusiliers marins — 1re DB.

« Deux ans d'Algérie qu'on s'est tapés ! On y a goûté ! »

Moi aussi j'y goûterai, chez les Marsault — au sens premier du mot. Car le maître mot du quartier-maître, c'est la bouffe. Parce qu'on se sera gavés pendant deux jours — rien que des bonnes choses. La nourriture occupe une place assez particulière dans cette famille de gourmands, chose difficile à croire quand on regarde Éric avec son profil d'asperge.

Parlons d'asperges ! Les Marsault habitent au beau milieu d'un champ d'asperges blanches, qui constituera une part appréciable de notre diète pascale. J'ignorais tout un tas de trucs sur cet aliment de base : on ne connaît que les vertes au Québec, alors qu'en France il y a les blanches, les violettes, les fausses vertes et même l'asperge sauvage. Il y a aussi trois manières de manger l'asperge. 1) Avec couteau et fourchette, comme cela se fait en Amérique, où ce légume est assez peu connu et où l'on s'imagine qu'il faut nécessairement manger avec une fourchette pour avoir des manières ; 2) Avec les doigts, comme cela se fait en France ; 3) Façon Marsault. C'est en fait une variante de la deuxième, mais toute la famille place une fourchette sous l'assiette de manière à l'incliner pour contenir la vinaigrette d'un côté et y tremper l'asperge, que l'on mange avec les doigts, bien sûr. On peut choisir entre la crème et la vinaigrette, mais l'idéal c'est encore de prendre des deux.

Le secret de la vinaigrette des Marsault ? Le vinaigre, qu'ils fabriquent eux-mêmes et qu'ils apprêtent à toutes les sauces. J'avais toujours pensé que l'ami Éric faisait son vinaigre lui-même parce que, chimiste, il aime les travaux pratiques. Négatif, mon capitaine ! C'est une tradition familiale qui remonte à deux ou trois décennies, et qui consiste à préparer son vinaigre avec les fonds de bouteille.

« On ne fait de bon vinaigre qu'avec de bons vins », proclame Jean-Marie.

Il y a d'ailleurs de quoi faire, car Jean-Marie possède une excellente cave. Entre chaque plat, il se lève pour aller chercher le vin approprié. Il achète son vin à pleins barils et l'embouteille lui-même. C'est d'ailleurs dans son cellier que Jean-Marie affine ses fromages — je n'avais jamais pensé qu'on pouvait affiner ses fromages soi-même. Au Canada, le fromage est produit soit en usine, soit en de lointains terroirs dont on ne sait rien sauf la puanteur. Je me rappelle une sortie en canoë où Éric avait apporté une demi-douzaine de fromages. Il m'avait expliqué qu'il était aux anges au Canada parce que les épiciers écoulent en solde les fromages dès qu'ils sont faits. Une économie substantielle dans un budget Marsault. Tel père tel vice. Jean-Marie achète ses rondelles de chèvre couvertes de cendre quand elles ont vingt-quatre heures. Il les met à vieillir un mois dans un petit séchoir en grillage de sa fabrication. Le fromage est fait quand il lui pousse des cheveux et qu'il frappe dans le grillage pour demander à sortir – le résultat donne quelque chose qui ressemble au selles-sur-cher. Jean-Marie aime tellement le fromage qu'il en mange un par jour, ce qui n'est pas particulièrement indiqué pour un cardiaque, même s'il a fait l'Algérie... mais baste !

Ce long week-end m'inspirera quelques réflexions sur le rapport assez particulier des Français avec la nourriture. Pour être franc, le Salon de l'agriculture de Paris et mes randonnées en Île-d'Œuf ont également nourri mes neurones. Comme le problème de l'œuf et de la poule, je ne sais si c'est la mentalité terrienne qui a engendré le terroir, ou l'inverse, mais ces deux notions, très apparentées, déterminent lourdement la façon dont les Français appréhendent le monde – ce qui n'est pas très loin du sujet que je suis censé étudier, rappelez-vous.

Comme M. Jourdain qui faisait de la prose sans le savoir, il n'y a pas de culture sans terroir – vous remarquerez que « culture » est un terme agraire. (Avec un bagout pareil, je suis bon pour le Collège de France, moi.) La différence étant que les Français célèbrent leurs terroirs alors que là d'où je viens les francophones savent un peu et les anglophones ne savent pas du tout – le terme n'existe pas en anglais.

En Amérique, le divorce est presque total entre le terroir et les gens. Cela tient en partie à la jeunesse du peuplement. Au Québec, à Terre-Neuve et en Nouvelle-Angleterre, il y a un certain terroir. Ailleurs, c'est complètement désincarné. La Cuisine avec un grand C vient toujours d'ailleurs, elle est toujours exotique, jamais locale. Chaque fois qu'elle me reçoit, la belle-mère, en Ontario, me prépare toujours une bonne assiette de dinde, avec de la farce et des courges et des ignames – bref, le terroir local. Mais je mets quiconque au défi de trouver ça au menu du resto du coin : c'est considéré comme du folklore pas sérieux. Il n'y a qu'au Québec que l'on trouve des restaurants qui n'ont pas honte de servir des pousses de fougère comme légume. Même un restaurateur qui voudrait mettre au menu la truite du lac d'en face n'en a pas le droit : des lois sur le braconnage interdisent ce genre de pratique. Le rare gibier comestible vient d'ailleurs. Le seul restaurant de cuisine amérindienne que j'ai jamais trouvé – à Rivière-Bleue, au Saguenay – a fermé depuis.

Dans une perspective marxiste, les Nord-Américains sont culinairement aliénés. Il est assez remarquable qu'on trouve si peu d'écureuils en Europe alors que c'est une bestiole autochtone. La raison est très simple : ils les ont mangés !

Or, quand on observe bien ce que les Français mangent, il devient évident que leur Cuisine (celle avec un grand C) est farouchement locale. Certes, il y a des ingrédients d'importation – la tomate est mexicaine, la patate est péruvienne. Mais il ne viendrait à personne l'idée de ne pas servir de l'escargot de Bourgogne sous prétexte que c'est quasiment de la vermine.

Il n'est guère étonnant que les Français aient été les premiers à prendre conscience de l'intérêt de leur terroir : la terre française est d'une richesse inouïe. Et il faut venir d'un lieu où elle est pauvre pour l'apprécier. Cette richesse extrême du sol s'explique par quelques conditions géographiques et géologiques qui sont loin d'être uniques, mais qu'on retrouve rarement ensemble. Le terrain est extrêmement varié : haute montagne, volcan, marais salin, marais d'eau douce, plaines argileuses, vallons crayeux, etc. Et comme les pluies ne se répartissent pas trop mal et que, du point de vue d'un Canadien, le climat est relativement clément à l'année sur la presque totalité du territoire, tout ce qui a une chance de pousser va pousser. Il est tout à fait fascinant de songer que la région parisienne a produit du vin alors qu'elle est à la latitude de Chibougamau, un bled minier du Nord-Québec fondé il y a cinquante ans et où l'été ne dure que quelques semaines.

Le Salon de l'agriculture, à la mi-mars, fut pour moi une révélation. J'ai toujours aimé les foires agricoles. Au Québec, comme un peu partout en Amérique, il s'agit de grosses fêtes à Neu-Neu en plein air, avec leurs manèges patinés de vomi, leur barbapapa, leurs frites, leurs stands de tir, leurs bestiaux en montre pour les concours. Mon père m'y amenait quand j'étais petit. Oh, la belle vache ! Oh, la belle poule ! Oh, le gros cochon qui pue ! C'était son côté Chirac le Débonnaire. On allait ensuite voir les gros tracteurs. Et si j'étais sage, j'avais droit à une séance de derby de démolition. Passionnant.

La surprise du salon aura été de noter l'absence de machinerie et de barbapapa pour constater que deux des cinq halls étaient consacrés à la gastronomie. Quand j'ai débarqué au milieu des tartiflettes, tourtes aux œufs, saucisses de Montbéliard et Authentiques Andouillettes Artisanales, j'ai cru sur le coup que j'avais changé de salon sans le vouloir. J'ai interrogé un exposant qui m'a regardé avec des yeux de merlan frit avant de m'engueuler pour me dire que si je voulais aller dans un autre salon je n'avais qu'à y aller – sans doute un agriculteur parisien.

J'ai donc compris que, dans l'esprit des Français, la gastronomie est le prolongement direct de l'agriculture – qu'elle soit paysanne ou productiviste. Quoi de plus naturel à l'esprit français, qui a même créé une sorte de propriété intellectuelle, l'appellation d'origine contrôlée, qui confère à un certain terroir des caractéristiques propres. C'est ce qui fait que le champagne ne peut venir que de Champagne et le roquefort de Roquefort. Les Français ont réussi à imposer le principe de ce type de propriété intellectuelle dans les traités internationaux.

Ce rapprochement entre l'agricole et le culinaire n'est pas d'usage en Amérique. En ce qui concerne la viande, c'est même un tabou, et personne n'aurait l'idée de vendre de la saucisse de Montbéliard à deux pas d'une vache. C'est particulièrement vrai pour tout ce qui est chair – viande, volaille, poisson...

Les anglophones ont tout un tas de mots pour ne pas dire ce dont il s'agit. Escargot se traduit par *snail*, mais pour ce qui est des escargots qu'on mange ils préfèrent le terme français. *How are your escargots tonight, dear ?* Il y a d'autres euphémismes : *pork* pour *pig*, *mutton* pour *sheep*, *beef* pour *cow*, *veal* pour *calf*. Pas question d'appeler un *snail* un *snail*.

Cette névrose ne s'arrête pas là. Jamais une boucherie américaine n'affichera la photo de la vache qu'on est en train de débiter. D'ailleurs, le débitage se fait à l'arrière. Les clients ne voient que des morceaux découpés, et emballés, et surtout rien qui ressemble à une partie d'animal. La langue se vend en pot, et les abats en saucisses. Les Nord-Américains ne mangent jamais l'animal : ils mangent la viande.

Quand j'ai expliqué à une amie de Julie que son ris de veau était en fait une glande, le thymus, elle s'est convertie au végétarisme hindouiste – dur. C'est ce que j'appelle le syndrome du Dr Doolittle, du nom d'un célèbre personnage de fiction ayant le don de parler aux animaux. Vous ne pouvez pas vous imaginez les ravages produits par le Dr Doolittle dans la mentalité anglo-klaxonne.

Quelques semaines après notre tournée Marseillo-solognote, nous allons passer un week-end chez les parents d'une amie montréalaise qui sont en congé sabbatique à Lyon. Le genre de week-end compliqué : nos hôtes sont eux-mêmes invités chez un médecin et sa femme qui rénovent un château dans le Beaujolais, lesquels sont eux-mêmes invités à une dégustation privée. Si bien qu'on se retrouve tous les six dans une grange d'un bled non identifié, les deux pieds dans le gravier, à déguster du foie gras, du champagne, du monbazillac et un fameux petit beaujolais blanc.

Tout en grignotant des rôties de foie gras et en sirotant du monbazillac, je discute avec le producteur de foie gras. D'habitude, je n'aime pas ces séances de dégustation. Ça me file toujours un coup de barre terrible. Et en plus, je déteste goûter des vins sans avoir la possibilité de finir la bouteille. Car l'essentiel, c'est de se la siffler, non ?

Je connais assez mal le foie gras – il s'en fabrique peu au Canada. Le producteur m'explique qu'il s'agit de gaver les oies pour qu'elles développent une belle cirrhose, que l'on soulage en leur arrachant le foie. C'est cette cirrhose qui fait tout le délice. Comme l'éleveur de foie gras – pardon, d'oies – redoute le délire végétarien, il me sort tout de suite la parade : « Mais, vous savez, les oies s'engraissent elles-mêmes. C'est un réflexe prémigratoire. On ne les force pas tant que ça. Le tout, c'est de savoir s'arrêter.

— Et vous les tuez quand, au juste ?

— On a tâtonné longtemps pour trouver le meilleur moment. À la longue, on s'est aperçu que c'est mieux quand elles sont à jeun.

— Pas après les avoir gavées ?

— Le lendemain matin. Je ne sais pas pourquoi, mais le foie est dans sa meilleure condition quand on les fait un peu jeûner juste avant de les tuer. »

C'est alors qu'arrive mon médecin-châtelain, qui se gave de foie gras tout en faisait semblant de ne pas écouter.

« Ça, c'est curieux, dit-il. Voyez-vous, je suis médecin du sport, et on observe exactement le même phénomène chez les marathoniens. On les gave tant qu'on veut la veille, mais on leur dit de courir à jeun. »

Les médaillons de foie gras valent bien les médailles d'or du marathon.

IX

Parlez-vous le francophone ?

Où l'auteur, irrité d'être constamment étiqueté, exprime quelques frustrations sur les rapports entre Français et Québécois, avant d'assister à Monaco à une conférence de la francophonie dont il déduira deux ou trois vérités susceptibles de heurter la sensibilité de certains lecteurs franchouillards.

« Je vous prendrai deux livres de filet, s'il vous plaît.

— Ah ! Mais qu'est-ce qu'il est mignon, celui-là ! »

Le mignon en question, ce n'est ni un caniche ni un chaton, c'est bibi en chair et en os. La bouchère vient de s'exclamer dans tout le magasin. Mon voisin de queue, visiblement un habitué des bouts de chair de la bouchère, y va d'une tentative malheureuse d'imitation de mon accent.

« Pârrrrlez-nous don' in peu ed' Céline Dion ! Comment c'est-y qu'a va ? Et pis Garou ? »

Et voilà ce pauvre cocu de boucher qui en rajoute : « Vive le Québec libre, pas vrai ? Tabernacle ! »

Il est tout fier. C'est d'autant plus agaçant qu'il est aussi incapable d'imiter mon accent que moi le marseillais. Et puis, Français, Françaises, disons-le tout net : ce ne sont pas tous les Québécois qui aiment se faire dire : « Vive le Québec libre ! » C'est bien gentil de la part du Grand Charles, mais il a mis le bordel dans la politique canadienne pour des décennies rien que pour le plaisir de donner un coup de pied au cul des Anglo-Klaxons sans que ça lui coûte trop cher. C'était aussi déplacé que si Winston Churchill était arrivé à Alger en 1943 pour crier : « Vive l'Algérie libre ! » Y en a à qui ça fait plaisir, d'autres pas.

En fait, je ne me sens pas du tout mignon ce jour-là, et j'ai envie de mordre. Je reviens d'un rendez-vous à la Défense où l'accueil des trois réceptionnistes m'a laissé un fort mauvais goût. À peine ai-je ouvert la bouche que ces trois *taspé* ont éclaté de rire. J'ai finalement pu parler à celle des trois qui a pu se reprendre.

Rien d'exceptionnel. Il ne se passe pas un jour sans qu'on souligne ma différence, ou qu'on fasse une remarque sur mon accent. Que ce soit au téléphone, en randonnée, chez le boucher, je suis étiqueté, et ça m'agace certains jours. Quand on ne me demande pas des nouvelles de Céline Dion, en voilà un qui se met à me crier des « Tabarnaque ! » amicaux en plein restaurant. Ou bien un inconnu, à qui je viens d'adresser la parole, répète exactement ce que je viens de dire en essayant d'imiter mon accent. Le pire, c'est quand un plouc interrompt ma conversation en pleine rue pour me complimenter :

« Félicitations, vous avez un très bel accent. »

Mais d'un autre côté, mon accent m'ouvre des portes et des esprits qui resteraient fermés sinon – quand on ne me cantonne pas dans le rôle du Canadien de service.

Ce genre de sympathie, parfois condescendante, fait grincer des dents tous les Québécois que je connais. La raison en est que les Québécois éprouvent un complexe d'infériorité refoulé à l'égard des Français. Chaque fois que je m'en ouvre à mes amis français, ils me répondent que j'ai tort. Je veux bien, mais on ne refait pas quatre siècles d'histoire.

Le sentiment d'infériorité se traduit de bien des façons. La télévision française ne se gêne pas pour doubler un Québécois à l'accent un peu lourd. Au Québec, jamais il ne viendrait à l'esprit d'un directeur d'antenne de doubler un Marseillais ou un titi parisien – pourtant parfaitement incompréhensibles. La raison est simple : la grande majorité des Québécois présume que tout ce qui vient de France est non seulement culturel, mais que c'est *la* culture, que l'on *doit* comprendre, parce que c'est forcément mieux. Je sais que c'est une logique de colonisé, mais c'est ainsi.

La plupart des francophones hors de France vivent dans des petites sociétés ayant à peine la masse critique pour publier un dictionnaire. La culture française est définie en France – les dictionnaires viennent de là, l'Académie est française et la plupart des Français sentent qu'ils ont un droit de propriété sur cette grande œuvre d'art qu'est la langue française. Au Québec, on « jette des trucs aux orties » alors qu'il n'y a pas une ortie à deux mille kilomètres à la ronde.

Ce qui va de pair avec le complexe d'infériorité des Québécois, c'est le sentiment de supériorité à peine dissimulé de certains Français. Au Québec, où l'on distingue mal les accents européens, il est bien connu que les Français qui s'intègrent le mieux sont les Belges – les Français qui ne s'intègrent pas sont les « maudits Français ». La raison en est évidente : contrairement aux Français expatriés qui s'appuient sur un fort réseau de collèges français, les Belges n'ont pas de collèges belges leur assurant une bonne éducation belge où qu'ils soient ; ils ont vécu dans un univers biculturel et ils ne croient pas que le français leur appartienne de droit.

J'ai parlé un peu plus tôt de l'inénarrable M. Prunier, mon agent de location, qui éprouvait le besoin irrépressible de me corriger comme une maîtresse d'école : « On ne dit pas *peinturer* mais *faire la peinture*. On ne dit pas *tapis* mais *moquette*. » Si j'étais français, je l'engueulerais et je lui dirais que c'est tout à fait correct de dire l'un ou l'autre. Il me répondrait en insistant que l'un est mieux que l'autre. Et je lui répondrais qu'il ne faut pas confondre le bon français et le français des Français, et que contrairement à ce qu'il croit c'est lui qui a un accent. Mais j'évite ce genre de discussion oiseuse qui tourne invariablement au vinaigre. Et en bon Québécois consensuel et affligé d'un complexe d'infériorité, je prends mon trou.

Le fait est que M. Prunier est loin d'être seul, et que plusieurs de ses compatriotes ont le réflexe de corriger leur interlocuteur pour des riens, ce qui est très impoli. Le serveur à qui je demande un reçu me répond :

« Une fiche ? »

Il a très bien compris ce que je lui demandais, mais il ne peut pas s'empêcher de me donner le terme « correct » – qui n'est pas correct du tout. C'est cette manie de toujours corriger qui a valu aux Français l'étiquette de « maudits Français » au Canada. Cela s'appelle avoir du front tout le tour de la tête.

La championne toutes catégories en la matière est notre boulangère, qui est une sorte de M. Prunier femelle. Il s'agit d'une grosse blonde courte, nerveuse comme une musaraigne, toujours empressée, qui parle à une cadence de mitrailleuse et qui répond toujours avant qu'on ait fini. Je l'ai surnommée la Grosse Souris.

« Donnez-moi donc une demi-b...

– Baguette, oui, demi-baguette, demi-baguette, demi-baguette. »

Elle parle tellement vite, la Grosse Souris, qu'elle peut répéter trois fois la même chose pendant que je la dis seulement une fois.

« Je voudrais un sandwich au thon crudi...

– Crudités thon, oui, crudités thon, crudités thon, crudités thon. Avec ça ? »

Thon crudités, crudités thon. C'est bonnet blanc et blanc bonnet, right ? Pas dans la tête de la Grosse Souris. Mais le sommet, c'est la fois où Julie lui demande un thé glacé.

« Un quoi ?

– Un thé glacé. Vous savez, ça, là !

– Ah ! Ah ! Vous voulez dire un issti ?

– Un *ice tea*, alors.

– On dit un issti. »

Julie avait bien besoin de la Grosse Souris pour apprendre à prononcer le mot anglais. L'anecdote ne manque pas de piquant et la boulangère ne manque pas de front.

Une autre fois, après une commande particulièrement importante, je demande un reçu à la Grosse Souris, qui me regarde avec des yeux de brownie sec.

« Vous savez, ce petit bout de papier avec des trucs écrits dessus qui sort de la caisse à chaque transaction.

– Vous voulez dire le ticket. »

Merci, Grosse Souris.

Les anglicismes sont une cause de malentendus constants entre Français et Québécois. Les Québécois ont beaucoup de complexes sur leurs anglicismes, mais le français des Français en est truffé. La différence, c'est qu'ils n'ont pas les mêmes. Les Français stationnent au parking, les Québécois parquent au stationnement. Ce genre de différence est tout à fait naturel et serait plutôt amusant si les Français ne se

113

sentaient pas constamment l'envie de corriger. Les emprunts du français à l'anglais sont anciens : on fait son shopping en poussant son caddie ; on sort le camping-car ce week-end. Quand un franchouillard commence à me dire que c'est la faute à l'hégémonisme américain, je lui cite les premières pages d'*Un amour de Swann*, où Odette trouve Swann fort « smart ». Les anglicismes des Français sont en général des anglicismes de snobisme, pour faire cool. Il y a de ça au Québec aussi, mais les anglicismes des Québécois ont longtemps été des anglicismes d'assimilés – tout le vocabulaire de la construction et de l'automobile au Québec est teinté d'anglais tout simplement parce qu'au Québec on a eu Ford, GM et Chrysler, pas Citroën ni Renault. D'où le fait que les voitures québécoises ont longtemps été équipées de bumpeurs, de whipeurs et de muffleurs plutôt que de pare-chocs, d'essuie-glaces et de silencieux. Une voiture, au fond, c'est aussi un bien culturel.

Cela dit, vous ne me verrez pas argumenter, comme Denise Bombardier, que la langue fiche le camp. J'ai une conception assez rock'n'roll de la langue. Je me suis toujours insurgé contre les linguistes de l'Office de la langue française qui s'obsèdent à inventer des bons mots français – l'un des rares greffons qui ait pris fut « ordinateur ». On cherche à faire français, mais le vocabulaire « français » d'origine française n'existe pas : la langue française, comme toutes les langues, est une pagaille de mots étrangers empruntés, déformés, mal mâchés, gallicisés, copiés, décalqués. La volonté de trouver le vrai mot « français » – foncièrement xénophobe – procède d'une tentative délibérée, de congeler la langue à un moment clé de son évolution. Le propre d'une langue, c'est d'assimiler des mots au point de les rendre incompréhensibles aux locuteurs de la langue d'origine. Plutôt que le

114

vocabulaire, c'est la grammaire qui est l'essence d'une langue. Considérez l'expression *sautéed mushroom*, qu'on trouve dans les livres de cuisine en anglais. Il n'y a rien de français là-dedans. C'est grammaticalement anglais et non reconnaissable par un francophone, même si les deux mots sont d'origine française – sauté et mousseron (une variété de champignon qui a donné *mushroom*). À Montréal, sur la rue Marianne, coin Saint-Dominique, il y a un garage qui porte un nom comique, pur produit de la loi 101 : « George Général d'Auto Réparation. » C'est la traduction au mot à mot de *George General Auto Repair*, mais ce n'est pas du français non plus.

Tout cela pour dire que des anglicismes, tout le monde en fait, et qu'il n'y a pas de quoi fouetter un chat. Ce qui n'empêche pas les Québécois de se sentir inférieurs et les Français de les corriger. Je conclurai donc cette discussion par une citation de ce fanfaron édenté de Voltaire : « Je m'en vais ou je m'en vas, l'un et l'autre se dit ou se disent. »

Je pourrais épiloguer longtemps sur la langue, qui est mon outil de travail, mais j'arrête là pour entrer dans le vif du sujet : la conférence des ministres des Finances de la francophonie à Monaco. La francophonie est une chose assez bizarre, car j'ai remarqué que les Français n'aiment pas beaucoup qu'on parle d'eux comme de francophones, alors que le terme est courant au Québec. Je veux donc m'enquérir de ce que c'est que ça. Et puis, il y a Monaco : l'occasion est trop belle, car Monaco est une chose au moins aussi étrange que la francophonie.

Monaco présente un intérêt certain pour un Canadien, car il s'agit de l'équivalent d'une réserve indienne. Sauf qu'en plus c'est une sorte de réserve indienne qui a réussi. Son grand sachem, Son Altesse sérénissime Rainier III, règne sur 6 000 citoyens de l'ethnie monégasque, auxquels s'ajoutent 26 000 résidents étrangers et 340 000 comptes en banque, soit dix pour un habitant, sans oublier les 500 guerriers des forces de police monégasques.

On surnomme Monaco « le Rocher » car il n'y a rien d'autre. La seule plante qui pousse est le cactus. La principauté fut très pauvre pendant très longtemps. D'ailleurs, cela tient sur un mouchoir de poche, à peine plus grand que le Vatican. Les Monégasques étaient tellement à l'étroit qu'ils ont accru leur territoire de 18 pour cent, soit 0,4 kilomètre carré, en gagnant sur la mer avec du béton.

J'ai toujours été étonné de l'intérêt qu'on portait à Monaco. Certes, c'est joli, mais inutile. Sa contribution principale au devenir de l'humanité est de fournir de la copie à certains journaux avec sa fausse noblesse d'actrices, d'écuyers, de danseuses et de blanchisseuses qui tient si mal la route, au propre comme au figuré. Au Québec, on parle toujours de Céline Dion quand elle est reçue à Monaco par Son Altesse sérénissime. C'est parce que *Sweet Celeen* aussi, c'est une princesse de pacotille mariée à un joueur de casino. D'ailleurs, j'ai toujours trouvé les casinos d'une profonde vulgarité, comme Céline et René – pour ne pas les nommer.

La conférence des ministres des Finances de la francophonie se déroule au Sea Club de Monaco. Je n'aime pas beaucoup les conférences. Il s'agit d'événements artificiels dont le seul but est de produire un communiqué prévisible sur le mode « Il est urgent d'attendre », et où les journalistes sont exclus de ce qui est vraiment intéressant – les discussions de coulisses. Parmi la cinquantaine de journalistes présents je suis le seul qui n'ait pas l'obligation de rapporter des non-nouvelles pour faire du remplissage. Moi, je suis là pour comprendre, un point c'est tout.

Naturellement, la session d'ouverture, dans la grande salle, réunit les ministres des cinquante-cinq États et gouvernements francophones – avec l'absence notable de l'Algérie. C'est une drôle de macédoine de non-pays (Québec, Nouveau-Brunswick, Wallonie), de républiques bananières (Haïti, Madagascar, Cameroun) et de pays pseudo-francophones (Bulgarie, Vietnam, Moldavie).

La francophonie est une institution assez obscure. Personne ne sait très bien ce qu'elle fait, pour quelles raisons et à quelles fins. En 1970, cela s'appelait l'« Agence de coopération culturelle et technique », qui faisait comme son nom l'indique. Mitterrand est à l'origine des sommets de chefs d'État. Le premier sommet, en 1986, s'appelait la « Conférence des chefs d'État et de gouvernement *ayant le français en partage* » – du très mauvais français, au demeurant. Jusqu'en 1997, ces sommets parvinrent surtout à s'entendre sur la date du prochain sommet et à pondre un ou deux communiqués grincheux sur l'usage de l'anglais dans le monde. Ce n'est qu'en 1997 qu'on a eu l'idée d'appeler cela l'« Organisation internationale de la francophonie », et de placer à sa tête une personnalité ayant de la stature – en l'occurrence Boutros Boutros-Ghali. B^{2}G se demande encore quoi faire, mais au moins il a de la stature. Et il a changé le discours : au lieu de vitupérer contre l'anglais, il prône la diversité linguistique.

L'idée d'une francophonie institutionnelle est fort bonne, mais elle souffre d'éparpillement et de budgets anémiques sur le mode « trop peu trop tard ». Surtout que l'usage du français s'érode en Afrique. Que veut-elle au juste, la francophonie ? Est-elle *pour* le français ou *contre* l'anglais ? On ne peut pas s'empêcher de sourire en entendant ou en lisant certains propos ridicules, comme cette déclaration où l'on insiste sur le fait que le français prédispose aux droits de l'homme et aux valeurs universelles. Les trois quarts des pays membres sont des dictatures. Tant qu'on tiendra ce genre de discours, ça ne pourra pas voler bien haut. À ce que j'ai compris, B²G a dans l'idée d'en faire un club d'États qui votent en bloc à l'ONU. Oui, et puis ?

Plutôt que « Sommet des pays et gouvernements ayant le français en partage », j'aurais préféré « Sommet des pays qui cherchent à se faire voir ». La plupart des républiques de bananes qui sont membres de la francophonie veulent une tribune internationale, tout simplement. Le Vietnam s'y est joint parce qu'il était au ban des nations. La Bulgarie aspire à se donner une identité européenne. Rien d'exceptionnel là-dedans. Si le Québec a tant insisté sur la fondation de la francophonie institutionnelle dans les années soixante, c'est pour avoir une existence diplomatique – c'est d'ailleurs la seule organisation internationale où le Québec soit représenté en propre.

La francophonie est assez mal barrée, finalement, parce que les Français y sont entrés à reculons et qu'ils ne sont pas les francophones les plus chauds – en 1997, Lionel Jospin s'est souvenu à la dernière minute qu'il lui fallait un ministre de la Francophonie. Jusqu'en 1970, les Français refusaient de créer une organisation de style Commonwealth français, en grande partie à cause du traumatisme de la décolonisation – on ne voulait pas avoir l'air de coloniaux, même si c'étaient les Africains et les Québécois qui réclamaient une organisation de ce type. Depuis, la France investit des sommes importantes, mais sans jamais nourrir d'intérêt réel. À mon sens, voilà l'obstacle majeur à la francophonie.

Ce n'est d'ailleurs pas la première fois que les Français font le coup d'avancer à reculons et de n'aller nulle part. Il n'y a qu'à remonter à la préhistoire de la francophonie, aux débuts de la Nouvelle-France. En fait, question diffusion, le français est même le grand ratage du deuxième millénaire.

Voici donc, en exclusivité, l'histoire de la francophonie telle qu'on ne la raconte pas en histoire-géo.

Cela commence en l'an de grâce 1604 [je mets ça en italiques pour faire plus ancien]. *La France eſt LA ſuperpuiſſance* [c'est comme ça qu'on faisait les *s* à l'époque] *de l'Europe. Avec prèſ de ſeize millionſ d'habitantſ, la France eſt quatre foiſ pluſ riche, pluſ puiſſante et pluſ tout que l'Angleterre, ſa rivale, où l'on écrit preſque auſſi mal leſ ſ. En fait, elle eſt preſque auſſi peuplée que touteſ ſeſ voiſineſ réunieſ.*

Ça donne mal aux yeux. J'arrête !

Comme les Anglais, les Français se sont mis à coloniser l'Amérique sur le tard. Pour tout un tas de raisons compliquées qui ne regardent qu'elle, la France n'a envoyé presque aucun colon en Amérique. Même pas 10 000 en cent cinquante ans. Si bien qu'en 1760 il y a 1,5 million de colons anglais en Amérique mais à peine 70 000 Français en Nouvelle-France – soit 1 Anglais sur 6 contre à peine 1 Français sur 300. *Le Déclin de l'empire américain* (prix du jury à Cannes en 1985) débute par cette scène fameuse d'un professeur d'histoire qui dit à ses élèves : « Il n'y a qu'une chose qui compte en histoire : les nombres, les nombres et les nombres. » Bref, dès le début du XVIIIe siècle, il était évident que la francophonie réelle allait perdre la bataille des nombres face à l'anglais.

En fait, les raisons de ce déséquilibre étonnant sont très intéressantes. D'abord, les Anglais laissaient partir aux colonies les indésirables, puritains et quakers. Les Français, eux, qui crevaient de faim dans leurs campagnes tout autant que les Anglais, n'avaient pas le droit de partir à cause d'une politique coloniale tarée. C'est que le Roy avait octroyé à une centaine de bourges le monopole des fourrures. La contrepartie en était que chaque année les compagnies devaient faire venir à leurs frais quelques colons. Comme il s'agissait d'une dépense, ces compagnies la réduisaient au minimum en faisant venir le moins de colons possible. Elles en tenaient un registre très détaillé afin de prouver au Roy qu'elles respectaient les conditions du deal — cela explique qu'on sache d'où venait mon aïeul Ozanie Joseph Nadeau. Et puis, le Roy a ajouté une contrainte : les colons ne pouvaient être que de bons catholiques. Si bien que les trois cent mille protestants qui ont déserté la France au XVIIe siècle sont allés peupler Londres, Amsterdam, Genève et ont fondé Berlin. D'ailleurs, c'est un huguenot hollandais, Pierre Minuit, qui fonda la Nouvelle-Amsterdam, la future New York, qui tenait l'accès à une voie de pénétration vitale vers Montréal par la rivière Hudson — la ville fut du reste à majorité francophone jusqu'à la fin du XVIIIe siècle.

En 1763, quand les Français ont perdu la guerre de Sept Ans, les British leur ont donné le choix entre la Nouvelle-France et les îles à sucre. La France a donc choisi la Guadeloupe. Son côté terrien a pris le dessus pour de bon. « Que valent ces quelques arpents de neige ? » demandait Voltaire, qui était résolument contre le fait de garder la Nouvelle-France. Pour le paraphraser, farceur ou génie, l'un et l'autre se peut ou se peuvent.

Bref, les Français ont réussi ce tour de force de tenter de coloniser l'Amérique sans vraiment le vouloir. Si bien que ça n'a rien donné.

Pendant ce temps, les Anglais essaimaient. Ce qu'a remarquablement analysé Bismarck quand il a dit :

« Le grand événement du XIXe siècle, c'est que les États-Unis parlent anglais. » Il se préparait en effet un événement extraordinaire : une superpuissance allait succéder à un empire essoufflé et de même langue qu'elle. La domination actuelle de l'anglais résulte donc, presque par inertie, de choix faits par d'autres qu'eux il y a quatre siècles. C'est inexorable, mais ce n'est pas la fatalité non plus.

Conséquence pour la francophonie : la France n'a jamais rien engendré de plus grand qu'elle. Le plus grand machin presque 100 pour cent francophone, c'est le Québec, et personne ne sait ce que c'est (il y a aussi l'Algérie, mais c'est une autre paire de manches). Qu'on les appelle Canadiens français ou Québécois, ces naufragés de la francophonie n'ont jamais eu d'identité claire et n'en auront jamais. Isolés de la France qui les a abandonnés en 1763 au terme de la guerre de Sept Ans, les Canadiens ont crû et se sont multipliés en bonne intelligence avec les Britanniques et sous le bouclier protecteur d'un catholicisme fanatique. Nous sommes donc un peu français, mais pas trop, très créoles comme les Américains, et très britanniques dans nos réflexes politiques et sociaux, pas du tout jacobins, foncièrement pacifistes, et quand nous faisons la révolution c'est forcément une révolution tranquille. S'il y a une identité québécoise profonde, c'est cette espèce de schizophrénie culturelle aux antipodes du jacobinisme.

La seule mission de la francophonie devrait être, à mon sens, la promotion du français dans ses propres pays membres en investissant massivement dans la production télévisuelle et sa diffusion. Point à la ligne. Je pense que tout son discours sur sa place par rapport à l'anglais sonne faux.

D'abord, il est ridicule de se plaindre de l'érosion du français en blâmant les Anglo-Saxons – Dieu que je hais ce terme ! Ça fait Jeanne d'Arc. Ceux-là ont défendu leurs intérêts et s'y sont pris correctement. Mais comme le montre l'histoire de la colonisation de la Nouvelle-France, les Français n'ont qu'eux-mêmes à blâmer si le nombre de locuteurs francophones dans le monde est inférieur de moitié à celui des lusophones (portugais). Le braquage anti-anglo-saxon des Français leur serait plus supportable s'ils comprenaient que leur langue profite en fait d'une chance unique : elle fait partie de la culture anglaise ! Le français a forgé l'anglais moderne. Et on n'est pas un Anglo bien élevé si on ne connaît pas un peu la France, et le français. Mais les francophones, en particulier les Français, devront admettre que l'anglais, ce n'est plus une culture étrangère : c'est la culture, tout simplement – comme le latin jadis.

Les cultures se sont toujours emprunté des idées, bien avant Mickey Mouse, mais les Français ont sans doute inventé la fierté culturelle, dont ils sont les champions toutes catégories, et qui commence par la langue. J'en tiens pour preuve un tic de traducteurs auquel on ne fait guère attention : ils écrivent « en français dans le texte » pour signaler au lecteur qu'ils ont rencontré un mot français dans un texte en langue étrangère. Jamais un traducteur anglophone d'un texte français n'écrirait : « *In English in the text* ». Cela n'a rien d'étonnant quand on considère l'esprit français. Après tout, un anglicisme est une preuve d'assimilation, mais un mot français dans un texte anglais, c'est une preuve de rayonnement...

L'autre discours de la francophonie officielle qui sonne faux, c'est tout le prêchi-prêcha sur la diversité culturelle. L'éradication de toute forme de particularisme est une obsession en France depuis Richelieu – au moins. La francophonie, en fait, est une menace pour l'esprit jacobin, car elle suppose qu'on accepte l'idée que le français, élément de définition de la France, n'appartient plus à la France mais à tous ceux qui le parlent, et qu'il n'y a donc pas d'absolu. Or, dans un pays où l'on corrige par réflexe, la pilule est dure à avaler, alors on fait semblant qu'elle n'existe pas.

En somme, la francophonie réelle n'existe pas dans la tête des Français. Je n'en donnerai que deux exemples. En 1997, l'Académie française, dans sa grande sagesse, a cherché le terme français pour *e-mail*. Au Québec et en Belgique, on employait déjà « courriel », mais l'Académie a jugé qu'il s'agissait d'un régionalisme. Elle a proclamé le « mél » (abréviation de « message électronique » et calque de *mail*), qui fait parfaitement colonisé. La France, si elle était moins française et plus francophone, te me flanquerait les quarante immortels à la porte pour les remplacer par cinquante-cinq représentants des pays de la francophonie. Ce serait largement symbolique, mais qu'est-ce que la langue sinon un tissu de symboles, justement ?

Deuxième exemple éloquent : aucun journaliste québécois n'a jamais fait carrière dans la presse française, et ça n'est pas faute d'avoir essayé. Non qu'il manque de bons journalistes au Québec. Mais les Québécois ont un accent, ils écrivent différemment et ils n'ont pas fait les bonnes z'écoles non plus. À l'inverse, on trouve tout un tas de journalistes français dans la presse québécoise, simplement parce que les Québécois s'accommodent bien mieux de la réalité française que le contraire. Ce genre de différence n'existe pas dans l'anglo-klaxonie : des journalistes canadiens, américains ou britanniques travaillant dans l'un ou l'autre pays, il y en a des tonnes. Ce qui ne veut pas dire qu'il n'y ait pas des British bouchés, mais les British savent maintenant que l'anglais ne leur appartient plus.

Je suis plutôt content de mes découvertes au dernier jour de la conférence. Pendant que les ministres débattent d'une résolution finale sur la pluralité des langues derrière les portes closes, et que mes collègues de la presse quotidienne s'arrachent les cheveux pour trouver quelque chose à dire, je laisse ma serviette au concierge du Sea Club, je mets mon calepin dans ma poche et je saute dans un taxi. Direction le Musée océanographique.

Le chauffeur se demande quel est l'objet du défilement de limousines, incessant depuis quatre jours au Sea Club.

« C'est une conférence des ministres des Finances de la francophonie.

— Vous êtes canadien, n'est-ce pas ?

— Qu'est-ce qui vous fait croire ça ?

— Vous avez un accent et vous n'êtes pas africain.

— Et vous, vous êtes monégasque ? »

Je demande ça depuis trois jours à tous les chauffeurs de taxi, ce qui les fait bien rire, car ils sont tous français. Mais celui-ci me regarde gravement en faisant oui du chef. Pareil qu'un Indien.

J'ai toujours été un fan de Cousteau et je ne pouvais pas venir à Monaco sans aller au Musée océanographique. C'est un musée à l'ancienne qui n'a visiblement pas changé de formule depuis 1910 – collection de bizarreries et de monstres, tout à fait à l'image de la ville. De Cousteau, point. Au sous-sol, il y a bien des aquariums, mais on peut en voir partout. Qui plus est, ces zigotos du musée ont contaminé la Méditerranée avec des algues amazoniennes en rinçant leurs aquariums à l'eau de mer.

Je repars déçu au bout d'une heure. Au Sea Club, je demande ma serviette au concierge.

« Vous êtes canadien ?

— Comment avez-vous deviné ?

— Et vous revenez du Musée océanographique ?

— Oui. Vous avez bonne mémoire...

— Vous n'auriez pas perdu ceci par hasard ? »

Il tire de sa poche mon calepin avec toutes mes notes sur la conférence ! Je l'avais oublié dans ma poche et il a dû glisser dans le taxi quand je me suis assis ! Le chauffeur l'a rapporté à l'hôtel en précisant qu'il appartenait à un Canadien parti visiter le Musée océanographique.

C'est quand même utile, un accent, parfois.

X

Transfiguration

Où l'auteur, en route pour les cavernes des Pyrénées-Atlantiques, traverse les 800 kilomètres du désert français en bagnole, ce qui lui permet de contempler le pays dans une perspective autoroutière et le vol du Bélouga dans une perspective psychédélique, avant de subir rien de moins que 17 transfigurations, devenant le 67ᵉ miracle confirmé de Lourdes par intercession de sainte Bernadette.

« Oui allô ?
– Chabert, ici.
– Cher collègue ! »

Je n'aurais eu besoin que d'un mot, pas même de son nom, pour reconnaître la voix chuintante de Jacques Chabert, le président du Spéléo-Club de Paris. Jacques m'appelle pour m'inviter au rassemblement spéléo du CAF (Club alpin français), qui se tient cette année à Saint-Pé-de-Bigorre, dans les Pyrénées. Cela dure cinq jours et il prévoit d'y descendre en auto. Le week-end choisi est celui de l'Ascension – le genre de blague dont les spéléos raffolent.

Car, voyez-vous, je suis aussi spéléologue à mes heures. J'ai découvert d'assez curieuse façon cette discipline mi-sportive, mi-scientifique et mi-ludique –

ce qui fait trois moitiés, mais la spéléo est une activité biscornue. Cela se passait en 1987. J'accompagnais alors une expédition de la Société québécoise de spéléologie au Mexique. Je ne connaissais rien à la spéléo. Aussi, cette expédition dans la jungle, avec la caravane de mulets et tout le bataclan, chez des Indiens aztèques a-t-elle produit une impression assez forte pour que je m'initie aux techniques spéléos et que j'y retourne en 1990. J'en suis devenu accro, du moins partiellement, mais assez pour éditer pendant cinq ans la revue de la Société québécoise de spéléologie. C'est ce qui explique que Jacques, qui est écrivain de métier (c'est-à-dire traducteur) et rédacteur en chef de la lettre du Spéléo-Club, et moi nous appelons « cher collègue » depuis le début.

« Je suis rouillé, Jacques, dis-je au téléphone. Je n'ai pas fait de vertical sur cordes depuis huit ans.

— Moi non plus, alors on sera au même niveau. »

Pour tout avouer, la balade en auto me tente autant que le rassemblement proprement dit, alors c'est oui.

Jacques est le compagnon idéal pour ce genre de pérégrination. Son trait de caractère le plus distinct ? Sa conversation. Passionné de géographie, il gagne sa vie en traduisant des écrivains voyageurs. Il possède donc des connaissances encyclopédiques et une curiosité insatiable pour les choses et les gens. Jacques, c'est aussi le seul de mes amis décrit dans un bouquin : « Un actif peu émotif, intellectuel par son comportement et ses lectures », a dit le spéléologue Michel Siffre dans un classique, *Dans les abîmes de la terre*. Siffre y raconte ses expériences de confinement dans les années soixante et soixante-dix – à l'époque très suivies par la NASA, qui s'intéressait à la physiologie des personnes enfermées vivant hors du temps. Or il se trouve qu'en 1968 Jacques s'y est prêté aussi et qu'il a passé quatre mois et demi sans aucun repère temporel et sans jamais voir la lumière naturelle.

Un original, ce Jacques. Au début des années soixante-dix, il a fait la traversée de l'Amazonie en barque avec un vieil ami, Jacques Meunier, natif de Barbizon comme lui, écrivain voyageur et grand exoticologue devant l'Éternel.

En route pour les Pyrénées, nous allons donc pouvoir converser — sur tout : le métier d'écrivain, les enfants, les femmes, la vie, la mort, la guerre, l'Occupation, l'exode, ses auteurs favoris, les miens, son fils musicien, l'aîné qui l'inquiète.

C'est Jacques qui est au volant, ce qui me déçoit, vu que j'ai fait toutes les démarches pour obtenir mon permis de conduire français en prévision de ce voyage. Mais l'assurance de l'épouse de Jacques, qui est fonctionnaire, exclut les étrangers — dont moi. Pour un Québécois, l'obtention du permis de conduire français est une simple formalité. Mais la chose est quand même instructive à plus d'un titre. D'abord, le permis de conduire français est une sorte de livret en accordéon rose complètement ridicule par sa taille. Pour loger ça il faut un portefeuille immense, et je soupçonne les maroquiniers de s'être acoquinés avec deux ou trois fonctionnaires pour s'assurer un marché. Autre surprise : il ne figure pas de date de renouvellement, ce qui m'étonne dans un pays aussi paperassier que la France. C'est que le permis de conduire, en République, c'est l'équivalent français du port d'arme aux États-Unis : un droit fondamental, acquis dans la nuit du 4 août 1789 avec l'abolition des privilèges aristocratiques. (D'ailleurs, les tarés de la route française se servent de leur caisse comme d'une arme offensive.) Les Français, qui ont inventé le Tour de France, n'ont peur que d'une chose : se retrouver à pied... ou en vélo.

Jacques conduit à 110 kilomètres-heure, vitesse qu'il refuse de dépasser au moins autant par principe que par faiblesse du moteur. Tout autour, ça rugit, ça rutile, ça arrache, ça pétarade. Depuis cinq mois, ce n'est que ma deuxième balade en bagnole, mais la route appartient clairement à une assez large catégorie de petits frustrés agressifs émules des Vingt-Quatre Heures du Mans. Les pires, ce sont encore les motards du périphérique, qui klaxonnent à tout vent — j'ai même vu une ambulance se ranger pour céder le passage à une demi-douzaine de frelons particulièrement insistants.

Le gouvernement fait d'ailleurs tout ce qu'il peut pour encourager les chauffards en mettant le moins possible de flics sur les routes et en triturant les statistiques de mortalité routière pour rabaisser le nombre de morts annuels de 10 000 à 8 000. Ils réussissent ce tour de passe-passe en ne comptabilisant que les décès survenus dans les six jours après un accident de la route, au lieu de trente jours dans les autres pays civilisés. Pas mal, hein ?

Depuis quelque temps, les parlementaires cherchent à criminaliser le délit de très grande vitesse — soit 50 kilomètres-heure au-dessus de la limite. C'est absolument passionnant. D'un côté, le législateur se sent obligé de créer une loi pour punir les infractions les plus graves à une loi qu'il n'a jamais fait respecter. D'un autre côté, des couillus de première exigent le droit de se comporter en tout temps comme au rallye de Monte-Carlo.

L'attitude des Français par rapport au danger ne laisse pas de m'étonner. Deux cents kilomètres-heure, pas de problème. L'autre jour, je fumais sur le balcon, et vers 10 heures du soir je vois un jeune papa sortir d'un appartement avec un enfant de dix ans. Il s'approche de sa moto, lui met un casque, l'assoit sur le siège et démarre. Ce genre de situation est impensable en Amérique, où l'on ne tolère pas le danger physique et où les seuls motards sont soit des ados attardés soit des jeunes retraités en mal de jeunesse. Ici, c'est banal, et le risque est perçu comme un choix individuel. Une autre fois, en prenant ma marche matinale, j'aperçois près de l'école un père arriver en scooter avec ses deux enfants sans casque sur les genoux. En Amérique, les autres parents l'auraient dénoncé à la police.

Ce n'est pas que les Nord-Américains soient plus fifis devant le danger. J'ai plutôt l'impression qu'on ne le perçoit pas de la même façon. Par exemple, en France, le danger extrême c'est d'être exclu, de ne pas obtenir de contrat de travail à durée indéterminée, de ne pas pouvoir profiter de la protection sociale. Ça, c'est le danger. Mais faire du 220 kilomètres-heure, ça n'est pas dangereux : c'est un choix personnel.

Vue de la route, la France c'est *Star Trek*. Je suis convaincu que les auteurs de la célèbre série ont puisé les noms de planètes bizarroïdes rien qu'en se baladant comme nous le faisons dans cette galaxie de 36 851 communes avec des toponymes à coucher dehors. C'est ainsi que Trancrainville le cède à Jouy-le-Potier. Bazaiges côtoie Baraize. Romorantin-Lanthenay fait la nique à Saint-Outrille. Eybouleuf folâtre avec Espartignac. Magnac et Arnac narguent Nègrepelisse et Saint-Cirq-Lapopie. Montesquieu-Volvestre se demande Pouyastruc. Quant aux noms des habitants, là, c'est le délire : une fille s'est présentée à moi comme une Limousine. Mais ce n'est rien à côté des Castrogontériens, Castelspapals, Spiripontains, Pornicais, Pigouilles, Sinarupiens, Paulopolitains et autres Turpinois. Je n'invente rien. Mes favoris sont cependant les très psychédéliques « Bisons teints » de Besançon. Mais quelle sorte d'histoire les gens ont-ils eue pour laisser des noms pareils ?

D'ailleurs, depuis mon arrivée, j'ai remarqué qu'il en va de même pour les noms de personnes, qui sont d'une très grande variété. Au Québec, tout le monde et son père descend d'environ 7 000 colons : des Nadeau, Tremblay, Blais, Roy, il y en a au moins un de chaque par gouvernement. Il y a eu quelques ajouts grâce aux Anglais et aux Irlandais, et maintenant avec les immigrés de souches diverses. En France, il y a 250 000 noms de famille, ce qui est colossal. En fait, cela procède du même principe que les noms des 36 851 communes : ça sort de terre comme les asperges et les truffes, et on ne sait pas toujours d'où ça vient.

Autre chose : partout où nous passons je suis frappé du rapport direct entre la couleur de la terre et celle de l'habitat. On s'en aperçoit déjà à Paris, où la pierre des immeubles est de même couleur que le gravier. Mais c'est en fait partout pareil : là où le gravier est rouge, les maisons sont rouges. Et on va comme ça du jaune au rouge, en passant par le gris et le noir. J'ai fait deux fois le tour de l'Amérique du Nord en bagnole, et j'ai pu mesurer combien le continent est plus monotone, géologiquement, morphologiquement, et humainement. Il faut conduire sur de très grandes distances pour observer la moindre variation de paysage, et puis les villes sont modernes, dans des matériaux qui n'ont rien à voir avec le sol environnant. Bref, tout le contraire de la France.

« Frustrant, la France. Au moins, chez nous, il n'y a rien à voir sur des centaines de kilomètres.

— Et merde ! »

Ralentissement. Il est 17 heures, heure de pointe à Toulouse. Tout le monde se précipite pour le week-end de l'Ascension. Les amis, le sang va gicler dans les fossés ce week-end !

J'ai un petit pincement, car j'aimerais bien m'y arrêter, à Toulouse – de même que j'aurais voulu m'arrêter à Brive-la-Gaillarde, Uzerche, Cahors et tutti quanti. Comme partout, il y a beaucoup à voir à Toulouse, mais nous sommes un peu en retard et Jacques voudrait bien arriver avant la nuit, alors pas question de faire étape dans la Ville rose.

« Ce serait drôle, quand même, qu'on voie le Bélouga.

– Le quoi ? »

Il est très rare de surprendre Jacques en flagrant délit d'ignorance.

« Le Bélouga. Tu sais, cet avion-cargo d'Airbus qui ressemble à un bélouga – celui qui transporte les pièces des appareils entre Hambourg, Toulouse et Chester. »

Je n'ai pas sitôt fini de parler que je lève les yeux. Et qu'est-ce que je vois ? Un Bélouga qui passe juste au-dessus de nous. Il vient de décoller et il grimpe. Ça ressemble encore plus à un bélouga que je ne l'aurais cru. C'est tellement repoussant comme avion que la France pourrait s'en servir pour faire peur à l'ennemi. Après la force de frappe, l'escadron de l'épouvante !

Mais la pensée qui m'est venue, tout de suite, là, c'est que le Bélouga est la métaphore parfaite de l'Europe, son symbole : une improbable baleine volante qui ne ressemble à rien et qui vole malgré toutes les lois du bon sens.

Il fait très beau ce soir-là et j'aperçois les Pyrénées pour la première fois vers Rabastens-de-Bigorre – faut quand même le faire, un nom pareil ! C'est magnifique. La chaîne correspond très exactement à ce qu'en avait dit l'ami Pierre Pluye – celui qui m'avait introduit chez ses amis parisiens à mon arrivée. Pierre est originaire de Pau et il connaît ces monts par cœur. Comme l'ami Jacques, qui a été rédac-chef pendant quelques années à Foix, au *Foix Daily Herald*. Barbizonnais d'origine, il fut ainsi fuxéen avant de devenir dodécamien (c'est une invention à moi, pour dire qu'il est du 12ᵉ). Moi, je suis un octodécamien d'adoption.

Le coucher de soleil est splendide sur les Pyrénées – nous ne le reverrons plus durant cinq jours. J'ignore encore que Saint-Pé-de-Bigorre (notre destination) se situe au cœur d'une des régions les plus humides de France. (Basques et Béarnais se disputent d'ailleurs la paternité de l'invention de la pluie.) C'est la petite commune pyrénéenne standard de 800 habitants – appelés Bigorneaux. Elle compte une place publique en arcades (sur un côté), une grosse église, un collège du XVIIᵉ siècle, une seule mairie mais deux boulangeries et huit cafés. Ce village sans renom d'aucune sorte profite de sa proximité avec Lourdes, qui fut une ville de pèlerinage avant de devenir la fille de Madonna. Lourdes doit sa célébrité à Bernadette Soubirous – vous savez, cette jeune bergère de quatorze ans qui aimait le pinard et le champignon hallucinogène, et à qui la Vierge est apparue dix-neuf fois à l'occasion de virées mémorables dans la région. D'ailleurs, la Madone a montré fort peu d'imagination en apparaissant à Scoubidou dans la grotte de Massabielle : il n'y a que ça dans le coin, des grottes. Un véritable gruyère. Rien qu'autour de Saint-Pé, on en dénombre 800 de tout acabit. Même que le bled est bâti sur une rivière souterraine. Industrie principale de la région : les six millions de pèlerins (terme religieux pour touristes bas de gamme) qui visitent Lourdes chaque année dans l'attente d'un miracle. À mon avis, six millions de pèlerins à Lourdes, c'est cela le miracle – il ne faut pas chercher midi à quatorze heures.

Trois cents spéléos parmi 800 Bigorneaux, ça se repère vite. La moitié sont logés dans le vieux collège Saint-Pierre ; l'autre moitié, dont nous, couchent dans un champ de vaches au bord de la route, auquel le proprio, bouseux de son état, a donné le nom de « camping » après y avoir installé trois douches, deux chiottes et un arrosoir dans le poulailler.

Jacques et moi avons l'estomac dans l'étalon, et après avoir monté nos tentes nous partons vers le collège Saint-Pierre, quartier général du rassemblement où d'impressionnantes cordes à linge ont été disposées pour sécher le matériel spéléo – ambiance en perspective. Nous voici donc à la cafétéria, et le chef nous propose du gigot. C'est encore chaud, mais Jacques, prince de la conversation, piquera une jasette au chef au point de manger froid. Ayant rassasié mes plus hauts instincts (l'estomac se situe au nord des parties équatoriales), je commence à entendre qu'il est question de la fermeture du collège, dernière industrie autochtone de Saint-Pé. Le chef refuse de se faire muter à Paris. Je me sens d'attaque et j'entre dans la conversation.

« Je connais un type à Fontainebleau qui a le même problème. »

C'est ici que survient le miracle de la Transfiguration. Le chef me regarde d'un drôle d'air.

« Vous êtes belge, vous, n'est-ce pas ? »

Jacques manque de s'étouffer avec son gigot. Moi, ça ne me surprend pas outre mesure : ce genre de question est fréquent au sud de la Loire. On me l'a fait à Marseille, Arles, Angoulême, mais c'est la première fois que cela m'arrive en présence d'un Francilien confirmé, majeur et vacciné.

« Je suis de Montréal. »

135

– C'est au nord ? »

Je comprends un peu pourquoi le chef craint de monter à Paris : ils vont le dévorer vivant, le pauvre. Je laisse à Jacques le soin d'expliquer à son compatriote ce que je ne suis pas.

Un peu renfermés, les Bigorneaux. Le grand héros local, c'est Henri IV, roi de Navarre, qui les a annexés vers 1578. D'un caractère teigneux, les Bigorno-Navarrais n'ont pas beaucoup aimé voir leur roi les quitter pour devenir roi de France. Il leur a fait avaler la gousse d'ail en leur disant que c'était plutôt la Navarre qui annexait la France. Comme quoi Paris vaut bien une pirouette. « Navarre again ! » s'est exclamée sa belle-maman, Catherine de Médicis, qui affectionnait les jeux de mots oiseux.

Mon roi de France favori, ce Riton. Henri IV, c'est le roi qui a inventé la tolérance. Ça n'a pas tellement pris racine, mais c'est le premier qui a dit : « Vous n'êtes ni cathos, ni réformés, vous êtes d'abord français, alors du calme, mordious ! » Et puis, Riton, c'est lui qui a envoyé Champlain au Canada en 1604, ce qui mérite d'être souligné, car ses quatre prédécesseurs n'avaient rien fait depuis Jacques Cartier – la plupart de ses successeurs ne feront pas grand-chose non plus.

Mais revenons au camping. Une bande de Savoyards vient de terminer une périlleuse traversée d'est en ouest de la France jacobine et centralisée – il n'y a de lignes droites que vers Paris ! Personne ne fait de feu de camp, ce qui me paraît tristounet, mais heureusement que les Savoyards sont là avec leur camping-car et assez de vin de Savoie pour tenir le siège. Moi, je ne sais pas au juste où se situe la Savoie – je la place dans le Jura. La remarque m'attire un commentaire obligé :

« Tiens, un Belge. »

Deuxième Transfiguration. Jacques admire :

« Fantastique, Jean-Benoît ! Comment fais-tu ?

— Sais pas. Mais j'appelle un huissier. Il faut que ça figure dans les annales. »

Je vais vous faire une confidence : je suis un spéléo ambivalent. En vieil amateur de plein air, j'aime bien me salir, me mouiller, me geler. En revanche, j'aime moins les trois ensemble, un préalable essentiel à l'exploration cavernicole. Bref, j'aime les cavernes, mais je n'aime pas la spéléo (quoique je ne déteste pas non plus), ce qui fait de moi un spéléo compliqué et assez peu sociable. Alors ne me demandez pas pourquoi je fais de la spéléo : il y a une certaine camaraderie, et cette odeur de terre et d'acétylène et de moisi qui me plaît. Mais je dois bien admettre que j'ai assez peu pratiqué au Québec, qui est le tiers-monde de la spéléo. Les glaciers ont tout raboté jusqu'au granit il y a dix mille ans, si bien qu'il ne subsiste que des trous merdeux, boueux, avec une température de frigo. Rien pour susciter les vocations — la mienne en tout cas.

Les organisateurs du rassemblement ont fait un boulot fantastique. Dès janvier, les équipes sont parties en raquettes dans les montagnes pour commencer à équiper et baliser puits et gouffres en prévision de la grande visite. Aussi peut-on visiter une quinzaine de grottes en toute sécurité. Il y en a pour tous les goûts, de la grotte pépère horizontale au machin de trois cents mètres de profondeur, tout en puits, qui se termine sur un siphon dans une rivière souterraine.

Un peu rouillés, Jacques et moi commencerons la première journée avec la grotte du Roy, un truc tranquillos horizontal de trois kilomètres de long. Point de cordes. Il suffit de revêtir nos combinaisons terreuses, nos casques, et d'allumer nos lampes à acétylène pour avoir des heures de plaisir.

La grotte du Roy est une ancienne caverne touristique. Aménagée au début du XXᵉ siècle dans le but de donner quelque chose à faire aux pèlerins de Lourdes, qui s'ennuient ferme entre deux miracles. Cet aménagement n'a pas survécu à la Seconde Guerre mondiale. De cet attrape-pèlerin, il ne subsiste que deux ou trois stalactites en béton armé qui finissent de pourrir dans la nuit. Nous passerons l'essentiel de l'avant-midi et de l'après-midi à ramper comme des tarés sur trois kilomètres pour enfin rejoindre une belle grande salle chaotique qui se termine sur un siphon ensablé. C'est ce que j'aime dans la spéléo : c'est parfaitement inutile, ça ne ressemble à rien, et ça repose de penser.

La grotte n'a rien d'un labyrinthe, mais les organisateurs nous ont quand même mis quelques balises pour le principe. À l'une des rares intersections, mémorable parce qu'on peut s'y tenir debout et se masser les genoux, nous croisons un groupe de deux ou trois Marseillais, dont une Marseillaise belle en pétard. C'est bien simple, toute nue, elle doit luire dans le noir. Pour faire l'intéressant, je dis :

« La suite de la galerie, c'est par là. »

Et la Marseillaise se tourne vers moi :

« Tiens, mais c'est le Belge ! »

C'est la Troisième Transfiguration. Notez bien l'usage de l'article.

Jacques se fâche : il a oublié l'huissier.

« Mais je rêve ? Vous n'entendez pas cet accent ?

— Belge, oui.

— Mais non, c'est un Canadien.

— Un Canadien, *ça* ? »

Notez l'usage du pronom démonstratif.

Nous sortons comme des malpropres, et tandis que nous nous changeons au bord de la route Jacques s'explique mal le miracle et cherche une théorie. À mon avis, cela tient au fait que les Belges, comme les Québécois, sous l'influence de l'anglais ou du flamand, produisent des diphtongues, c'est-à-dire des voyelles doubles en *eï*, par exemple. Pour quelqu'un qui n'a pas beaucoup voyagé, cela peut se ressembler. Jacques n'est pas très satisfait de l'explication et procède à quelques généralisations que je tairai ici.

En tout, je passerai pour un Belge six fois ce jour-là — au bar, sur la place publique, au souper (deux fois), et même sous la douche. J'ignore d'ailleurs pourquoi j'ai pris une douche, car le camping est couvert de boue et je suis presque aussi malpropre de retour dans ma tente.

Le lendemain, Jacques et moi partons tester nos aptitudes sur corde au gouffre de la Borne 109. Il se compose de trois puits d'entrée de 15, 12 et 13 mètres, ce qui est parfait pour l'entraînement. Nous revêtons notre matériel sur le bord de la route. C'est mouillé et froid, et ça sent déjà le moisi. Je remarque pour la première fois que la végétation est absolument luxuriante et très semblable à celle de la *selva* d'altitude au Mexique — où j'ai passé plusieurs semaines mouillé en 1987 et en 1990.

On est encore à demi nus quand passe la voiture jaune du postier. Il s'arrête et baisse sa vitre.

« Alors, vous avez trouvé la bonne sœur ?

— Quelle bonne sœur ? »

Jacques, qui ne perd pas une occasion de tailler une bavette, va trouver le postier et enfile sa combinaison au milieu de la route.

« On voit que vous n'êtes pas du coin. C'est la bonne sœur qu'a disparu il y a dix ans.

— Comment ?

— Elle était venue visiter sa famille pour la récolte. Elle est allée pisser et elle a disparu.

— Où ?

139

– Ben, justement on sait pas où elle a disparu. On l'a jamais retrouvée. »

(Selon moi, c'est une émule de Bernadette Chouhibou qui a forcé sur le champignon dans l'espoir d'une promotion.)

« Si on tombe dessus, on vous prévient, dis-je.

– Vous ne seriez pas belge, par hasard ? » demande le postier.

Autant en prendre mon parti.

« Du Nord.

– Ma femme est du Nord, mais elle ne parle pas comme vous. Vous êtes ch'timi ?

– C'est le maroilles qui fait ça. Ça explique l'odeur.

– Je m'disais, aussi. »

Deux spéléos crapahutant sur un sentier glissant produisent un cliquetis de mousquetons, de descendeur, de Jumar qui accompagne à merveille le bruit de succion des bottes de caoutchouc malaxant la boue. D'ailleurs, en fermant les yeux, je fais un voyage dans le temps et dans l'espace. Et je me revois dans des circonstances semblables marchant derrière un mulet sur un sentier défoncé entre San Sebastian Tlacotepec de Porfirio Díaz et Tepepa de Zaragoza. Quand j'ouvre les yeux, ce n'est que Jacques.

Nous arrivons enfin à la Borne 109, gouffre qui doit son nom à la proximité d'une borne numérotée 109. Il me vient d'autres noms à l'esprit tandis que je contemple l'orifice d'entrée, une ouverture de soixante centimètres de diamètre au milieu d'une mare de boue, qui ressemble à s'y méprendre à un anus mal torché.

Le groupe qui précède finit de s'y enfoncer, et dix minutes plus tard c'est bibi qui se tape le trou du cul. La corde est fixée à un solide rail encastré dans du béton – les organisateurs ont vraiment fourni un boulot d'enfer ! Il faut une certaine confiance dans le matériel pour s'asseoir dans le vide sur une corde de huit millimètres quand on songe qu'il suffit de la friction de ladite corde sur un mousqueton et dans deux poulies fixes pour empêcher une masse comme la mienne de suivre la trajectoire prévue par Newton dans la plupart des cas de figure.

Retenu par mon descendeur, donc, je glisse dans l'orifice. Le fragment de ciel au-dessus de ma tête devient de plus en plus petit. Quinze mètres plus bas, je mets le pied dans une pile de végétaux pourris.

Au fond, c'est la cohue. Le groupe de quatre qui nous précède attend toujours, tandis qu'un autre groupe de six remonte — d'après ce que j'ai compris, il y a une cinquantaine de personnes là-dessous dans les deux autres puits et les trois kilomètres de galeries et d'étroitures. Bison futé nous avait pourtant prévenus : week-end rouge ! Jacques vient à peine de me rejoindre qu'une tête apparaît dans la chatière.

« Jacques ?

— Alain ? »

Jacques fait l'accolade à l'autre qui est encore à moitié engagé dans l'étroiture. C'est qu'Alain Dole doit faire une présentation sur les cavernes de la région demain soir, et Jacques, qui raffole de géographie, n'attend que ça. Alain est au moins aussi loquace que Jacques, et les deux larrons discutent dans l'embouteillage tandis que tout le monde attend, silencieux. Alain vient du Périgord et il a le même accent que mon ami Gustave, du club de randonnée. Son père est producteur de vin et il en propose une caisse à Jacques.

« Tu en veux une, Jean-Benoît ?

— Pourquoi pas. C'est du 1998 ? »

Je ne le saurai pas. Alain me regarde avec ce drôle d'air qui annonce LE miracle.

141

« Belge ? »

Un type sur une corde en train de remonter s'arrête entre deux foulées.

« Oui, à ce qu'y paraît. »

Autant profiter du fait qu'ils sont une douzaine autour pour corriger la méprise. Je mets ma main en porte-voix :

« Avis à la population ! Le Belge en question ne connaît de la Belgique que le waterzoi, la witloof et la gueuse. En réalité, c'est un Canadien. »

Il y en a un qui rigole derrière.

« Un Canadien avec l'accent belge ! On aura tout vu ! »

Il ne croit pas si bien dire. Jacques n'en revient pas :

« Qui c'est qui m'a foutu des Français d'opérette pareils ! Excuse-moi, Jean-Benoît, je ne sais pas ce qu'ils ont.

— Pardonne-leur, Jacques, car ils ne savent pas ce qu'ils font. »

Dès que la voie est libre, on repart. J'ai quelques difficultés au troisième puits. Pour y accéder, il faut se glisser les pieds devant dans une chatière où il y a une corde (un signe certain qu'il se trame quelque chose à l'autre bout et qu'il vaut mieux rester encordé). Pas facile de ramper attaché à une corde.

Au bout de la chatière, effectivement, c'est le vide. Quand on a les jambes dans l'éther jusqu'à mi-cuisse, il faut faire deux ou trois gestes contre nature : se tourner sur le ventre, exécuter un rétablissement sans pouvoir regarder derrière et se laisser aller en toute confiance en ne tenant que par un mousqueton sur une corde. Le nez dans le descendeur, j'ai eu un petit moment de panique. Deux pensées me viennent presque simultanément : 1) Tu fais confiance au matériel ou tu arrêtes ; 2) Tiens, ça fait trois jours que tu n'as pas pensé au travail.

Je m'exécute et me retrouve debout sur une corniche, au sommet d'un magnifique puits entièrement enduit de calcite lisse et luisante. Ce n'est plus la pierre brute, on dirait une artère vue de l'intérieur. Je prends mon temps pour descendre. Franchement, ce sont des spectacles pareils qui me réconcilient avec cette discipline de tarés. Ça m'épate toujours de penser qu'il suffit de l'évaporation d'une ou deux molécules de CO_2 dans chaque goutte d'eau pour précipiter une ou deux molécules de calcium *et construire de tels rêves de pierre oubliés du temps en ces ténèbres cauchemardesques* (Nadeau).

Au fond du puits, le gouffre se prolonge dans des galeries de bonnes dimensions : on voit des lumières au loin et des silhouettes dessous. Il y a deux types qui approchent et je leur demande :

« Combien êtes-vous plus loin ? »

Je n'aurai jamais réponse à ma question. Le type me regarde et s'exclame :

« Montréal ! »

J'en pleure presque de joie. À Paris, ce genre de réaction m'offusque, mais après deux jours à passer pour belge je suis tout ému de tomber sur un type qui a voyagé. Son compagnon demande :

« Montréal, c'est une ville flamande ? »

On n'en sortira pas, les gars !

L'un des grands défauts de la spéléologie, c'est qu'on part généralement du haut pour descendre, ce qui signifie que la seconde moitié du trajet est toujours au moins aussi difficile que la première. Comme on remonte généralement par où on est venu, c'est-à-dire par la corde, il faut troquer le descendeur pour les bloqueurs. Il s'agit d'appareils avec une came dentelée qui glisse sur la corde dans un sens, et qui

143

mord dedans quand on met son poids dessus. L'un des deux bloqueurs est fixé au ventre. L'autre, plus haut, est prolongé par deux étriers, pour les pieds, ce qui fait qu'on grimpe en poussant avec les pieds. Les Américains appellent ça : *the frog technique* (*frog* pour grenouille ou Français, au choix !) ou *the French technique*, c'est selon.

C'est une technique superbe si on la pratique régulièrement, mais je suis proprement épuisé en arrivant au sommet du dernier puits. Il pleut toujours en surface et la lubrification des parois est parfaite. L'orifice est trop étroit pour qu'on exécute librement les foulées avec les étriers. Il faut donc grimper en varappe en poussant avec le dos, les coudes, les genoux et les pieds sur les parois opposées, couvertes de boue liquide, tout en avalant la corde. Au sortir du trou, j'ai tellement chaud que je fume comme un étron frais.

Scène surréaliste : dans une végétation dense sous la pluie, une demi-douzaine de spéléologues regarde un spéléologue ruisselant de boue s'extirper du merdier en jurant comme un charretier. L'un des badauds, une sorte de grand hippie avec une tresse rousse, se protège de la pluie avec un parapluie, coquetterie bizarre vu son équipement râpé et sa combinaison déchirée.

« C'est drôle, dit le grand hippie. Il a pas le même matos que nous.

— C'est du vieux, répond l'autre.

— Je dirais huit ans.

— Douze.

— Mais regarde sa combine.

— *Christ de Tabarnaque de calvaire d'hostie de calice !* » juré-je dans l'orifice.

(On jure comme ça au Québec, en chapelet, j'y peux rien.)

« Drôle de modèle.

— Ancien.

— Écoute...

— *Calvaire de vierge d'hostie de simoniaque !*

— Qu'est-ce qu'y dit ?

— C'est quoi, ça ?

— Un Belge ?

— Au son, je dirais un Canadien.

— Pas possible !

— J'ai déjà entendu ça. Garou parle comme ça.

— *Taharnaque d'hostie de calice de ciboire du Christ !* »

Le visage du hippie au parapluie s'éclaire, radieux et comme transfiguré d'ouïr cet étrange chapelet qu'on n'entend plus guère en république laïque :

« Pas de doute : c'est bien un Canadien ! »

Cet après-midi-là, il repleut et nous décidons, Jacques et moi, d'aller visiter la grotte touristique de Bétharram, tout près. Il refuse de m'amener à Lourdes par principe — Bernadette Cabecou serait capable de me transformer en Belge pour de bon. Je veux bien une transfiguration, mais pas les stigmates en plus !

Nous sommes plusieurs spéléos du rassemblement qui profitons du rabais offert à l'initiative du syndicat d'initiative local — vous pouvez en déduire que nous ne sommes pas un dimanche.

À partir du centre d'accueil, on accède à la grotte par le sous-sol, ce qui est tout à fait normal. Pendant qu'on attend le guide, je regarde les affiches annonçant qu'au terme de notre visite nous aurons droit à une balade en drakkar. Qu'est-ce qu'il ne faut pas inventer pour amuser le pèlerin !

Le guide se pointe et nous fait entrer. Nous sommes une bonne cinquantaine. Compte tenu du drakkar et du faible QI apparent du pèlerin, je me serais attendu à voir un guide déguisé en Dracula — pour faire

145

gothique. Mais non, il est en civil, simple et de bon goût. Pour mettre tout le monde à son aise, il joue au petit jeu des origines et interroge chacun : 12 Parisiens, 19 Pallois, 3 Allemands, 8 Bordelais, 9 Balnocataranchais et moi – il m'a repéré.

« Vous, monsieur, vous êtes de nulle part ?

– De Belgique.

– Ah ! Et de quelle ville ? »

La colle. Mes notions de géographie belge se résument à la Belgique dans son ensemble, mais à fort peu de choses en particulier. Alors je dis le nom de la seule ville belge à laquelle je pense :

« Montréal.

– Je vois, monsieur est un comique.

– Je saurais pas dire. »

Le guide nous entraîne dans les profondeurs insondables (Jules Verne). Il s'agit d'une grotte splendide, dont l'attraction principale est une immense salle chaotique de plus de 300 mètres de longueur et 50 mètres de hauteur. Le propriétaire du terrain au début du XXe siècle, un sculpteur, a merveilleusement exploité les formes fantasques de la pierre par des effets d'éclairage assez recherchés. Naturellement, les spéléos du groupe ont apporté leur lampe de poche et nous observons certains détails supplémentaires. Jacques, qui en connaît un bail sur les grottes touristiques, dit que c'est l'une des plus belles qu'il ait jamais vues, et la mieux organisée aussi.

Les deux seules concessions au kitsch lourdais sont la Vierge et le drakkar. La Vierge, c'est une petite concrétion stalagmitique censée ressembler à Madonna. Mais le clou, c'est le drakkar. Car au fond de la grotte il y a un lac souterrain, et un drakkar de cent vingt places. Cela ressemble exactement au genre de gadget qui intéresse les émules de Bernadette Liséspirou. Mû par câble et monté sur un rail sous-marin,

146

le drakkar fend les flots sur une distance de 50 mètres avant d'accoster devant un minitrain à bord duquel nous parcourrons les derniers 600 mètres jusqu'à la sortie. C'est bien simple, cela se termine en crescendo.

Si des Américains avaient conçu un truc pareil, on dirait que c'est typique du mauvais goût anglo-saxon. Mais comme c'est français, on s'abstient de tout commentaire.

Au cinquième jour, il sera acquis pour presque tout le monde — sauf quelques retardataires — que je ne suis pas belge. La pluie a cessé et un soleil radieux sèche le champ de boue. Ce qui, en Bigorre, marque les grands départs. Nous mettons le cap sur Paris — qui est, comme chacun sait, en direction de la Belgique.

XI

La guerre toujours recommencée

Où l'auteur visite les Vosges, rigolant un bon coup avant de se fâcher contre la technologie du sans-fil, et trébuche sur quelques épisodes pas très glorieux de l'Histoire avec une grande Hache, pour se résoudre à écrire quelques pages pas drôles du tout (si ça vous déplaît, passez au chapitre suivant).

À mon retour, j'ai un message Internet d'une vieille amie, Valérie, qui me dit qu'elle sera là cet été. Fin juillet, coup de fil : la voilà. Valérie Lehmann, c'est une amie française que j'ai connue à Montréal il y a dix ans – elle n'est pas de la Belge Connection. Elle m'invite à venir faire de la rando chez ses parents dans les Vosges, à Remiremont – R'mir'mont pour les intimes.

Une semaine plus tard, elle vient me cueillir à la gare avec son frère Éric. Petite, nerveuse et rieuse, avec des cheveux roux en brosse, Valérie m'a toujours fait penser à un lutin. Éric, comme moi, donne plutôt dans le genre ours brun mal léché. Éric et moi, on s'entend tout de suite comme larrons en foire, ce qui comble d'aise Valérie, car elle a toujours affirmé que j'étais le sosie vivant de son frère – et vice versa.

« Tiens, voèlà le Parigot, le doryphore, le 75 de l'Intérieur, le Canadien errant de Paris, le chasseur de bisons, le dernier des Mohicans, celui qui danse avec les loups. »

Il est comme ça, Éric : un perpétuel remue-méninges. Il connaît les vingt-sept façons d'exprimer une même idée et il te les sort toutes en rafale, en touffe, en paquet, en motton, en chapelet — vous voyez, c'est contagieux. Après avoir fait de la pub pendant des années, ce verbomoteur confirmé enseigne maintenant les arts plastiques au lycée.

Le patriarche du clan Lehmann, Claude, ressemble comme deux gouttes d'eau à sa fille. Il fut chausseur, mais un chausseur pas ordinaire puisqu'il concevait ses propres modèles haut de gamme. Il en a d'ailleurs réalisé plusieurs pour Yves Saint Laurent. On venait de très loin pour acheter les bottines à Lehmann, dont certains modèles se vendaient plusieurs milliers de francs — la paire ! Une fois à la retraite, il s'est fait construire un beau grand loft au-dessus de son ancienne boutique, où il vit avec sa femme Claire, qui a longtemps tenu une échoppe de couture. Claude Lehmann appartient à une espèce rare : l'intellectuel de province. Il passe de grandes journées dans son bureau à lire, à rédiger des comptes rendus de ses lectures et à travailler à sa biographie de Jacques Audiberti, poète-dramaturge-romancier important quoique peu connu hors des cercles d'intellectuels. Quelques jours par mois, il se rend à son pied-à-terre parisien pour étudier les manuscrits d'Audiberti à la Bibliothèque nationale.

Claude, c'est aussi un bon vivant. Alors, le premier soir, il nous emmène à la fête champêtre de Travexin. C'est une fête sous la tente, avec plancher de danse en plein air, sur la place. Les Lehmann connaissent tout un tas de monde, notamment de la famille de l'ex à Valérie. Parle parle, jase jase.

Le paysage ressemble à s'y méprendre à celui des Green Mountains au Vermont, avec leurs sommets escarpés et leurs vallées encaissées. Sauf que les Travexinois adorent le Seigneur dans une église du XVIIᵉ siècle, vivent dans des maisons basses et larges de style suisso-vosgien (vosgo-jurassien, c'est selon), mangent de la choucroute, se prennent des cuites au riesling et dansent au son d'un orchestre alsacien – choses rares in the United States of America.

« C'est drôle. Les musiciens ont des chapeaux bavarois.

– Chut ! Ne dis pas ça à mon père. C'est des chapeaux alsaciens. »

En fait, je l'apprendrai, ce sont les Bavarois qui portent des chapeaux alsaciens. Nuance.

Même si Remiremont ne fit pas partie des territoires annexés par l'Allemagne en 1871 et *once again* en 1940, on y a conservé une volonté farouche de se démarquer des Allemands, mais l'influence de cette culture n'en est pas moins évidente. L'Alsace et la Lorraine relevèrent longtemps du Saint Empire romain germanique. D'ailleurs, les Alsaciens ont une façon bien à eux de faire la différence avec le reste de la France, qu'ils appellent « l'Intérieur ». Mais ne leur dites surtout pas qu'eux sont des Français de l'extérieur. Ça les fâche.

La première rando au programme, c'est le Hohneck, un sommet à cheval sur l'ancienne frontière franco-teutonne de 1871, qui se trouve être la ligne de partage des eaux entre le Rhin et le Rhône. Au Québec, les montagnes sont couvertes d'une végétation rêche dès 800 mètres d'altitude, et personne ne voudrait y élever du bétail. Autour de nous, à 1 200 mètres, paissent les vosgiennes, une espèce de vache de poche psychédélique. On dirait une carrosserie blanche sur laquelle on a rivé deux plaques de pelage noir sur les flancs. Ou le contraire : une carrosserie noire sur laquelle on a passé un coup de rouleau blanc dans le milieu. Certaines vaches ont une clochette, ce qui produit un son magnifique au vent. Sur les plateaux en contrebas, on observe quelques fermes et refuges, dont la plupart n'ont pas l'électricité. C'est joli comme une carte postale.

Les jours suivants, nous ferons de la randonnée aux quatre coins des Vosges dans une ambiance logistique compliquée. C'est que ma petite tribu de Lehmann s'est augmentée de Régine (la sœur aînée de Valérie), de sa vieille copine Christine (qui se conjugue au pluriel avec son mari Jean-Luc et leurs enfants Nina et Jean) et puis surtout, surtout, de quelques téléphones portables. Comme tout le monde se visite, s'entrevisite et se contrevisite, les plans changent sans arrêt, et Valérie, qui veut faire plaisir à tout le monde, s'arrache le peu de cheveux qu'elle a.

Le problème n'est pas la compagnie, fort agréable : c'est le téléphone portable. En des temps heureux où cette technologie idiote était inconnue, il suffisait de se donner rendez-vous en un lieu précis et chacun tâchait d'y être à l'heure – généralement avec succès. De nos jours, c'est beaucoup plus compliqué.

Étude de cas : Éric, qui est chez ses beaux-parents, a rendez-vous avec nous, Régine et Christine (et compagnie) dans un resto de Xonrupt-Longemer, près de Gérardmer, pour casser la croûte avant une nouvelle équipée. Tandis que nous roulons vers le lieu de rendez-vous, Éric appelle Valérie pour lui dire qu'il sera en retard et Valérie appelle Christine et Régine pour les en informer. Régine annonce à Valérie qu'elle est fatiguée et ne viendra pas, et demande de prévenir

Éric qui devait venir la prendre. Valérie rappelle Éric pour le lui dire. Éric rappelle Régine pour la persuader de venir quand même. Pendant ce temps, Valérie appelle à la ferme-auberge où nous devons souper pour leur dire qu'on ne sera pas douze mais onze, mais comme elle n'a pas le numéro sur elle il lui faut appeler Christine, qui le lui donne. Sur ces entrefaites, Régine change d'idée, à condition qu'on aille plutôt casser la croûte à La Bresse, ce qui change tout. Valérie appelle Éric, mais Christine n'est plus joignable. Elle rappelle Éric, qui lui explique que c'est à cause de l'antenne téléphonique qui est mal placée. Il appelle donc Christine lui-même parce qu'il est mieux placé, tandis que Valérie rappelle la ferme-auberge pour leur dire que nous ne serons pas onze mais douze.

Ça, c'est juste pour aller faire une rando à 15 heures au Drumont. Le lendemain, le chassé-croisé se compliquera du fait que Régine a laissé tomber son portable dans son bain, ce qui la forcera à rappeler toutes les dix minutes depuis une cabine au bord de la route. Mais comme elle ne peut que recevoir, elle est immobilisée, ce qui aggrave le retard. Finalement, tout ce foutoir ne réjouit que les gars des compagnies de téléphone portable – que j'emmerde cordialement et qui encaissent tandis qu'on s'échange des inanités.

Au fond, la nouvelle économie et ses gadgets, c'est l'invasion du financier dans la sphère privée absolue : le dedans de sa tête. Étude de cas : vous voyagez en train. Autrefois, vous auriez lu ou fait des mots croisés. De temps à autre, l'idée d'un chevreuil explosé sur le nez d'un TPV (train à petite vitesse) aurait troublé votre quiétude béate. Plus sérieusement, vous vous seriez demandé si vous alliez manquer votre rendez-vous, ou si votre rendez-vous allait vous manquer. Peut-être vous en seriez-vous ouvert à votre voisin ou au contrôleur. En tout, vous vous seriez inquiété 7 fois, pour une durée totale de 16 secondes de votre vie, au coût net de zéro virgule zéro franc. Avec un téléphone portable, vous appelez 4 fois, pour une durée totale de 3 à 7 minutes, au coût prohibitif de 15,67 francs. En prime, vous dérangez tout le wagon.

Je veux bien admettre que cette technologie rend des services aux voyageurs de commerce, qui n'ont pas d'attache et qui doivent se traîner leur bureau avec eux. Ça n'est pas d'hier qu'on sait que les communications sans fil peuvent s'avérer utiles. Par exemple, si la TSF avait mieux marché, il serait mort moitié moins de monde sur le *Titanic*. Et si les Français avaient compris comme les Allemands qu'il fallait une radio dans chaque char et chaque avion, l'issue de la bataille de France aurait été tout autre.

Tous les arguments en faveur du portable tournent autour de la sécurité. Mettons que votre fils ait un accident à Saint-Brieuc tandis que vous êtes au théâtre à Paris. Avez-vous songé à l'horreur de la situation ? Réponse du sceptique : Mais qu'est-ce que ça peut faire que vous sachiez en temps réel que les pompiers sont en train d'intuber fiston ? Contre-argument de l'antisceptique : Mais si vous laissez votre enfant à une gardienne et qu'il y a un problème ? Contre-contre-argument du sceptique : La gardienne est là pour s'en occuper, justement. Si l'enfant est en train de s'étouffer avec un bloc Lego, ça sert à quoi d'appeler les parents au concert ? C'est le 18 qu'il faut composer. À quoi ça sert, d'ailleurs, qu'ils le sachent ? À se donner bonne conscience à trois francs la minute et à déranger tout le monde au théâtre chaque fois que le rejeton les appelle pour annoncer, en temps réel : a) qu'il vient de monter dans le train ; b) que le train roule ; c) que le train entre en gare.

Malgré les vicissitudes sans-filaires de la matinée et

d'une bonne partie de l'après-midi, nous parvenons au sommet du Grand Drumont. Il y a nettement moins de monde qu'au Hohneck la veille.

La vue est fort différente, mais un détail plus terre à terre capte toute mon attention : les vestiges de l'ancienne frontière franco-teutonne. Pour l'esssentiel, il s'agit de bornes de granit avec le F de Frankreich côté français et le D de Deutschland côté allemand.

Cette vieille frontière-ci est un artefact historique : c'est à cause d'elle que près de 100 millions de personnes ont cherché à s'entretuer au cours de trois guerres sur trois générations entre 1870 et 1945. Bien sûr il y a eu d'autres raisons, mais c'est une des principales. Une vraie chicane de clôture, qui a non seulement répandu un déluge de fer et de feu sur tout le secteur entre ma borne de granit et le Rhin, mais qui a mis à feu et à sang tout le voisinage. Il faudra faire sauter deux bombes atomiques à l'autre bout de la terre pour arrêter le conflit, qu'on voudrait pouvoir oublier. Pour éviter que ça se reproduise, les Européens ont mis au point un dispositif immense qu'ils ont appelé de tous les noms : pacte du charbon et de l'acier, union douanière, Marché commun, Europe des six, des neuf, des douze, des quinze et un jour des vingt-sept. Tout ça pour vous dire que c'est chargé, une borne de granit marquée d'un F et d'un D.

Tout de même, le passé a le chic de refaire surface de toutes les manières aux moments les plus inconvenants. Ce soir-là, par exemple, nous retournons ingurgiter encore davantage de nourriture grasse et riche dans une ferme-auberge d'un genre assez particulier puisque l'activité principale n'est pas la ferme, mais la scierie − c'est une scierie-auberge. Le scieur du lieu, Marco, est un Italien échoué là on ne sait comment, ce qui ne l'empêche pas de faire dans l'authentique cuisine vosgienne. Mais pour l'instant il y a un gros problème : il vient de casser sa scie sur de la ferraille – des éclats d'obus et du fil de fer barbelé enfouis dans le bois depuis trois générations.

Comme le père de Valérie est né dans l'entre-deux-guerres, je manœuvre le lendemain pour le coincer dans son bureau et apprendre son histoire.

Claude n'avait pas quinze ans quand c'est reparti comme en 14. Après l'armistice de 40, le quotidien est devenu particulièrement dangereux pour les juifs qui s'ignoraient comme les Lehmann. Sa guerre, Claude Lehmann l'a vécue à Antibes, où il s'est réfugié. Antibes, comme Nice et toutes les Alpes-Maritimes, était un des rares havres de paix dans l'Europe hitlérienne à cause des Italiens. C'est que l'Italie occupait la zone, or les Italiens étaient fort peu antisémites. L'armée italienne allait jusqu'à libérer les juifs que livrait la police française, qui fut plus zélée pour ce genre de contrôle qu'elle ne le sera jamais pour les contrôles de vitesse sur les routes. Claude Lehmann s'est fait quelques amis parmi les soldats italiens, mais surtout chez les intellectuels parisiens réfugiés dans les Alpes-Maritimes – en particulier Jacques Audiberti. Comme il avait d'excellents faux papiers et assez de sang-froid pour mentir aux policiers sur ses origines, Claude Lehmann est devenu « facteur » pour la Résistance, convoyant lettres et argent entre Antibes, Cannes et Monaco. À la Libération, il a utilisé ses amitiés parmi les intellectuels pour devenir l'un des secrétaires d'André Malraux, qui remontait le Rhône avec sa brigade Alsace-Lorraine.

Ça nous est tous arrivé : on fait la connaissance (biblique ou non) d'une personne du quartier, pour s'apercevoir qu'on partageait le même milieu sans s'être jamais vus. Et à partir de là, on revoit cette personne sans arrêt. Il en va de même des idées :

quand on se met à voir un truc, on le voit partout. Or, il se trouve que depuis le mois de mai, il ne se passe pas une journée sans que je tombe sur un souvenir de la guerre ou sur un survivant qui m'en parle. Si bien que l'Occupation me préoccupe.

Tout a commencé au retour de Bigorre, lors de mon road trip. Jacques Chabert et moi écoutions sur France Culture une émission étrange. Cela consistait en lectures de poèmes clandestins d'Aragon, pimentés d'extraits radio de l'époque. Sur Aragon et sa poésie résistante, passons. Deux extraits surtout m'ont frappé comme un coup de poing. La première était une interview enthousiaste d'un jeune Waffen SS français sur un quai de gare. De sa voix fluette, le jeune officier expliquait tout benoîtement qu'ils allaient s'entraîner en Allemagne avant de partir pour le front russe – dont il ne reviendrait sûrement pas. L'autre extrait, c'était le discours radiophonique de Pierre Laval, déclarant : « Je souhaite la victoire de l'Allemagne. » Toujours est-il que l'émission a relancé la conversation avec Jacques, qui a fait de la figuration sur la scène de cette période trouble à titre de nouveau-né.

Pas plus tard que le dimanche suivant, mes amis du Touring Club me présentent « un autre Canadien », Jean-Jacques, un Français ayant pris la citoyenneté canadienne et qui vit aujourd'hui à Victoria, en Colombie-Britannique. On n'était pas sitôt assis dans le train, un peu à l'écart, qu'il m'a déballé son histoire. Car voyez-vous, Jean-Jacques est juif. Jusqu'en 1940, il ne savait pas qu'il l'était. Et ses parents, qui le savaient bien, eux, ne croyaient pas que cela ferait une différence. Ils étaient certains d'avoir tout bon : lui, meilleur chirurgien-dentiste de France ; elle, fille de banquier. Jusqu'à ce qu'on les prive de tous leurs droits, puis qu'on les mette dans un train à destination d'Auschwitz, d'où ils ne sont jamais revenus. Jacques et sa sœur ont survécu, cachés, changeant d'école régulièrement – ils ont même vécu à Nice quelque temps, pas très loin de Claude Lehmann.

À la mi-juillet, je suis encore retombé sur la guerre, à Besançon cette fois. J'étais là pour interviewer Jean-Marie Bressand, fondateur du Monde bilingue, une association créée en 1950 et prônant depuis cette date l'enseignement bilingue en immersion pour les enfants. Au fil de la conversation, je me suis aperçu que j'avais devant moi un authentique héros de la Résistance. Comme la plupart des Français, Jean-Marie Bressand n'a jamais entendu l'appel du général de Gaulle. Mais contrairement aux autres, il s'est employé à faire la nique à l'occupant dès le jour 1. Sous le nom de guerre de Casino, il est devenu l'une des meilleures sources alliées sur l'armée allemande. Pour ce faire, il avait trouvé la couverture parfaite : directeur d'un cinéma dans une station de repos des armées allemandes, à Besançon. Entre autres coups, il a subtilisé la mallette du trésorier-payeur général des armées du Reich dans laquelle figurait un rapport effarant sur l'état des divisions sur le front est. Avec la complicité d'un concierge qui retirait de l'incinérateur des liasses de télégrammes décodés, il a transmis au 2e Bureau (service de renseignements de la France libre) des documents de premier ordre. Capturé, Jean-Marie a subi dix-neuf jours d'interrogatoire avant de s'évader du camp de Compiègne, alors qu'il était en transit vers l'Allemagne pour y être exécuté. En cavale, il a passé la frontière espagnole puis rallié un sous-marin qui l'attendait au large de Barcelone. Ouf !

Cet été-là et tout l'automne suivant, je tâcherai de revoir Jean-Jacques Fraenkel, Jean-Marie Bressand et Claude Lehmann pour recueillir leurs témoignages dans le détail et mieux comprendre. Mon intérêt n'est pas seulement historique : il s'agit de la période fondatrice du monde postmoderne, de la France actuelle et de l'Europe nouvelle. Je comprendrai deux ou trois choses.

D'abord, les étiquettes habituelles (fasciste, stalinien, républicain, gauche, droite, socialiste, catho) ne servent pas toujours à interpréter cette période. Par exemple, Jean-Marie Bressand n'avait que dix-neuf ans en 1940 quand il est devenu résistant. Il avait déjà une guerre derrière lui : la guerre civile espagnole. Contrairement à Malraux, il ne s'est pas engagé dans les Brigades internationales pour combattre aux côtés des républicains et contre les fascistes. Non. Jean-Marie, lui, était légionnaire et il se battait pour Franco. Pourquoi ? Il avait grandi dans une famille hypercatholique, et son tempérament intrépide l'avait poussé dans la croisade anticommuniste. Et c'est en combattant avec les fascistes qu'il s'est aperçu que rites, salut et croix gammée n'étaient pas très catholiques, alors il est retourné en France finir le lycée. Jean-Marie Bressand avait fait tout ce qu'il fallait pour devenir un bon fasciste, sauf qu'il a fait exactement le contraire.

Comme quoi les étiquettes, ça ne sert à rien.

Claude et Jean-Jacques ont vécu des choses parfaitement horribles parce que parfaitement « banales » pour deux juifs français qui avaient huit et quinze ans en 1940. Il faut que l'idée de la France soit forte pour que si peu de juifs français aient conçu du ressentiment à l'égard de la patrie des droits de l'homme. Jean-Jacques, lui, en nourrit. Ce n'est pas venu spontanément. Pendant vingt-cinq ans, il a surtout condamné les Allemands. Comme tout le monde, il avait une vie à reconstruire : il s'est marié deux fois, il a eu deux fils, s'est refait un bas de laine, a vécu de trente-six métiers, est finalement devenu ingénieur et fait maintenant dans l'import-export.

À peu près en même temps que tout le monde, au début des années soixante-dix, Jean-Jacques s'est souvenu que c'étaient des policiers français qui étaient venus cueillir son père à la maison un bon matin de décembre 41 – mais c'est la Gestapo qui arrêta sa mère sur un quai de gare à Nice en 43. Puis il a examiné dans le détail des papiers conservés par sa mère dans une valise miraculeusement réchappée du massacre. Cette paperasse administrative démontre toute la mécanique par laquelle l'État, en la personne de ses petits papons, a imposé avec application les lois antisémites de Vichy, dépossédant ses parents de leurs titres, de leurs droits, de leurs ressources, jusqu'au point de les priver de tout recours et de les laisser sans défense. Il a utilisé toutes ces pièces pour publier un petit livre témoignage dont le titre résume toute son idée là-dessus : *L'Abus de confiance*. Aujourd'hui Jean-Jacques poursuit la République pour vol et recel, réclame une indemnisation pour tous les juifs et vient de traîner les chemins de fer devant les tribunaux américains pour complicité de crime contre l'humanité.

Autre conséquence de l'Occupation : la canadophilie débridée de Jean-Jacques. Nous sommes devenus amis, mais sa vision idyllique du Canada est notre seul point de désaccord. Voyez-vous, il est facile d'avoir été innocent quand on n'existait pas. Par exemple, en 1900, tandis que la France était au bord de la guerre civile à propos de l'affaire Dreyfus, la province de Colombie-Britannique, où vit Jean-Jacques, comptait tout juste cent mille âmes sur un territoire grand comme la France. Ça réduit les possibilités de friction ! J'en conviens : les Canadiens n'ont jamais tiré les Indiens à la mitrailleuse comme les Américains et les Australiens, mais les lois canadiennes les ont relégués au rang de sujets sans droits jusqu'en 1951. Dans l'entre-deux-guerres, l'université anglophone où j'ai étudié, McGill, avait un quota d'étudiants juifs. Dans l'Ouest canadien, le Ku Klux Klan s'appliquait à éradiquer toute trace de francophonie. Au Québec après 1940, le clergé était ouvertement pétainiste et antisémite de bon ton. Le quartier italien de Montréal comporte une curiosité rarement mentionnée dans les livres de voyage : sous le dôme de l'église Notre-Dame-de-la-Défense, rue Dante, on peut encore contempler Benito Mussolini, sur un cheval à la droite de Dieu.

Un bon mercredi midi, des sirènes se mettent à hululer sur Paris. Cela dure une longue minute et j'ai le sang qui se glace. « Ça y est, c'est le grand barbecue. Dans une minute, je suis à la Kentucky. » La peur panique, je vous jure. Jamais entendu ça de ma vie. Je regarde le ciel. Rien. Je regarde dans la rue. Tout le monde a l'air parfaitement calme. Personne ne se presse. Le Portugais fait chier son chien tranquillement. J'ai envie de crier : « Tous aux abris, c'est l'alerte rouge ! » Mais je crains d'avoir l'air imbécile. Et puis, les sirènes ont déjà cessé de beugler. Alors qu'est-ce que j'ai à m'énerver ? Dix minutes plus tard, les sirènes remettent ça. Syncope.
Sur ces entrefaites, le téléphone sonne, je réponds. C'est Gustave, qui veut savoir si je pars en randonnée ce week-end.
« Si on existe encore...
— Putaing, Jean-Benoît, mais qu'est-ce que tu as ?
— C'est quoi, ces sirènes ? Ça fait deux fois... »
Gustave la trouve bien bonne.
« C'est les sirènes des pompiers. Ils font ça chaque premier mercredi du mois. Tu viens d'entendre la fin de l'alerte. »

161

Le XXᵉ siècle n'a pas été tendre pour la France, et les Français ont eu à faire des choix individuels et collectifs d'une dureté inouïe. À ce titre, les Nord-Américains sont de grands innocents dans tous les sens du mot. La guerre a tellement imprégné les structures de la France, et des autres sociétés européennes, que personne ne se rend compte à quel point il est bizarre de sonner l'alerte au bombardement plus de cinquante-cinq ans après la fin de la Deuxième Guerre mondiale et plus de dix ans après la fin de la guerre froide. D'un autre côté, je peux comprendre : après tout, une ville comme Strasbourg était plus proche du rideau de fer que de Paris. Pendant trop longtemps tout le monde a vécu dangereusement en Europe, et tous les hommes valides ont été entraînés à porter une arme.

Ce militarisme est allé très loin dans l'art de la représentation. Ma fidèle encyclopédie Larousse 1898 comporte de superbes planches d'illustrations pour chaque grand pays. Au recto, la carte du pays. Au verso, cela varie. Pour le Canada, on montre les bêtes, les Indiens. Pour les pays voisins d'Europe, on montre les costumes d'officiers par arme.

Les Européens sont allés tellement loin dans l'écœuranterie qu'ils s'emploient, depuis 1945, à supprimer ce guerroyage imbécile plutôt qu'à essayer de supprimer leurs ennemis, ce qui est une première. Ils commencent tout juste à s'habituer à la paix assourdissante qui règne sur leur continent, le plus long épisode en cinq siècles. L'histoire aura tout de même eu du bon, mais à quel prix.

XII

Ma traversée de Paris

Où l'auteur, qui n'est ni juilletiste ni aoûtien, s'achète un
vélo et passe des vacances intra-muros, explorant la ville
sous tous ses angles, pour conclure que Paris, c'est quand
même un peu la France, et autre chose aussi.

Un bon dimanche de juin, en rando, Gustave me
demande, comme ça :
« Toi, chasseur d'orignal, qu'est-ce que tu fais de
ton mois d'août ? »
Il m'appelle « chasseur d'orignal » depuis le jour
où, ayant perdu le groupe, je l'avais retrouvé en m'aidant de la position du soleil et de la direction du
courant de la Marne. Gustave, qui vient du Sud-Ouest
mais qui aurait bien du mal à dire où ça se trouve (au
sud-ouest), ça l'a scié. En sa qualité d'énarque, il peut
se guider au radar dans les arcanes de l'administration,
mais il a le sens d'orientation d'un lobe de foie gras.
Que ferai-je de mon mois d'août ? J'avoue ne jamais
m'être posé la question. D'abord parce que le départ
en masse pour cinq semaines en août ne fait pas partie
de ma culture – chez nous, on a moins de congés,
mais plus répartis dans l'année. Surtout, je n'ai pas
l'habitude de prendre mes vacances en même temps

que les autres. Je reviens d'un long week-end classé rouge cramoisi, je n'ai nulle envie d'entreprendre une autre de ces migrations qui s'apparentent moins à des vacances qu'à la transhumance des grands troupeaux de caribous à travers la toundra.

« Je vais m'acheter un vélo et je vais me promener dans Paris.

— Putaing, t'es fou ! »

Gustave m'adresse la même grimace désapprobatrice que Julie la fois où je l'ai emmenée voir les chutes du Niagara — elle a grandi tout près. Elle n'y voyait qu'un piège à cons, alors qu'il s'agit de la neuvième merveille du monde — la huitième étant Paris. Chez Gustave, le vernis d'énarque n'a rien modifié au vieux fond provincial, méfiant de la grande ville. Mais moi, ma résolution est prise : je ferai du vélo, quoi qu'il en dise.

D'ailleurs, ça s'impose. Dès qu'arrivent les beaux jours, cela se met à fleurer bon l'aisselle dans le métro. C'est Napoléon après Marengo écrivant à Joséphine : « Madame, ne vous lavez pas. J'arrive dans trois jours. » J'en ai conclu que les Français ménagent encore le sent-bon. Je suggère d'ailleurs qu'on remplace les distributeurs à Coca, que personne n'utilise sauf moi, par des distributeurs à désodorisant. Pour inciter à sa consommation, on pourrait aussi vendre des petits masques filtrants. Cela permettrait d'échapper aux miasmes tout en rappelant aux voisins qu'à vue de nez il est cinq heures. Je pense qu'une civilisation qui inventa le bidet, et s'en servit, est capable de cet effort logistique.

Quiconque n'a jamais mis les pieds en France a cette image du Français : le titi à vélo avec son béret et sa baguette sous le bras (pour la saveur). À ma grande surprise, il est plus difficile de trouver un vélo d'occasion à Paris que du crottin de pape à

Saint-Pierre de Rome. Dans les gares de banlieue parisiennes, on ne voit aucun de ces parkings à vélos comme il y en a tant en Belgique. Certes, chaque patelin a son mini Tour de France, sa course de cyclisme locale. Mais quand il s'agit d'aller du point A au point B, Super Dupont est le plus indécrottable automobiliste qui soit.

Tout de même. Chez un marchand de vélos d'occasion, j'en dégotte un hollandais. Belle bête, qui doit remonter au premier choc pétrolier : guidon droit, siège à ressort, projecteur à dynamo, trois vitesses avec embrayage par rétropédalage, freins à disque et garde-chaîne en fer forgé. Un classique, haut sur roues, ce qui assure une bonne visibilité. Nom de guerre : le Hollandais volant.

« Ouah ! s'exclame ma Julie devant l'engin. Un vélo de fille ! »

Je n'apprécie guère cet humour glacé et sophistiqué, car j'ai déjà risqué ma vie plusieurs fois pour rapatrier le vélo de chez son antiquaire, boulevard de Sébastopol. C'est que les pistes dites cyclables, séparées des automobiles par des clous de caoutchouc, servent aussi de débarcadère aux camions, taxis et voitures de police (pour l'exemple), ce qui oblige le cycliste à sauter les clous de caoutchouc pour louvoyer au travers des bus crachoteux et des automobilistes frustrés. Autant jouer franchement dans le trafic. Coin Magenta et Sébastopol, je veux signaler mon virage. Une moto, qui me déborde justement à gauche, manque m'arracher le bras. Donc, on ne signale pas. En fait, je suis tellement secoué que j'ai des doutes quant à l'intérêt d'observer Paris à deux roues, mais je m'y remets le jour suivant et puis encore le jour d'après.

Je deviens un cycliste parisien patenté une semaine plus tard, le jour où je me retrouve à pédaler au beau milieu de la place de la Concorde. Ne me demandez pas comment j'ai fait mon compte. J'ai un excellent sens de l'orientation, mais le plan de Paris, un escargot avec une structure en étoile aggravée de rues emberlificotées, aurait de quoi confondre un guide sioux sobre. C'est qu'on ne peut pratiquement jamais revenir par où l'on est venu ! La façon de se guider dans le lacis parisien est assez particulière, puisque les Français, en particulier les Parisiens, n'ont guère plus le sens des points cardinaux que l'ami Gustave. Comme il n'y a pas de centre clair, la Seine sert de point de repère, ce qui est un peu absurde puisqu'on ne la voit de nulle part. Le nord et le sud sont devenus la rive droite et la rive gauche ; en revanche, les Parisiens ont carrément supprimé l'est et l'ouest sans les remplacer par l'amont et l'aval, ce qui eût été logique puisqu'on parle déjà des deux rives. Concept vague, même dans une ville dont la devise est *Fluctuat nec mergitur*. Après quelques semaines *mergitur*, mon sens de l'orientation redeviendra *fluctuat* le jour où je remarquerai ces petits panneaux blancs qui indiquent les directions aux automobilistes – et que les piétons remarquent peu. Inutile de savoir que la gare de Lyon est au sud-est de Barbès : il faut prendre direction République par Magenta, puis direction Bastille, puis encore direction gare de Lyon. Autant m'y faire : le chemin le plus court entre deux points ne sera pas la ligne droite. Avec la pratique, j'apprendrai à éviter ces vastes foutoirs appelés ronds-points ainsi que les pavés – l'enfer du cycliste.

Mais je n'en suis pas encore à ce degré de raffinement. Il faut d'abord passer le brevet, et cela s'appelle la place de la Concorde. Y a pas. Devant moi, l'obélisque de Louxor au centre d'un tourbillon de voitures. Mon jour de gloire est arrivé. J'ai un trac de parachutiste qui s'apprête à sauter sur les falaises d'Omaha Beach avec 60 kilos d'explosifs au derrière. Le secret :

« Fonce, Alphonse, et pousse fort, Adélard » (avec l'accent, ça rime). J'observe un collègue qui mouline bravement avenue de Ravioli. Belle assurance. Il roule sa mécanique devant l'hôtel Crillon et s'enligne vers les Champs-Élysées. L'air de ne pas en avoir l'air, il se faufile devant trois véhicules et hop ! Y a qu'à.

« Allons-z'enfants ! Taïaut taïaut ! À l'attaque ! Diên Biên Phu ! Montjoie ! Saint-Denis ! Mortecouille ! »

Curieusement, un coup parti, je me sens tout de suite à l'aise. Les Français respectent le culot et l'effort. Alors je file ça Tour de France, style Virenque aux stéroïdes. Dans le milieu, tiens. Il y a deux ou trois touristes qui n'attendaient que ça pour filmer. Y a bon.

Rien de tel que le vélo pour voir la Ville lumière d'un autre œil. Le Louvre, par exemple. Pour le cyclo-touriste que je suis devenu, il symbolise à jamais ma première crevaison parisienne devant sa vénérable colonnade. On s'éclate rue de l'Amiral-Coligny ! Quant au quai de la Rapée, voilà un synonyme d'autoroute à huit voies, celle au beau milieu de laquelle je me suis retrouvé en cherchant le plus court chemin pour la gare de Lyon. C'était en fait le chemin le plus court pour l'éternité.

Autre avantage du vélo à Paris : les perspectives époustouflantes, qui sont capables de me jeter à bas de mon vélo comme si j'étais soudain retenu par une corde. La première fois que j'éprouve cette sensation, c'est en remontant le boulevard des Batignolles vers la place de Clichy. En passant place Goubaux, qu'aperçois-je entre les deux rangées d'arbres ? La basilique du Sacré-Cœur soi-même dans toute sa gloire.

Vous savez, nous autres, les Nadeau, on vit au Canada depuis treize générations. Dans la famille, on n'est ni républicain, ni royaliste, ni babouviste, ni jacobin, ni girondin, ni montagnard, ni légitimiste, ni orléaniste, ni bonapartiste, ni communard, ni mac-mahonien, ni gambettiste, ni communiste, ni socialiste, ni radical, ni boulangiste, ni dreyfusard, ni antidreyfusard, ni parlementariste, ni absolutiste, ni catholique, ni frontiste, ni cagoulard, ni pétainiste, ni gaulliste, ni gaullien, ni gaulois, ni sartrien, ni lacanien, ni bourdivin, ni pompidolien, ni giscardien, ni chiraquien, ni barriste, ni rocardien, ni balladurien, ni juppéen, ni fabiusien, ni chevènementiste, ni jospinien, ni allègrien. On est : rien. On ne fait pas partie de vos maudites querelles de Français et on ne comprend rien à vos tabous, alors on peut prétendre regarder les choses pour ce qu'elles sont. En vérité je vous le dis, le Sacré-Cœur est quand même beau de loin, même s'il est loin d'être beau, avec sa butte et ses dômes en meringue qui lui donnent des allures de... De quoi au juste ? De Sacré-Cœur de Paris, bon sang de bonsoir !

C'est comme la tour Eiffel. Vous ne pouvez pas savoir comme ça me met de bonne humeur de la voir, cette grande grébiche-là. Paris est une ville très dense, où le peuple s'agite au fond de profondes tranchées, mais il y a toujours une trouée qui permet d'apercevoir un bout de tour. Chaque fois que je la vois, il me vient cette pensée toute nunuche, du genre : « Tiens, te v'là, toi ! Depuis le temps, tu d'viens quoi ? »

Rassurez-vous, bonnes gens, je ne passe pas toutes mes journées à vélo. Tant s'en faut. Quand je ne voyage pas aux quatre coins de la France pour ceci ou cela, je suis même un peu popote sur les bords. La vie d'écrivain a ceci de particulier qu'elle est d'une ascèse quasi monacale. C'est tout le paradoxe de cette drôle d'existence : il faut en voir, des choses ; mais ça ne s'écrit que dans le calme et la routine. Quand je suis chez moi, j'écris. Quand je n'écris pas, je lis. Quand je ne lis pas, je classe mes lectures. Parfois, je suis pris d'une poussée de fièvre : je téléphone, je supplie, j'interviewe. Et après, ça retombe.

Le déménagement transatlantique m'a confirmé une chose que je soupçonnais depuis longtemps : je suis un chat. Peu importe où je vais, il me faut mes meubles et mes objets exactement là où il me les faut, et pas ailleurs. Par exemple, en emménageant rue Etex, j'ai d'abord disposé mon bureau comme à Montréal : fenêtre à gauche (jamais à droite), étagère devant pour la paperasse quotidienne, étagère basse à gauche pour les dictionnaires, classeur derrière. Ce dispositif ne souffre aucune variante, je suis un véritable tyran.

Mon seul rituel quotidien, c'est ma promenade matinale sur la butte Montmartre. Cette marche-là n'est pas comme les autres marches du point A au point B. Non, celle-là, c'est un circuit contemplatif et je ne tiens pas à avoir de surprises. Je me suis trouvé un petit trajet sympathique qui me fait passer dans des rues tranquilles et jolies, avec de très belles perspectives – qui changent assez peu, vous vous en doutez.

En remontant la rue Lepic, par exemple, je passe obligatoirement devant le Moulin de la Galette – un vrai moulin !

Juste en face du moulin, il y a la rue Tholozé, qui descend perpendiculairement. La perspective qui s'ouvre depuis le haut des marches est une synthèse de ce qu'il y a de mieux à Paris : l'habitat dense des petites gens de la rue Tholozé s'ouvrant sur le dôme doré des Invalides dans toute sa gloire. Ensuite, mon itinéraire me fait passer rue Norvins, devant la statue de Marcel Aymé en Passe-Muraille. Rue du Chevalier-de-La-Barre, je jette toujours un coup d'œil pour vérifier si la tour Eiffel est bien là. Avec ses grandes jambes, on ne sait jamais. Elle pourrait être allée courir la galipote après l'extinction des feux. Cette vue rasante de Paris est d'ailleurs superbe. Les toitures de zinc forment une sorte de masse grise, raboteuse comme une surface de glacier au printemps, d'où émergent quelques grands bâtiments comme Notre-Dame vue de trois quarts, le Panthéon et la raffinerie Georges-Pompidou.

Naturellement, je monte sur la butte le matin, avant l'assaut des touristes, tandis que les hommes verts de la Propreté de Paris ramassent les restes de la veille. Le son des balais verts remuant l'eau des lendemains de veille dans les caniveaux sera à jamais inscrit dans mon souvenir des matins de Paris. Mais même quand je me promène pendant la journée ou bien le soir, les touristes ont tendance à rester miraculeusement contenus autour du vieux Montmartre, et ils ne dépassent jamais la place Clément. Jamais. C'est très curieux : il y aurait un essai de sociologie à écrire sur ce qui les pousse à s'agglutiner comme des mouches autour des boutiques d'attrape-touristes, à regarder les croûtes des peintres autorisés ou à poser pour les dessinateurs. Aucune barrière ne les retient. Leur barrière est mentale, c'est certain. Quand je file un mauvais coton, je ne déteste d'ailleurs pas faire un tour de ce côté-là en plein midi par un temps radieux : la place du Tertre est alors pleine de connards éperdus d'admiration devant les mimes immobiles de statues grecques ou de Toutankhamon de pacotille. Je n'ai rien contre les saltimbanques qui font du mime pour gagner leur vie, mais je ne comprends pas ce qui pousse le Ricain, le Mex, le Jap, le Kangourou ou le Caribou à quitter son pays et à traverser l'océan en classe économique pour aller admirer Toutankhamon sur la butte Montmartre. Enfin... moi, la connerie, ça me met de bonne humeur.

Comme j'aime mes habitudes, je pique une méchante colère un bon lundi en tombant sur les volets fermés de Chez Ridha — souvenez-vous : l'épicier arabe d'en bas. Ridha m'avait pourtant prévenu qu'il partait six semaines en vacances — six semaines, ça explique pourquoi il vend si cher. Mais quelle n'est pas ma surprise de constater qu'il ne s'est pas contenté de partir : non, il a fermé tout bonnement. Au Canada, des épiceries qui *ferment* parce que le patron part *six semaines* à Djerba, ça ne se fait pas. S'il faut qu'ils partent, les épiciers se font remplacer. De toute façon, ils ont du personnel à qui ils confient la caisse. Ce n'est évidemment pas le cas ici, comme ce n'est d'ailleurs pas le cas des milliers de petits commerçants parisiens.

Je mettrai tout le jour à m'en remettre et à comprendre que je suis tout bonnement jaloux des congés payés. Comment se fait-il qu'une société aussi prospère que l'Amérique soit aussi incapable d'offrir cinq semaines de congés légaux au premier imbécile venu ? Réponse : parce que l'éthique du travail y est tellement forte qu'on trouve des gens qui se vantent de ne jamais s'arrêter. Les types disent : « Vous n'y pensez pas, ça serait mauvais pour l'économie ! » Nous avons tous le cerveau proprement lessivé. Toujours est-il qu'une société comme la société française a très bien survécu à cette désertion estivale de masse. Après tout, elle en a vu d'autres, Marianne.

L'avantage de cette période de repos intense est de me faire considérer le bel ordonnancement de ma routine sous un jour nouveau — c'est fou la vitesse à laquelle on prend des habitudes ! Comme les trois

quarts des commerces sont fermés pour cause de désertion, je n'ai que le choix de partir en exploration pour
trouver à manger – dure loi de la survie. Alors on se
refile des conseils entre voisins. Encore heureux que
la préfecture se soit mêlée des vacances des boulangers
et des pharmaciens, car ce serait la disette de pain et
de remèdes dans certains quartiers. Les mauvaises
années, les circuits d'approvisionnement doivent être
réduits à ceux de l'Occupation ! Pour le pain, par
exemple, je dois me rabattre sur le boulanger le plus
près de chez moi, et qui fait le plus méchant pain
qu'il m'ait été donné de manger en France. J'ignore
comment il s'y prend, mais sa farine est grise. Grise !
(Il doit la couper avec du sable...) Ses croissants goû-
tent la margarine rance. Mais il a le monopole, le
chien. Il fait des affaires en or durant l'été, et il laisse
sa farine et sa margarine moisir le reste de l'année en
prévision des beaux jours.

Comme tous les hollandais, mon vélo, malgré sa
noble apparence, s'est trouvé accablé d'un vice irré-
parable : une méchante fêlure dans le cadre, au point
de jonction des tubes de base, de selle et oblique.
C'est mon réparateur qui a diagnostiqué l'avarie. J'ai
donc envoyé mon « Hollandais volant » à la fonderie
et encaissé la perte. Heureusement, un ami arrive la
semaine suivante et il peut m'apporter mon vieux vélo
qui s'ennuie dans un entrepôt canadien.

Ce ne sont pas les amis qui manquent, car Paris est
une ville fort visitée. Ma belle-sœur Lisa, celle qui est
mariée à Bob Barlow-Busch (chaque fois, ce nom-là
me met de bonne humeur), vit à Bruxelles depuis
deux ans. En vingt mois, elle a reçu très exactement
trois visiteurs. Comme quoi, Bruxelles ça n'est pas la
France. Moi, j'avais déjà reçu trois invités seulement

deux semaines après mon arrivée à Paris, alors que je n'avais même pas encore d'appartement. Un mois plus tard, on en était déjà à six. Et ça ne dérougira pas de l'année.

Mon charisme et mon sex-appeal ne sont pour rien dans cette fréquentation. C'est la faute à Paris. Ah, Paris ! D'avril à septembre, ça ne désemplit pas chez moi. Notez que je ne me plains pas : c'est toujours plaisant de recevoir de bons amis pour autre chose qu'une soirée autour d'une bonne table. Et j'en profite pour leur faire apporter des choses introuvables ici comme le beurre d'arachides Crunchy, de la laine d'acier SOS, de la soie dentaire, de la poudre à pâte Magic, de l'aspirine facile à avaler, de même que quelques outils de première nécessité, comme la scie à métaux et le rabot. Les douaniers ont dû se dire qu'il s'en passait des bizarres chez Nadeau.

Le nombre de touristes en France et à Paris est effarant. Près de 75 millions par an, c'est un record mondial. Cela signifie que Paris loge, nourrit, déplace, amuse quotidiennement son petit million de touristes sans qu'il y paraisse trop. Un chiffre énorme pour une ville si peu étendue.

Je suis d'ailleurs convaincu que cette masse de touristes fausse toutes les données connues sur la France. Par exemple : les statistiques montrent que les Français boivent comme des Polonais et fument comme des Brésiliennes un soir de samba. Je veux bien, mais quelle est l'incidence sur les statistiques de 75 millions de touristes dans un pays de 60 millions d'habitants ? Certes, ils n'y passent qu'une semaine en moyenne. Mais ils ne viennent pas pour se mortifier. Ils sont là pour se gaver, boire, fumer et tripoter la cuisinière. Prenez les 11 millions de British qui défilent. Ils repartent tous avec une caisse de vin au moins, qu'ils ne déclarent pas. Ça fait facile

66 millions de boutanches. Sans compter l'autre caisse qu'ils ont sifflée cette semaine-là. Tout ça passe sur le dos des Français, naturellement, et les British s'en tirent avec une vertu statistiquement intacte – pour le prix d'une sale gueule de bois.

Cette affluence record provoque une autre distorsion importante : le tourisme fait de la France le pays le plus observé du monde. Le détail n'est pas anodin. J'avais un prof qui se plaisait à citer un célèbre Nobel de chimie dont j'oublie le nom et qui disait : « Observer c'est perturber. » Il voulait dire par là que toute tentative de mesure précise ou d'observation agit sur l'objet mesuré. Avec les humains, c'est encore pire : le seul fait de poser une question, comme ça, pour s'informer suffit à provoquer une réaction sans rapport avec la question. Essayez donc, rien qu'un peu, de rentrer avec une caméra chez votre voisin pendant son rut. Vous allez voir si vos observations vont le perturber. Je me suis rendu par deux fois avec des spéléologues dans un village paumé de la jungle mexicaine (1987 et 1990). Ce que j'ai pu observer ? Surtout les perturbations que nous y avions provoquées.

Bref, quoi qu'ils disent, 75 millions de touristes dans un si petit pays agissent. Et comme c'est la France qui en reçoit le plus, en nombre absolu et en proportion, j'en déduis que la France bat le record de la perturbation. Il ne fait aucun doute que les Français ont un comportement et un caractère très différents des British, des Allemands, des Américains, mais le fait qu'ils soient plus observés que n'importe quel autre peuple par des visiteurs qui ne parlent même pas leur langue leur donne d'autant plus l'occasion de passer pour des mal élevés et des rustres – que ce soit vrai ou non. « *Soooooo French...* » Phrase consacrée. **Je** rends donc hommage aux Français à ma manière *so* québécoise : vous n'êtes pas si pires que ça.

Promenez-vous un peu partout dans le monde et donnez aux gens que vous croisez une liste de métropoles. Je gage que les deux seules qui évoqueront quelque chose pour tout le monde, même pour un paysan indonésien, seront Paris et New York. Les deux derniers siècles ont beau ne pas avoir été tendres pour elle, la France continue d'intéresser – la France et Paris. Et dans le cas de Paris, je pense que dans l'esprit de tout le monde ça n'est pas loin d'être la ville idéale : à la fois ancienne et radicalement moderne, tout en restant un régal pour l'œil.

Rien d'étonnant si son monument symbole demeure la tour Eiffel. Ça fait partie de mon fantasme d'ingénieur et je me sens des atomes crochus avec Gustave Eiffel. Sa tour fut longtemps la structure la plus haute. Maintenant, c'est tout juste la plus vieille structure temporaire au monde. Au Canada, la tour du CN la dépasse d'un bon tiers, mais c'est somme toute banal : une flèche de béton, c'est à la portée de n'importe qui. Même les Malais sont capables de faire mieux, question hauteur. Qu'importe !

Mais un Meccano de 8 000 tonnes, cela demeure un tour de force technique pour l'époque et même pour maintenant. Et en plus, c'est une réussite esthétique. Car c'est un paradoxe. Vu de loin, ce machin a l'air absolument massif alors qu'il s'agit d'une structure aérienne d'une légèreté inouïe.

Quand on s'en approche, on remarque qu'elle est en deux tons – sombre en haut, plus claire en bas. Ça n'est pas parce que les gars du syndicat d'initiative ont laissé tomber le boulot en plein milieu pour partir en vacances. Non : c'est tout simplement pour que la tour Eiffel paraisse de couleur uniforme de loin. En matière de souci du détail, c'est très fort. Et c'est ce sens du détail qui a contribué à faire de Paris une merveille.

J'en vois qui rient dans mon dos. Si, si, une merveille. Paris est bien la ville qui a inventé la ville, telle qu'on l'entend aujourd'hui, et telle qu'on l'idéalise.

XIII

Les sentiers de naguère

Où l'auteur, parti pour des vacances qui n'en seront pas, fait une virée dans le vaste foutoir spatio-temporel du Sud-Ouest, déduisant deux traits fondamentaux du caractère français qui expliquent pourquoi les Français se sont organisés comme ils le sont et pas autrement.

Je ne suis ni juilletiste ni août ien : je suis septembrien et dès que je sens approcher l'équinoxe, je me prépare à partir pour le Périgord. En fait, le programme est encore plus chargé que ça, car nous visiterons Limoges, Oradour-sur-Glane, La Rochelle, le Marais poitevin, l'île de Ré et Poitiers. Mais plutôt que de vous assommer avec tout un tas de détails à dormir debout, je vous amène direct dans le Périgord, à Sarlat.

Sarlat, je n'en aurais jamais entendu parler, n'eût été ce grand Périgourdin de Gustave, qui m'en a dit beaucoup de bien. En fait, Julie et moi tombons littéralement sur le Q. Henry Miller, l'auteur de *Tropique du Cancer* – pas celui des *Sorcières de Salem* (lui, c'est Arthur) –, disait de Sarlat que c'est le paradis des Français. Je veux bien le croire : c'est un joyau.

Nous y arrivons un soir de bruine, un peu tard. Comme la plupart des ruelles sont impraticables pour l'automobile, il faut se rendre à l'hôtel à pied. Sous l'éclairage au gaz, l'ambiance est magnifique. Sarlat est un enchevêtrement architectural d'habitations anciennes remontant, pour certaines, au XIVe siècle, toutes bâties dans une sorte de pierre jaune d'une luminosité exceptionnelle. La cité n'a pas besoin de musée : elle est *le* musée. Son charme réside dans la complexité de ses rues étroites. La seule note rigoureusement moderne est une balafre droite et directe, l'artère principale appelée fort justement « avenue de la République ». (En fait, le nom officiel de Sarlat, c'est Sarlat-la-Canéda, ça lui vient du nom de la commune voisine avec laquelle elle a fusionné, La Canéda, mais c'est la partie « Bof ! ».)

Sarlat est au milieu d'un pays mirobolant. Bon, il y a le foie gras, les oies, les noix et tout ça. Et j'y retournerai avec mes parents un mois plus tard. Mais moi, ce qui me frappe, c'est que le Périgord se situe au confluent de deux rivières, la Dordogne et la Vézère, qui représentent les deux traits fondamentaux de l'histoire de France, et du caractère français.

La Vézère est un affluent de la Dordogne. On y retrouve quelques-uns des plus grands sites préhistoriques mondiaux. Cro-Magnon vient de là — ça veut dire le Trou à Magnon en occitan, du nom de l'ex-propriétaire. Les peintures rupestres de Lascaux sont là aussi. Et bien d'autres sites dans l'ombre des précédents, mais tout aussi intéressants, sinon plus.

J'ai toujours été fasciné par la préhistoire. Nous savons tous que l'homme descend du singe et que le singe descend de l'arbre. Mais à quel moment précis sommes-nous devenus des hommes ? Et qu'est-ce que l'humanité ? Plus on fouille, plus notre compréhension se raffine. Prenez la grotte Chauvet et ses effets de perspective. Il s'agit d'une découverte récente en Ardèche : des centaines de reproductions d'animaux vieilles de trente-deux mille ans – cent siècles avant Lascaux, donc. Certaines images de Chauvet utilisent la perspective. Qui peut affirmer, maintenant, que la perspective est une invention de la Renaissance et surtout qu'il n'y avait que les gars de la Renaissance pour inventer une chose pareille ? Au fond, ça bouleverse des certitudes sur notre nature. Jusqu'à la fin de l'époque coloniale, il se trouvait bien du monde pour affirmer la supériorité des uns sur les autres – peu importe l'argumentation. Et maintenant, on découvre des ressemblances étonnantes non seulement entre les cultures, mais entre les époques. Il se trouve bien du monde pour croire que la sexualité a été inventée dans les années soixante, mais il suffit de regarder les sculptures polissonnes de l'Antiquité grecque et les morceaux de bravoure du *Kama-sutra* pour se rendre compte qu'on n'a strictement rien inventé. Surtout tout oublié. Comme quoi il faut lire *tous* les classiques et pas juste Sade. C'est vrai pour le cul, et c'est vrai aussi pour l'art et les sciences : les Arabes ont fait des percées extraordinaires en médecine et en mathématiques vers l'an 1000, et il a fallu tout redécouvrir cinq siècles plus tard.

On ne sait rien de l'homme de Cro-Magnon et on n'a pas la plus traître idée de la fonction de ces dessins. Religieux, chamaniques, sexuels, ou simplement artistiques ? On ne sait même pas si ces gars-là se tatouaient et s'ils passaient leurs journées entières à s'exercer sur des écorces. Ce qui me fait marrer dans les études sur le sujet, c'est que les paléontologues cherchent toujours une fonctionnalité, chamanique, culturelle. Mais si c'était juste de l'art pour l'art ? Moi, j'ai toujours pensé que ces primitifs-là étaient plus artistes qu'on ne le soupçonne, et finalement bien plus proches de nous qu'on ne voudrait l'admettre. On a retrouvé certaines traces de charbon dans des cavernes à des profondeurs inouïes. Il fallait que les mecs veuillent explorer pour pouvoir descendre là. Et peut-être faisaient-ils de l'exploration rien que pour le plaisir d'explorer...

Bref, la préhistoire, ça reste un sacré mystère. Et ce qu'on en dit en révèle davantage sur la mentalité de ceux qui parlent qu'autre chose.

Après m'être exclamé devant les dessins de la grotte de Font-de-Gaume, j'ai eu mon second choc à la Roque-Saint-Christophe. C'est, je pense, l'un des sites les plus extraordinaires qu'il m'ait été donné de voir. Imaginez une falaise de roc dans laquelle figure une sorte d'entablement profond de dix à vingt mètres. Ce gigantesque abri sous roche, à une trentaine de mètres au-dessus de la Vézère, fait face à la plaine. Il y a seulement dix siècles, près d'un millier d'individus vivaient là autour de deux chapelles, entassés à flanc de falaise. La moindre corniche devenait un appui pour une maison. Ce devait être fort malpropre, mais splendide. George Lucas aurait pu mettre ça dans un de ses films : de la vraie science-fiction. Sauf que ça existe vraiment, juste là – l'occupation humaine y remonte à Neandertal, semble-t-il.

La Roque-Saint-Christophe était une véritable forteresse, ouverte sur un côté, et dont on ne sait presque rien, sauf qu'il devait être extrêmement difficile d'essayer de l'investir. Elle fut abandonnée peu après l'introduction de la poudre à canon, mais songez-y : un lieu où des gens ont vécu des dizaines de milliers d'années. Sidérant !

Au sortir du musée (Les Eyzies), je marche sur la petite route qui longe le surplomb. Et là, c'est tout bête, un type gare sa voiture sous une corniche de pierre faisant abri. Bizarre, non ? Chose avec sa bagnole fait le même geste que Cro-Magnon deux cents siècles plus tôt.

C'est en regardant cette voiture et en repensant à tout ce que j'ai vu pendant ces dix jours au Périgord que je comprends une chose tout simple et fondamentale sur la France : les Français sont les aborigènes de la France. En cela, ils sont très différents des habitants du Nouveau Monde. En Amérique, les indigènes sont des êtres de tradition qu'on a parqués dans une réserve, à l'écart, pendant que la modernité rasait tout. On les sort quand il y a une controverse environnementale, comme des sortes de castors doués de parole. Le progrès et les traditions sont antagonistes. Cortés a rasé Mexico puis il a tout reconstruit à sa façon.

Mais la France, c'est quoi ? C'est comme si les Aztèques avaient non seulement survécu mais carrément absorbé Cortés, c'est comme s'ils étaient encore parmi nous, un peu transformés, certes, se déplaçant en TGV et catapultant des satellites en orbite, vivant dans des bungalows et organisant des voyages scolaires pour aller visiter les palais de Mexico et de Palenque. Bref, il n'y a jamais eu de vraie rupture, et le temps pour un Français n'est pas le même que mon temps à moi de Nord-Américain.

Cette idée a l'avantage d'expliquer une impression très forte à laquelle j'ai fait allusion plus d'une fois : pour le Nord-Américain, les Français paraissent à la fois très archaïques et très modernes. Je ne dis pas arriérés, mais il y a des façons de faire, ici, qui sont très anciennes, tant dans la façon de commercer que de se gouverner et de manger. Et cela cohabite avec le modernisme le plus hallucinant. Prenez de Gaulle : il a décidé que la France aurait son programme spatial, mais c'était en même temps un type qui ne répondait jamais au téléphone, ou bien seulement via son aide de camp – plus vieille France que ça tu meurs ! Le

181

plus singulier, c'est que les mêmes gens sont partis au Nouveau Monde pour changer d'air. Ceux qui sont restés sont demeurés attachés à leurs racines, ce qui ne les a nullement empêchés d'évoluer et de se moderniser à la vitesse grand V – tirant la charrette du progrès sans jamais rompre complètement avec le passé (souvent aussi, ils ont mis la charrette avant les bœufs). En somme, le progrès découle des traditions et les traditions découlent du progrès, selon les circonstances. CQFD.

L'autre rivière qui m'a séduit, la Dordogne, est un affluent de la Garonne. Elle serpente au milieu des collines dans un pays de châteaux de conte de fées – je sais, j'ai l'air niaiseux de dire ça comme ça, mais qu'est-ce que j'y peux ? C'est ainsi et il faut bien appeler une pelle une pelle (comme disent les Anglais). Bon, il y a le château de cette drôlesse de Joséphine Baker. Mais je parle des vrais. Du sommet de Castelnau, par exemple, on peut observer les châteaux de Beynac, La Roque-Gageac, Massignac et Veyzac : tout cela se fait face et se guette. Une telle concentration de châteaux a plusieurs explications, mais la principale en est que le Périgord fut une marche, c'est-à-dire une zone de partage entre les zones française et anglaise, puis entre les zones catho et réformée. L'essentiel à retenir dans tout ça, c'est qu'en Périgord on mettait une application malsaine à s'envoyer *ad patres* entre voisins à coups de n'importe quoi du moment que ça faisait mal.

Dans certains livres d'histoire du Québec, on explique que les villages francophones du Québec sont nettement plus ramassés que les villages anglophones. C'est un atavisme qui dépeint assez bien la différence entre les communes françaises et anglaises de même taille. Officiellement, cela viendrait de la nécessité de se protéger des raids des envahisseurs les plus variés. C'est en partie vrai, mais il ne faut pas oublier que le dispositif visait avant tout à se protéger de ses voisins immédiats. D'ailleurs, c'est un fait rarement noté dans les livres d'histoire-géo des collèges de France que la plupart des « Anglais » de la guerre de Cent Ans étaient une manière de Français qui prenaient parti pour le roi d'Angleterre. Les mœurs se sont fort policées depuis, mais on reste très maximaliste en France. Toujours est-il que les Français fidèles au roi d'Angleterre et ceux qui préféraient le roi de France — puis les catholiques et les réformés — ne se supportaient pas en peinture. On s'est donc battu férocement dans ces régions pendant des siècles, d'où châteaux.

Bref, le cas de la Dordogne prouve que les Français ont mis fort longtemps à se tolérer les uns les autres. Regardez toute l'histoire de France : chacun tente d'anéantir son prochain uniformément, jusqu'à de Gaulle et un peu après. Mettons jusqu'à Mitterrand. Le but n'est pas d'obtenir la pole position mais bien d'éradiquer l'autre. Réformés contre cathos, royalistes contre républicains, Montagnards contre Girondins, laïcs contre clergé, dreyfusards contre anti-dreyfusards, Front populaire contre Cagoule, pétainistes contre gaullistes, résistants contre collabos, Algérie française contre Algérie algérienne : toujours cela finit en bain de sang.

L'historien Marc Ferro appelle ça le génie de la guerre civile et je le félicite pour sa trouvaille. Tous les grands hommes de l'histoire de France furent des personnages qui firent cesser les tueries et canalisèrent cette intolérance meurtrière vers des activités plus pacifiques et constructives. Et il aura fallu attendre que de Gaulle trouve la recette pour faire marcher la démocratie française, mais c'est Mitterrand qui a vraiment appliqué la formule au lieu de changer la recette.

C'est le grand legs qui aura fait de lui un grand roi, François III de France, plus grand encore que ses très grands travaux.

Mais bien avant la démocratie il y eut l'État. Ce sont là les deux moyens par lesquels les Français ont surmonté leur génie de la guerre civile et le très lourd héritage des siècles. Beaucoup d'autres ont essayé et essaient encore, mais peu ont réussi.

Regardez bien ce qui se passait en Europe au temps jadis et tout deviendra clair. Que faisaient les Français et les autres types qui vivaient en Europe il y a quatre siècles ? Ils s'opiniâtraient à s'occire à longueur d'année rien que pour ravir la belle, acquérir un bout de terrain ou juste pour le principe. Oh ! Il y avait bien quelques illuminés qui disaient : « C'est pas possible, les gars, arrêtez ! » Mais les gars n'arrêtaient pas. Même qu'ils se sont aperçus que les humanistes étaient combustibles, alors ils s'en servaient pour se chauffer.

Au bout du compte, ils ont quand même trouvé deux « solutions » — et là je mets le terme entre guillemets parce qu'il leur a fallu un certain temps avant de comprendre ce qu'ils avaient fait.

La solution 1 consistait à partir outre-mer et à créer une société d'un genre nouveau fonctionnant sur des principes radicalement différents. Deux siècles plus tard, un Français, Alexis de Tocqueville, s'est aperçu de ce qui s'était passé. Il est allé voir ce que c'était que cette démocratie en Amérique et il est revenu pour écrire son livre dont la conclusion se résume à peu près ainsi : « Wow ! Les mecs, venez voir ça ! » Avec le temps, la démocratie est devenue leur grand produit d'exportation, aux Américains.

Ce n'est pas tellement un hasard s'il a fallu un Français pour s'en apercevoir. D'abord, la France était l'ancienne superpuissance européenne et elle s'était fait doubler par les British. Et puis les Prussiens n'étaient pas très loin derrière. Alors les Français se posaient sacrément des questions. L'autre raison, c'est qu'ils avaient déjà mis au point la solution 2 : l'État.

L'idée de base de l'État, c'était de créer une entité qui servirait d'arbitre entre les aristos, le clergé et le reste, et entre les cathos et les réformés, et entre les royalistes et les révolutionnaires, et entre les républicains et les monarchistes, et entre la gauche et la droite – selon les époques. Et il fallait un truc qui fonctionne *malgré* les changements – de roi, de dynastie, de régime. Au temps de Tocqueville, les Français avaient déjà eu l'idée que cet État devrait faire la France et forger une identité française avec tout ce beau monde, d'abord en les forçant à se tolérer et ensuite en fabriquant du Français. L'affaire était déjà bien amorcée avant la Révolution, mais cela prit une autre dimension après.

Donc bien avant que la démocratie prenne racine de façon durable en France, l'État fonctionnait tout seul. Tant et si bien que cela devint le principal produit d'exportation des Francais. Ils ont essayé de l'imposer à leurs voisins, qui n'ont pas tellement apprécié sur le coup. Mais tout de même, le modèle d'État à la française fit des petits un peu partout. L'Allemagne s'en est inspirée fortement, la Belgique aussi. Les Italiens ont fait pareil, les Espagnols aussi. La Turquie d'Ataturk est un clone direct. Le Mexique aussi – bref tout le monde. Pour rompre avec le passé, les Russes et les Chinois se sont sentis obligés de se faire une révolution. Et ce qu'il y a de plus fascinant dans le processus, c'est qu'on avait tendance à reproduire les mêmes étapes que celles par lesquelles étaient passés les Français – quoique rarement avec le même succès que l'original.

Depuis huit mois que je m'interroge sur la mondialisation en France, je lis des tas de bouquins et d'articles où l'on parle sans arrêt de l'*American dream* comme étant LE modèle. Mais on oublie trop souvent qu'il y également un *French dream* – même les Français ont l'air de l'oublier parfois : cela s'appelle l'État et tout ce qui est venu avec. Bon, j'idéalise, je sais, mais il est indubitable que les Français se sont donné une structure qui a fonctionné pour eux, et qui transcendait leur génie de la guerre civile et le poids de l'histoire. Il est clair aussi que cette solution a marché pour d'autres. C'est très fort.

Je ne sais pas ce que les Périgourdins mettent dans leur confit de canard, mais ça m'est venu comme ça, en touffe, et je n'ai pas arrêté de prendre des notes pendant toutes mes vacances – si bien que je suis revenu à Paris aussi fatigué qu'au départ, mais pas fâché du tout de mes découvertes.

XIV

Le Phare-Ouest

Où l'auteur met les voiles vers la Bretagne via la Normandie, développant ce faisant quelques théories de haute voltige sur Halloween, la culture et le nationalisme avec un brio qui lui aurait valu de se faire apostropher chez Pivot (encore eût-il fallu que Pivot apostrophât encore, mais que voulez-vous, les valeurs se perdent, comme l'usage du subjonctif).

Par un coup de chance rare, j'observerai l'Halloween française en action à Honfleur au début de mon périple breton... Je sais, je sais : c'est une idée stupide de commencer un tour de Bretagne par la Normandie. Mais, voyez-vous, je commence à avoir des amis et il y en a un, justement, François, qui se produit sur scène à Caen le jour où nous comptions partir pour la Bretagne. Nous lui avons promis de nous arrêter en chemin – je vous reparlerai de lui à Noël. Je me suis dit : « Pourquoi ne pas faire un détour par Honfleur ? » C'est de ce petit port de Normandie qu'est parti Samuel de Champlain pour fonder la première colonie française d'Amérique, puis Cavelier de La Salle, à la recherche de l'embouchure du Mississippi.

En ce beau 31 octobre, Honfleur est prise d'assaut

par les touristes. Il faut dire que la semaine de la Toussaint est la seule semaine de congé du calendrier scolaire d'automne, alors c'est plein de parents qui sont là pour dépenser leur treizième mois. Le petit port d'Honfleur est d'un caractère assez particulier, à la fois gai et lugubre. Il fut supplanté par Le Havre au XVIIIe siècle, ce qui lui a épargné les bombardements de 1944 – c'est Le Havre qui a tout pris.

Julie et moi sommes frappés par la façon dont on célèbre Halloween sous ces latitudes. Dès l'entrée du port, un rassemblement de petits monstres attire notre attention. Pauvres diables : ils sont pour la plupart habillés sans fantaisie, selon les mêmes quatre modèles en vente au supermarché – squelette, fantôme, démon et sorcière. Pas de cosmonautes, pas de gorilles, pas de clowns. Même les balais de sorcières ont été achetés. À première vue, c'est de l'Halloween de colonisés : on suit la recette sans trop savoir de quoi il s'agit. C'est parfaitement compréhensible. Pour des parents français élevés dans la saine tradition de la Toussaint et de la galette des Rois, cette mascarade est une coutume étrange dont ils ne savent que faire et pour laquelle ils préfèrent s'en remettre aux autorités – ce qu'ils font d'ailleurs. La galette est bien plus française : cela se passe à table, entre gens qu'on connaît. Tout l'inverse d'Halloween, qui consiste à arracher du dessert à des inconnus qu'on agresse chez eux.

Dans la masse des touristes, quelques pauvres hères déambulent de maison en maison pour gagner leur content de carambars. La tâche est difficile, car Honfleur a un défaut : l'urbanisme français, qui se prête mal à la coutume du quémandage de bonbons porte à porte, un élément central dans le rituel d'Halloween. Comment gagner son lot de sucettes quand il faut composer un code secret pour franchir la porte d'entrée de l'immeuble, convaincre la concierge, monter les escaliers et sonner dans des corridors obscurs à la minuterie rageuse ? D'ailleurs, la moitié des habitants sont absents en raison des congés scolaires. Les quelques braves missionnaires halloweeniens font donc les échoppes et se font éconduire par les commerçants honfleurais, qui ont d'autres chats à fouetter, avec la cohue, bordel de merde, dehors, les chiards, non mais !

Alors que nous sommes attablés à un restaurant, une rumeur de protestation monte du port. Drôle de jour pour une manif, me dis-je. Par la fenêtre, je vois des têtes se tourner. Un véhicule de la Police nationale, tous gyrophares allumés, défile devant nous au pas, précédant un cortège. Peu à peu, le murmure de voix enfantines se précise.

« On veut des bonbons ! On veut des bonbons ! On veut des bonbons ! »

Et voilà-t'y pas une horde de sorcières, fantômes, squelettes et diables qui défilent dans le port, suivis de quelques parents et de moniteurs de la ville !

« On veut des bonbons ! On veut des bonbons ! On veut des bonbons ! » scandent les enfants, accomplissant ainsi leur éducation politique.

En quinze minutes ils ont fait le tour du port, agitant leurs balais de prolétaires de la friandise sous le nez de ces bourges de touristes. Avant le Grand Soir, c'est le Grand Aprem. Il ne manque plus qu'une cohorte de petits monstres habillés en CRS[1], avec matraques en sucre candi et grenades lacrymogènes en forme de cannettes de Coca.

Les critiques de la mondialisation affirment que

1. Note à mes compatriotes : CRS pour Compagnie républicaine de sécurité. Les gros bras de la police française. Ceux-là ne se déplacent qu'en grappe de cinquante ou soixante.

toutes les cultures vont finir par se ressembler sous l'effet de l'homogénéisation. Je ne suis pas d'accord. Ce n'est ni d'hier ni d'aujourd'hui que les us et les coutumes circulent et se mêlent. En fait, la pureté, c'est même plutôt l'exception que la norme. Et la vraie tradition, c'est le brassage. Prenez ce plat traditionnel italien, les spaghettis à la bolognaise. Les nouilles sont chinoises et la tomate est mexicaine. Comment diable le spaghetti est-il devenu rital ? Nul ne sait.

Tout ça pour vous dire que la mondialisation des idées, cela existe depuis que le monde est monde. On parle souvent de choc des cultures, mais c'est en fait une fricassée sympathique où l'on ne sait plus qui est quoi depuis longtemps. Prenez Halloween. Il s'agit d'une tradition celte importée aux Amériques par les Irlandais – une sorte de Bretons parlant l'anglais – et que les Américains ont complètement modifiée avant de la retourner au bercail. Voilà dix ans, le mot Halloween était inconnu en France. On ignore comment cette tradition s'est répandue dans les écoles. Les parents n'ont pas été consultés.

Et pourtant, déjà, oui, certes, chère amie, Halloween se francise à vitesse grand F. Ayant été élevé dans les plus hautes et les plus pures traditions halloweenesques, je peux le certifier : l'Halloween à la française n'a déjà plus grand rapport avec l'Halloween à l'américaine, pas plus que l'Halloween n'a de rapport avec l'All Hallows' Eve irlandais. En France, certains signes avant-coureurs d'Halloween sont les mêmes que chez nous : citrouilles et chauves-souris dans les vitrines, bonbons en vente à l'épicerie. En revanche, on remarque au supermarché nombre de costumes et même de ballais *made in Thailand*, ce qui est contraire à l'esprit de la chose. Un autre signe annonciateur est très français celui-là : dès la mi-octobre, *Le Monde* et *Libé* commencent à s'énerver et publient des papiers jetant l'anathème contre cette coutume païenne, américaine, morbide, etc. On ne se refait pas. Cela me fait penser à ce bel Avent de 1952, quand l'évêque d'Auxerre brûlait des effigies de Père Noël devant la cathédrale – sans doute pour réchauffer les gueux de l'abbé Pierre.

Halloween à Honfleur est une introduction parfaite à la Bretagne. Car qui dit Bretagne dit tradition. Or Halloween est une coutume d'implantation récente qui pose toutes sortes de questions sur la nature des traditions – comme la Bretagne, d'ailleurs...

Normands et Bretons se sont toujours disputés sur le commencement et la fin de la Bretagne. Et la querelle s'est exacerbée depuis que Vichy, en 1941, a placé côté normand un téton de roc appelé Mont-Saint-Michel.

Quel fameux téton que ce téton-là ! Je ne m'en fatiguerai jamais, du Mont-Saint-Michel. Quand on l'observe depuis les prés (salés) qui bordent la baie, cela fait penser à ces illustrations de l'arche de Noé surchargée de bêtes guettant le retrait des eaux. Aux temps jadis, la vie devait être dure et les voisins malcommodes pour que de pauvres bougres se sentent obligés de s'entasser de la sorte sur une île. Et les P-DG devaient être puissants pour extraire assez de travail de leur personnel afin de se faire construire une si belle abbaye sur pareil mamelon. Vous vous rendez compte des difficultés ? Charrier de la pierre à dos d'homme au milieu des sables mouvants, puis courir jusqu'au rivage alors que la marée vous poursuit à la vitesse d'un cheval au galop. Et les gars remettaient ça le lendemain. Ils ont fait ça un temps, jusqu'à ce qu'un mec comprenne qu'il vaudrait mieux se servir des barques. Ils étaient tellement bons maçons qu'ils

191

ont monté une muraille que personne n'a jamais conquise, pas même la mer.

J'aimerais bien marcher un peu dans la baie. Je m'approche, mais ce qui, depuis l'abbaye, m'était apparu comme un beau sable mauve s'avère n'être qu'une espèce de vase brune assez peu ragoûtante où je risque de m'enliser tel un mammouth laineux au milieu des marais glacés du Tamyr, dans la Sibérie du trentième millénaire av. J.-C.

Le grand souci du moment pour tous ceux et ceuses du syndicat d'initiative local, c'est l'ensablement de la baie. Ça, ça fait jaser dans les chaumières. On peut comprendre l'enjeu : le rocher de Mont-Tombe (sur lequel est bâtie l'abbaye) perdrait un peu de son intérêt s'il n'était plus en péril-de-la-mer au moins deux fois l'an aux grandes marées de l'équinoxe. Aussi les gars du syndicat d'initiative se sont-ils réveillés, et ils ont persuadé le gouvernement d'investir 500 millions de francs pour remplacer la digue par une passerelle. (D'après ce que j'ai compris, ils veulent construire un gros parking sous-marin pour les voitures.) À mon avis, les gars du syndicat d'initiative se donnent l'impression de faire quelque chose contre l'ensablement, mais ça ne changera rien. C'est la nature. Sur les 1 000 kilomètres carrés de la baie, l'épaisseur du sable est de 200 à 300 mètres par endroits, et ça se promène comme ça veut depuis belle lurette...

Techniquement, la première ville de Breizh (la Bretagne en breton) sur notre chemin est Saint-Malo-Beau-Port-de-Mer. Il y avait une rue près de chez moi qui s'appelait la rue Malouin, alors j'ai parlé des Malouins toute mon enfance sans savoir de quoi il s'agissait. En résumé, Saint-Malo-Beau-Port-de-Mer, c'est pareil que la chanson.

À Saint-Malo beau port de mer (bis)
Nous irons tchoupe tchoupe
Nous irons nous promener (bis)
En vi-i-ille (bis)

Le paysage marin est somptueux à Saint-Malo depuis les remparts, tout aussi impressionnants. Il se trouve que Chateaubriand (celui qui voulait être Victor Hugo ou rien) fut enterré en face de Saint-Malo, sur l'île du Grand-Bé. On peut s'y rendre à pied à marée basse en empruntant un trottoir bétonné. La vue est tout aussi intéressante depuis les remparts, car on peut observer les piétons bloqués par la marée haute sur l'île avec le fantôme de Chateaubriand. Avec un peu de chance, on peut même en voir un se noyer ou se fracasser sur les rochers dans un accès de démence ou de terreur superstitieuse.

Nous soupons aux galettes de sarrazin – une idée de Julie. Je ne sais pas d'où vient la fascination des Anglaises pour les crêpes – c'est peut-être que c'est facile à faire. Il est d'ailleurs étonnant que les British n'aient jamais pensé à faire des galettes, car il ne faut pas être grand clerc pour réussir. Qu'est-ce qu'une galette ? D'abord, la pâte : une espèce de barbotine de farine, d'eau, d'œuf et de beurre qu'on laisse reposer deux, trois jours. À ce stade, on en fait soit de la colle, soit des crêpes. Pour la colle, il suffit d'appliquer et d'attendre. Pour la crêpe, on fait figer à chaud sur une plaque avant d'y saupoudrer les mêmes sept ou huit ingrédients peu ou pas cuits. Certains vont arguer que la pizza ça n'est pas mieux, sauf qu'il y a cuisson du tout pour la pizza. Bref, en matière de cuisine bretonne, je préfère encore les produits de la mer, mais je comprends qu'il y a eu des moments où la mer fut si mauvaise qu'on s'est mis aux galettes. On n'avait pas tellement le choix de ce côté-là non plus, car la terre n'est pas particulièrement généreuse en Bretagne.

La Bretagne est ce qui subsiste d'une très haute chaîne de montagnes que les glaciers et les pluies continuelles ont réduite à quelques rondeurs. Il fait toujours doux en Bretagne, sauf à l'intérieur, mais la terre n'y est pas bien riche. Tout ça pour dire que ces pauvres Bretons avaient tout ce qu'il faut pour qu'on les laisse tranquilles, car personne ne pouvait vouloir de la terre de Bretagne. Ceux qui passaient ne firent que cela, passer. « Bretagne : terre sans ressources », lit-on dans les vieux livres d'histoire. En fait, sa ressource la plus évidente est la mer et ce qui va avec, les marins. Mais les Français, ces terriens fieffés, n'en ont réellement voulu que lorsqu'ils ont compris que la marine et le contrôle des mers étaient nécessaires pour mettre le grappin sur l'or des Amériques – et de l'Afrique. Or les Bretons étaient de fameux marins. Alors Charles VIII a harponné Anne de Bretagne en 1491, et il ne les a plus lâchés, la reine, la Bretagne et les marins.

Les Bretons ont quelques raisons de ne pas aimer les Français, entre autres le fait que lesdits Français leur aient progressivement dénié le droit de se gouverner eux-mêmes. La Bretagne devint si pauvre au XIXe siècle que les Bretons ont cessé de bretonner en masse au début du XXe pour s'en sortir. « Bretagne, langue de pauvreté, » dirent la majorité des Bretons qui cessèrent de l'être, bretons. C'est exactement le même processus qui, aux États-Unis, a favorisé l'assimilation des Canadiens français émigrés en moins d'une génération, entre 1940 et 1950.

Et pourtant, les Bretons ont réussi à tenir leur bout, linguistiquement, malgré les politiques d'assimilation agressive. Le breton est mal en point, mais il se porte nettement mieux que la plupart des autres langues

194

régionales d'Europe. Un Breton sur huit le parle (quand même trois cent mille personnes), et un sur quatre le comprend. En proportion, c'est mieux que l'Écosse et même que l'Irlande. En plus, la Bretagne est l'une des régions affichant la plus forte croissance et les meilleurs taux de réussite au bac.

À Saint-Brieuc, nous passons de la Bretagne gallobretonne, c'est-à-dire francophone, à la Bretagne bretonnante, c'est-à-dire bretonophone. Il est très difficile de dire ce qu'est la vraie Bretagne, car il y aussi la Bretagne côtière et la Bretagne de l'intérieur. Ce qui fait quatre Bretagne. Nous traversons quelques petits bleds et mangeons du *kouign-amman* (pâtisserie au beurre). C'est le nom d'une pâtisserie de Montréal, avenue du Mont-Royal, et j'avais pensé qu'il s'agissait d'un machin turc. C'est vous dire à quel point je ne comprends rien au breton. Et dire que ma mère voulait me prénommer Loïc ! Je ne pense pas que ça aurait changé grand-chose.

Cela dit, je refuse les déterminismes à la graisse de phoque. Lannion, un patelin de 17 000 habitants à dix kilomètres de la mer, résume toute la vraie Bretagne actuelle. Quoique ancienne, Lannion ne présente aucun intérêt, ni au plan stratégique ni au plan touristique, si ce n'est les 142 marches de l'église de Brélévenez. Mais nous ne sommes pas encore sortis de l'auto que nous constatons que sa population est remarquablement jeune, ni bouseuse ni marine. Comme Lannion compte une cinquantaine d'entreprises qui font dans le high-tech et deux universités, une bonne partie de la ville est peuplée de jeunes chercheurs et de tout le personnel connexe, qui mangent autre chose que de la galette. En fait, c'est l'arrivée du Centre national d'études en télécommunication en 1971 qui a déclenché le renouveau de ce pays. Ne me demandez pas comment, mais les

Lanionnais ont obtenu que le CNET installe un labo à cinq cents kilomètres de Paris. Ce centre-là en a attiré d'autres, notamment Alcatel, et ces deux locomotives ont encouragé toute une activité industrielle, commerciale, culturelle. Et depuis, les Bretons, il leur pousse des antennes. À mon avis, ça n'est pas une exception : c'est même assez typique de l'histoire des Bretons, quand on y songe. Au XVe siècle, la haute technologie du temps, c'était le bateau à voile et il se trouve que les Bretons la maîtrisaient.

Comme nous nous plaisons bien à Lannion, nous resterons quelques jours pour explorer les environs. Le pays s'appelle le Trégor, comme en témoignent les noms de patelins – Trébeurden, Trégastel, Trélévern, Tréguier, Trézény, Tréglamus, Trévou-Tréguignec et autres Trévoazan. Un *tré*, en breton, c'est une subdivision de paroisse. La paroisse, c'est *plou* – comme dans Ploumilliau, Plouaret, Plouzélambre, Plougras, Plouëc-du-Trieux, Plouha et Plougrescant. (N'importe quoi pour se rendre intéressant, et en plus ça ne coûte pas cher.)

Le Trégor est garni de monuments mégalithiques, mais le plus mémorable est certainement le menhir gravé près de Pleumeur-Bodou. J'ai vu plusieurs structures complexes en Angleterre (Stonehenge, entre autres, mais aussi Whitby), mais c'est la première fois que j'ai le loisir d'en observer autant. Durant la campagne d'Égypte, Napoléon a dit à ses soldats : « Du haut de ces pyramides, quarante siècles vous contemplent. » Dans le cas des mégalithes du Trégor, cela fait au moins le double en siècles, mais le verbe « contempler » est tout à fait juste. Un mégalithe, ça ne dit strictement rien, mais on sent que ça vous regarde de haut. Naturellement, sur le menhir gravé de Pleumeur-Bodou, en plus des runes, les chrétiens ont gravé quelques croix pour ne pas être en reste. Ils font tous ça, de vrais gamins. Jusqu'aux protestants, gens sensés et austères, qui cassaient les têtes des statues de saints. On se demande où les talibans ont pris l'idée de dynamiter des bouddhas, hein ? La plupart du temps, les gens disent que l'histoire sert à éclairer le présent, mais dans bien des cas, c'est l'inverse : le présent éclaire le passé.

Toute la pointe du Trégor est truffée de menhirs et de dolmens, et nous en visitons plusieurs. Qu'est-ce qui pouvait bien passer par la tête de qui pour que surgissent des trucs pareils ? On imagine la vie préhistorique fruste et dure. Les gars de l'âge du bronze avaient certes d'autres mammouths à fouetter, mais ils trouvaient le temps de transporter des cailloux de plusieurs tonnes sur des centaines de kilomètres en les halant sur des rondins lubrifiés à la graisse d'ours pour empiler ça au milieu de nulle part. Et ça traîne là au milieu d'un champ de tournesol, tout bonnement.

À la longue, on se fatigue des menhirs et des dolmens, et je pense que c'était aussi le cas à l'époque, car les gars sont venus avec une variante intéressante : l'allée dolménique de Kerguntuil. Il ne s'agit ni plus ni moins que d'une succession de dolmens. Personne ne sait à quoi cela servait, mais ça occupe. C'est comme pour Carnac, que nous verrons en fin de voyage. Des générations entières d'archéologues se sont perdues en conjectures sur le sens des alignements de Carnac. S'agit-il d'une horloge astronomique ? D'un condensateur de forces telluriques ? D'un pôle d'énergie cosmique ? D'un temple néolithique ? Du premier modèle de boulier ? Pour conclure : on ne sait pas. Moi, je pense que la seule hypothèse sérieuse serait de regarder ça comme une collection, tout simplement. Mettez-vous un peu dans la peau de vos ancêtres les Protogaulois, et imaginez que vous êtes le chef Vercingétoriec'h, par exemple, et que vous parlez couramment le néolithique. Vous aimez collectionner les cailloux, mais vous n'êtes pas réputé pour votre finesse, et comme vous êtes un chouia mégalo, vous faites dans le gros caillou. De temps en temps, vous prenez votre femme par les cheveux et vous allez admirer votre collection.

Après avoir admiré les cailloux de Perros-Guirec pendant tout un repas, je retourne du côté de Ploumanach afin de marcher sur une longue langue morainique qui s'avance dans la mer sur quatre kilomètres (pour cinquante mètres de large au maximun). Julie a mal au genou, alors j'y vais seul. C'est en marchant sur cette barre sans personne que j'éprouve le plus fortement ce que serait la mer sans l'inconvénient d'y aller.

Le principal défaut du dispositif, c'est qu'il y a trois kilomètres de trop. À chaque pas, je m'enfonce dans les petits galets ronds ou bien je trébuche dans les gros (il n'y a pas de sable). L'autre source de retard, c'est que je raffole des cailloux. Chaque fois que je pars en randonnée, je perds un temps fou à m'arrêter pour en choisir un ou deux comme souvenir. Comme de bonne, je finis par marcher avec deux ou trois gros galets dans les mains – ça fait dix kilos en tout. Que voulez-vous : j'aime la roche ! On n'est pas spéléo pour rien. Au bout de cinq cents mètres, je me rends compte qu'il est parfaitement imbécile de marcher jusqu'au bout avec ces pierres dans les mains puisque je devrai revenir sur mes pas. Alors je les laisse bien en évidence sur une bouée, tout fier de ma déduction. Quatre années d'université pour créer un esprit pareil : vous vous rendez compte !

J'arrive enfin au bout avec la satisfaction du devoir accompli, et je pisse un bon coup dans la Manche avant de m'en retourner. L'autre inconvénient de marcher sur une barre morainique de quatre kilomètres face au large, c'est qu'au retour, on marche sur quatre kilomètres face au rivage. J'ai bien fait de laisser mes galets de granit près d'une bouée, car je ne les aurais jamais retrouvés. Comme j'ai eu le temps de réfléchir sur mon choix, j'opte pour une superbe galette de forme parallélépipédique de couleur rose, typique de la côte. Maintenant je dois la traîner sur les trois kilomètres restants.

Nous sommes pressés de revenir à Lannion, car nous ne voulons pas rater le rendez-vous avec Pierre Lavannant, du centre culturel breton. Après un énième souper à base de crêpes bretonnes – toujours brefs, ces soupers, on se demande pourquoi – nous arrivons les premiers au point de rendez-vous : une école primaire bâtie dans le plus pur style pompidolien 1972. Une douzaine de personnes nous rejoignent bientôt, dont Lavannant. Je m'attendais à trouver un Breton tonitruant, avec la barbe en collier et le gilet rayé, mais c'est un petit homme affable avec une tête de professeur d'université. En fait, c'est un ingénieur de recherche chez Alcatel qui tente de renouer avec ses racines – sa grand-mère parlait breton.

Il y a un certain pathos à voir une douzaine d'adultes tenter de parler une langue que leurs parents n'ont pas su ou voulu leur transmettre. (Cela me fait penser aux familles de mes oncles, qui sont allés vivre aux États-Unis et dont les enfants se sont assimilés presque tout de suite.) Julie me fait remarquer que leur accent français est nettement audible. Mais en toute justice je crois savoir que les Irlandais parlent l'irlandais avec l'accent british.

La chanson sur laquelle ils travaillent ce soir-là s'intitule *War vordig an dour*. Il n'y a rien à y comprendre. Lavannant ne fait pas cours : il est dans la même situation que les autres. Mais ils comptent parmi eux un véritable bretonophone, le chanteur Iffig Kastell, qui pointe sans arrêt les fautes grammaticales de la retranscription. Normal : une bonne partie de la langue bretonne se rebâtit à partir d'une tradition orale véhiculée par une population dont l'imaginaire est presque exclusivement français.

Après la séance, Lavannant nous invite à prendre un verre chez lui avec sa femme et un ami, breton également. Ses parents ne lui ont pas appris la langue bretonne : il en garde le souvenir par sa grand-mère, qui ne parlait que ça. En revanche, son ami Clermont, chercheur au CNET et conseiller municipal à Lannion, a parlé le breton durant toute son enfance. Pendant les trois heures que nous passerons ensemble, ils répéteront huit fois qu'on peut être breton et moderne, ce dont je ne doute pas.

Il m'est assez difficile de comprendre ce qu'est l'identité bretonne, surtout qu'une sorte de celtisme new age assez agaçant brouille tout – Lavannant n'y adhère pas à première vue. Sur le celtisme, Julie et moi avons des idées assez tranchées – Julie, surtout, qui est sauvagement anticeltique. Je suis plutôt d'accord avec elle, sauf quand elle met le breton et la culture celte dans le même sac.

Mon sentiment sur le celtisme remonte au « mariage druidique » d'une amie de Julie, en 1997, dans un bled perdu du sud de l'Ontario. Je dis « mariage druidique » entre guillemets parce que c'est ce qu'il y avait d'écrit sur le faire-part, mais à mon avis ça n'était qu'une espèce de bouillabaisse new age. Christine prenait alors pour époux Kelvin, un McCutcheon d'origine écossaise de sixième génération. Pour faire druidique, Kelvin s'est marié en kilt et sporran – ça, c'est l'espèce de bourse en scrotum d'auroch que les Écossais fixent à leur taille avec une chaîne (ça sert de cache-sexe et ça tient la juppe baissée quand il vente). Rien de tout cela n'était de tradition dans sa famille. La partie la plus druidique du mariage consistait à marcher dans la forêt pour aller faire cercle autour d'une pierre dans un champ. Les nouveaux mariés étaient debout, séparés par la pierre. Un vieux « druide » avec un bâton a invoqué les puissances du nord, du sud, de l'est, de l'ouest, sans oublier celles du dessus, du dessous, de la gauche et de la droite, avec mention spéciale pour les dieux du nord-est, du sud-est, du sud-ouest et du nord-ouest. Enfin, la rose des vents a failli y passer. Les amis chantaient des trucs en klingon. Le new age m'a toujours paru suspect, mais je trouve le néopaganisme celtique franchement gratuit.

Julie, qui est un huitième irlandaise et trois seizièmes écossaise, pour un total de cinq seizièmes, est anticeltique parce qu'elle perçoit le celtisme comme une tentative de petits Blancs paumés pour se fabriquer une origine ethnique. Bref, le grand débat entre Julie et moi consiste à savoir si la culture bretonne est assimilable au celtisme. Elle, a tendance à jeter le bébé avec l'eau du bain, alors que moi je pense qu'il s'agit de deux choses différentes.

Comme c'est moi qui écris le livre, c'est moi qui ai le privilège d'expliquer la chose. Un archéologue ou un linguiste vous dirait que les Bretons appartiennent au groupe celte. Pas de quoi fouetter un chat. Mais y a-t-il une culture celte ? J'en doute. On met n'importe quoi là-dedans : quand il est question de celtisme, il est invariablement question de mégalithes – sauf que ces cailloux ont précédé les Celtes de deux mille ans. Un menhir est aussi celte ou breton que je suis romain. Le complexe celte est un ensemble de traits communs, très spécialisés, qui n'ont jamais formé de culture véritable.

201

Comme Julie, je pense que ceux qui s'évertuent à vouloir créer une culture celte (qui n'a jamais existé comme ils l'entendent) ont un petit problème. En revanche, et c'est là que je suis contre le point de vue de Julie, cela ne veut pas dire que la culture bretonne soit une pure invention de l'esprit. Car la culture bretonne a existé, de même que la culture gaélique, irlandaise ou cornique. Que le breton soit malade (pour ne pas dire moribond) n'a pas vraiment de rapport. On n'a pas besoin de parler breton nécessairement pour être breton. Les Américains, les Canadiens et les British parlent tous la même langue, mais ne leur dites pas qu'ils sont la même chose. De même, ce n'est pas parce que les Bretons, les Irlandais, les Corniques et les Écossais parlent des langues apparentées — dites celtiques — qu'ils ont une identité commune celte.

Il pleut à boire debout lorsque nous quittons Lannion pour le Finistère, mais le temps ne s'améliore pas à mesure que nous roulons vers l'ouest — nous sommes dans l'Ouest depuis une semaine, mais le Finistère, c'est vraiment le Phare-Ouest de l'Ouest. J'aimerais bien prendre le traversier pour l'île de Sein, rien que pour le plaisir de découvrir la Bretagne insulaire avec ses phares tremblant sous les coups de boutoirs de vagues fantastiques. Mais il fait archimauvais et l'idée de prendre la mer par un temps pareil sur un bouchon de liège me terrifie.

Et puis il se passe des choses. Entre deux bulletins météo, nous apprenons qu'une bombe vient de sauter au centre des impôts de Brest. Que des dommages, pas de morts. Ce qui est fascinant, dans cette histoire, c'est justement la tolérance des Français pour ce genre d'événement — 200 attentats les bonnes années. Au Canada, quand une bombe saute, cela fait les manchettes pendant des semaines. Deux bombes, remanchettes, on ne s'en tanne pas. Trois bombes ? État de siège, suppression des libertés civiles, rafles, arrestations. C'est quasiment ce qui est arrivé au Québec en 1970 quand le Front de libération du Québec a enlevé le même mois un diplomate british (James Cross) et un ministre provincial (Pierre Laporte). Le Premier ministre Pierre Elliott Trudeau a envoyé l'armée, fait boucler quatre mille sympathisants séparatistes et sommé les leaders nationalistes de faire un choix : la démocratie ou la rébellion. Et puis les choses se sont tassées.

Tout cela m'amène à parler du nationalisme, un mot démonisé dans le discours européen et euphémisé en régionalisme dans son sens le plus positif (le gros problème des nationalistes québécois, c'est précisément qu'ils refusent d'admettre que le terme « nationaliste » ne passe plus). À mon avis, le mot regroupe en fait plusieurs formes de nationalismes qui coexistent, avec quelques intérêts communs mais une finalité souvent opposée. Je pars ici du nationalisme que je connais le mieux, celui des Québécois. Au Québec, il y a eu (il y a ?) des nationalistes poseurs de bombes à qui la seule vue d'un Anglais donnait des boutons. Ce genre de nationalisme violent et raciste est difficilement tolérable. D'autres nationalistes, cependant (dont René Lévesque), s'inquiétaient du fait que 80 pour cent de la population du Québec, les francophones, ne contrôlait que 20 pour cent à peine de son économie. Ces nationalistes-là sont parvenus à renverser complètement la situation en quarante ans sans pour autant tenter de faire disparaître la communauté anglophone – avec qui les francophones vivent toujours en bonne intelligence. Il s'agit là, à mon sens, d'une forme de nationalisme honorable puisqu'elle s'attaque à un problème réel et qu'elle le corrige sans verser dans la violence et le racisme. J'ai tendance à regarder les Bretons de la même manière. Alors bravo à ceux qui essaient de redresser les affaires bretonnes en exigeant plus de contrôle local et de liberté politique. À l'opposé du spectre, ceux qui font exploser des MacDonald's pour se libérer de l'oppression française, il faut les contenir par tous les moyens. Les nationalistes culturels tentent de redonner vie à la culture bretonne. Tant mieux si c'est important pour eux, mais ça ne le fut pas assez pour leurs aïeux, qui l'ont laissée aller, la culture bretonne.

En route vers Paris, nous nous arrêtons dans la forêt de Paimpont, connue aussi sous le nom de Brocéliande, la forêt légendaire du roi Arthur. J'ai toujours aimé les légendes pour ce qu'elles sont, des légendes. À l'adolescence, je me suis tapé tout Chrétien de Troyes, de même que *Li Morte d'Arthur* de Thomas Malory, et j'ai vu *Excalibur* deux ou trois fois. Il s'agit d'histoires fascinantes, mais ce qui me fascine le plus, c'est qu'elles durent encore. La force des mythes, c'est que toutes les époques y trouvent leur compte. Relisez Chrétien de Troyes : à l'origine, il s'agissait de gestes courtoises dont le but était de civiliser une bande de rustres pouilleux,violents et violeurs, les chevaliers. D'où l'insistance dans les textes sur les beaux vêtements, les belles paroles, les belles manières – on s'en tartine des pages et des pages – et la manière la plus courtoise de courtiser la belle dans le but évident de lui péter la cerise. Puis, en un paragraphe, le chevalier vainc une armée et tue le dragon ! De nos jours, où l'homme moderne fait plutôt caniche, les mêmes histoires jouent le rôle inverse, pour compenser le déficit de virilité. Alors les émules de Chrétien de Troyes badigeonnent force détails sur la façon dont messire Gauvain enfile la fille du châtelain, trucide les soldats et étripe le dragon. Les fioritures courtoises tiennent dans un paragraphe. Bref !

Comme les légendes sont des légendes, le réel est forcément rasoir. Je vous dis ça parce que j'ai fait l'erreur de me rendre au tombeau supposé de Merlin et à la soi-disant fontaine de Jouvence de la soi-disant forêt de Brocéliande. Une erreur, vraiment. D'abord, la forêt est laide, pas jolie du tout. Et ensuite la fontaine, eh bien, c'est un trou d'eau. Nous ne sommes pas les seuls à y aller. À en juger par la largeur du sentier en certains endroits, il doit passer là pas mal de monde. On l'appelle la fontaine de Jouvence, mais je pense que ma vie serait courte si je buvais de cette eau, quoiqu'il ne faille jamais dire « Fontaine... » – il y a un proverbe comme ça, il me semble.

XV

Grand guignol dans le Larzac

Où l'auteur, constatant que José Bové a fait boule de neige pour devenir une avalanche, part étudier le phénomène en son terroir du Larzac, prouve mathématiquement l'existence du personnage, accouche de quelques conclusions fort goûteuses sur les manipulations génétiques, la paysannerie, l'américanisation, la mondialisation, et montre que le monde est quand même petit.

En 327 après Jules César, vers l'heure du souper, un petit berger va-nu-pieds natif de Rotomagus (Puy) décida de faire cabane dans une grotte, en un lieu qui ne s'appelait pas encore Roquefort-sur-Soulzon. Le petit berger constata que son fromage, en vieillissant dans cette grotte, prenait non seulement des couleurs – bleu, surtout – mais du goût. Comme son fromage se vendait bien au marché, d'autres bergers vinrent faire moisir leurs meules dans les autres grottes du hameau. Puis, au XIIᵉ siècle, les Templiers organisèrent la production à grande échelle, relayés par les Cisterciens et les Hospitaliers. En 1925, les gars de Roquefort obtinrent la première appellation d'origine contrôlée pour un produit autre que le vin, créant ainsi une denrée de grand luxe et une économie solide autour d'une moisissure très particulière. Soixante-quinze ans plus tard, en 1999, cette industrie développera un sous-produit entièrement nouveau : José Bové.

La France m'a fait un beau cadeau en ce beau mois d'août 1999, quand Bové et ses petits copains du Larzac, un haut plateau près de Montpellier, ont saccagé un McDonald's dans une petite ville inconnue de moi : Millau. À vrai dire, je n'aurais dû porter qu'une lointaine attention aux activités de ces hippies attardés. Sauf que leur chef, le fameux José Bové, se réclamait de la lutte contre la mondialisation, le sujet que j'étais censé étudier. Comme de bonne, quelques mois plus tard, je me suis retrouvé dans le Larzac pour essayer de comprendre l'ovni Bové.

Il y a un peu de Louis de Funès dans la façon dont cet homme est devenu célèbre. D'abord l'erreur policière : six jours après le saccage, le 17 août, la police vient arrêter les leaders paysans, sauf Bové. On le dit en fuite, alors qu'il est juste en vacances chez sa mère. Naturellement, deux jours plus tard, quand il se pointe au poste de police avec sa petite valise, une armée de caméras de télé l'attendent de pied ferme. Une semaine plus tard, il refuse de payer la caution de 105 000 francs en affirmant qu'il n'achètera pas sa liberté. La presse a trouvé son héros. Bové, c'est Valjean contre Javert. C'est Astérix contre César. C'est le berger rouge du Larzac contre le Ronald fardé de Biguemac. De boule de neige l'affaire devient avalanche, un phénomène médiatique sans précédent : il n'est plus question que de Bové, on est pour ou contre lui.

Les circonstances sont pour beaucoup dans l'intérêt que les médias lui ont porté. Quoique nécessaire et généralement bénéfique, la presse a deux faiblesses inhérentes qui la rendent très manipulable :

1) Elle doit remplir le vide même quand il ne se passe rien ;

2) S'il se passe quelque chose, elle doit y trouver un sens.

Or, en août, il ne se passe rien. Tout le monde est chez la belle-mère. Les salles de rédaction fonctionnent avec un personnel réduit. « Un Che Guevara du roquefort en cavale, quelle aubaine ! » La presse s'est jetée là-dessus comme la misère sur le pauvre monde. En plus, Bové est photogénique avec sa moustache gauloise. « En une ! » Et il montre ses poignets menottés en rigolant ? « Superbe ! » Que dit ce bon Bové ? On comprend rien, mais c'est un rappel des gros scandales alimentaires de l'année : poulet à la dioxine, Coca-Cola empoisonné, farines animales, vache folle. « Ça prouve ce qu'on disait ! »

Mais que défend Bové au juste ? Une sorte de ragoût composé d'un peu de roquefort, d'organismes génétiquement modifiés et de bœuf aux hormones, avec un liant de dénonciation à l'emporte-pièce contre l'OMC, nappé d'une béchamel de multinationales, le tout saupoudré d'Europe et de mondialisation – sans jamais perdre son arrière-goût de chambre agricole faisandée. Il y en a pour tout le monde là-dedans.

Le héros m'est apparu pour la première fois en chair et en os lors d'une conférence antimondialisation à la Bourse du travail en septembre. Habituellement, je n'assiste jamais à ce genre de truc, mais les antis sont devenus tellement stridents début septembre qu'on ne s'entend plus. Je suis donc allé à la conférence, qui se passait dans un grand amphithéâtre plein à craquer de gogos bon teint allant du rose bonbon au rouge cramoisi, ouvriers et caviars, fleurant bon l'aisselle, la Gitane maïs et le cassoulet. Il y a dans ce groupe des nuances auxquelles je ne comprendrai jamais rien : néostaliniens, marxistes-léninistes, trotskistes gogoliens, néosocialistes lacaniens, et j'en passe. Et que dire des nuances entre les anarcho-syndicalistes radicaux, les radico-anarchistes syndicaux et les syndico-radicaux anarchistes ? Ces gens-là sont des catatoniques de la contestation : ils font ça par tempérament. Je suis certain que s'il n'y a rien à contester ils se contestent entre eux. Et s'ils sont seuls, ils se contestent eux-mêmes.

Après la conférence, je lui ai posé deux ou trois questionnettes, à Bové, et il a été tel que je pensais : calme, très articulé, sachant dire aux journalistes exactement ce qu'ils veulent entendre. Mais le détail qui m'a le plus accroché, bien plus que la pipe et la moustache, c'est la musette de cuir de Bové. Une musette de cuir !... Pensez-y un peu. Comme symbole de communication, c'est génial. Ce gars-là joue un rôle. Et comme tous les grands acteurs, il s'y croit.

Deux semaines plus tard, rebelote : je vais assister à une manif organisée par le syndicat de Bové et qui vois-je ? Ce bon Bové entouré d'une meute de journalistes. Comme la presse étrangère est là, je peux voir Bové en action en anglais, et il est assez bon. Pas parfait, mais correct — même pipe, même musette, même sens de la repartie. Je capte notamment un dialogue mémorable entre lui et un journaliste américain de la Fox qui persiste à l'appelé Hosay, dans une espèce d'association bizarre entre le paysan du Larzac et les zapatistes du sous-commandant Marcos.

« Vous ne croyez tout de même pas que vous pourrez stopper la mondialisation, Hosay ?

— On a bien bloqué l'AMI en 1997...

— Mais euh... Hosay, votre lutte ne fait pas un peu David contre Goliath ?

— Si on est David, ça veut dire qu'on va gagner. »

Cependant, la polémique continue de monter, d'autant que Bové surfe sur la vague des opposants au sommet de l'Organisation mondiale du commerce à Seattle. Julie persuade un magazine de Montréal, *L'Actualité*, qu'il faut faire le portrait dudit Bové et du Larzac, car le plus étrange dans le personnage, c'est la référence constante à ce coin de France dont on ne connaît rien au Canada. Or, Bové est aussi indissolublement lié au Larzac que le roquefort l'est aux cavités de Roquefort-sur-Soulzon : sa saveur unique vient du fait qu'il a moisi là et pas ailleurs.

Le Larzac, donc. Cette fois, ce n'est pas moi qui tire la charrette. C'est le reportage de Julie. Moi, je conduis la bagnole, je prends des photos et j'observe. Nous n'interviewerons pas Bové, ce n'est pas le but de l'opération, mais nous allons parler à tout le monde autour de lui, ce qui est plus intéressant. Nous arrivons donc le 18 décembre à Montpellier et nous mettons le cap au nord-ouest (direction Bretagne) sur le Larzac le lendemain matin pour une première interview.

Le pays entre Montpellier et le Larzac me fait penser au Far West – Far West de poche, mais Far West quand même. J'ai fait le tour des États-Unis deux fois en bagnole dans ma courte vie. Ce qui m'a frappé les deux fois, ce sont justement ces espèces d'enchaînements de défilés profonds, de montagnes, de plateaux rocailleux et de terres incultes propres à ne nourrir que quelques bestiaux épars. C'est exactement ça, le Larzac, sauf qu'en France un haut plateau semi-aride, cela s'appelle un causse. Je m'étonne qu'on n'y ait pas tourné un western français avec Gabin à la place de John Wayne. De toute façon, de nos jours, ce serait obligatoirement Depardieu. Je verrais Auteuil dans le rôle de l'ami. Et Sami comme shérif ben Taxi. Le vilain serait joué par un Anglo-Klaxon, n'importe qui, mettons John Malkovich. Une douzaine de gardians de Camargue auraient fait de bons garçons vachers. Et on aurait pu rabattre quelques douzaines de Bretons du Phare-Ouest pour jouer les Indiens. L'école de dressage de Saumur aurait pu faire office de cavalerie. Et Roquefort aurait fait un Fort Navajo fort respectable. Il ne manque que les cactus, mais cela aurait pu s'arranger en demandant aux PTT de faire comme d'habitude, c'est-à-dire de planter des poteaux n'importe où sans mettre les fils. Synopsis : Depardieu doit sauver une diligence du Roy menacée par une horde de guerriers bretons sanguinaires. Les Italiens ont bien compris les ressources de leurs hauts plateaux à eux, et ça a donné Sergio Leone et les westerns spaghettis. À quand le western roquefort ?

Le Larzac, il ne sera question que de ça dans les prochaines pages, alors autant vous raconter ce qu'il représente dans le folklore gogo. Pour les vieux gauchistes, le Larzac, c'est la dernière grande cause de contestation pure et dure avant le couronnement de François III dit Mitterrand. C'est aussi important que le Front populaire et Mai 68.

Tout a commencé en 1971. Le gouvernement français décidait d'étendre le petit camp militaire du Larzac aux Grands Causses tout entiers. Une centaine de paysans refusèrent l'expropriation. L'armée et le gouvernement tentèrent par tous les moyens de déloger les paysans, qui tinrent bon : ils allèrent jusqu'à créer leur propre réseau téléphonique, leur propre caisse d'épargne, leur propre journal, et leur propre réseau d'électricité. Et le causse devint cause – nationale. La droite soutenait que l'Extension Du Camp Militaire Est Vitale Pour La Défense Nationale, Car Les Chars Soviétiques Sont À Nos Portes Vous Vous Rendez Compte Bordel De Merde. Avec beaucoup de majuscules pour faire plus sérieux. Tout ce que la France comptait de hippies, de babas cool et de soixante-et-onzards (les soixante-huitards de 71) a fait son pèlerinage dans le Larzac — y compris Bové, qui prit racine dans cette terre ingrate, se convertit à l'art de faire pousser des moutons, et resta sur place quand l'armée retira son projet dix ans plus tard.

Le long de la route, la moitié des panneaux sont peints de graffitis LIBÉREZ JOSÉ BOVÉ et SAUVONS LE ROQUEFORT. Le paysage morne et desséché du causse se brise soudain à l'approche du Tarn, petite rivière tranquille qui s'est creusé un canyon profond de cinq cents mètres, avec de magnifiques promontoires tout en falaises et précipices.

Millau est là, tout au fond, ville gentille, aux toits de tuile rouge, dominée par un vieux beffroi du XIIᵉ siècle, et dont le calme n'est troublé que par le Mondial de la pétanque. La fondation de Millau est l'une des premières manifestations de la mondialisation : les Romains y installèrent une industrie de poterie environ un siècle après Astérix. Par la suite, la ville a fait fortune dans la ganterie, une industrie qui périclite depuis la guerre, un autre effet de la mondialisation du temps où le terme n'existait pas — on disait capitalisme. À cause du marasme endémique, la plupart des Millavois attendaient beaucoup de l'extension du camp militaire que ces farceurs de babas cool ont réussi à bloquer. Je vous dis ça pour vous expliquer que la chambre de commerce locale rêvait depuis longtemps d'en découdre avec Bové et ses amis, ce qui explique qu'ils ont poussé un peu fort la préfète pour les arrestations.

Je ne vous embêterai pas trop avec les interviews, car c'est généralement ennuyeux : on prend un verre avec des personnes qui passent le plus clair de leur temps à changer de sujet. Mais on est quand même allés voir les principaux acteurs du drame, Les Compagnons De José Bové, et même le proprio du MacDo,

Marc « Bigue Marc » Dehani. Julie en arrache un peu avec l'accent, qui n'est pas facile à comprendre pour ses oreilles d'anglophone. Par exemple, avec l'accent, « Napoléon mourut à Sainte-Hélène » se prononce « lampe au néon morue acétylène ».

Mon regret, c'est de ne pas avoir visité une sorte d'école appelée le Cun (le coin, en occitan). Son existence n'est pas un secret, mais la presse ne parle jamais du Cun, alors que c'est le véritable cœur opérationnel du Larzac. On peut en observer les bâtiments depuis la route entre Montredon et Saint-Sauveur Je m'informerai sur le Cun à mon retour, et j'en glanerai quelques perles...

D'abord, il s'agit d'un centre de recherche sur la non-violence active où passent chaque année quelques centaines de militants de tous les pays d'Europe. Qu'est-ce que la non-violence active ? Une idée de Gandhi. En résumé, cette technique de revendication et de manipulation utilise la force brute de l'ennemi pour la diffuser dans les médias et la retourner contre lui. Un bon exemple en est justement la façon dont les paysans s'y sont pris pour démonter le MacDo de Millau. Ce n'est pas par hasard s'ils sont venus avec femmes et enfants, et s'ils ont distribué du roquefort aux touristes devant les caméras de télé. Cela les rendait sympathiques et la préfète n'aurait jamais osé ordonner une charge de CRS là-dedans – il risquait sa tête. Ça, c'est du Gandhi tout craché : bien gentil, tout miel avec son rouet à coton, mais politicien roué.

La non-violence active ne marche pas partout. Dans un reportage télé sur Seattle avec Bové en vedette, une longue séquence à Washington révèle un Bové en action particulièrement prudent. Cela se passe ainsi : la délégation de la Confédération paysanne dresse une banderole devant le Capitole – on ne se refait pas. C'est interdit, et la flicaille rapplique tout de suite.

Bové, qui sait l'anglais, parle aux policiers. Il en profite pour allumer sa pipe, ce qu'il ne fait que rarement. Tout de suite, le policier se met à l'engueuler en lui disant de ne plus jamais porter sa main à sa poche sans permission. Et là, Bové a cette réflexion révélatrice :

« Ces gars-là ne rigolent pas. On s'en va. »

Donc, la technique marche quand les autres « rigolent ». La raison pour laquelle les procédés de Gandhi ont fonctionné, en définitive, c'est que la liberté de presse existait et que le pouvoir colonial british respectait certaines règles. Les British, c'étaient des rigolos comparés à l'Allemagne nazie ou la France pétainiste. Même les Français étaient moins rigolos en Algérie française. Par contre, en Gaule gaullienne, on rigole comme des petits fous. Je me suis toujours étonné de voir la promptitude des autorités françaises à sortir les pelotons de CRS à la moindre manif d'infirmières. Paraît-il que les préfectures font ça pour éviter des problèmes non pas avec les manifestants, mais avec les chefs syndicaux, qui se plaindraient de ne pas être pris au sérieux s'il n'y avait pas de CRS ! En plus, les bleus aiment prendre l'air et ça justifie les effectifs. De temps en temps, les manifestants bombardent un magasin avec des pommes ou aspergent la préfecture de purin. Parfois, il y a des débordements, mais c'est le plus souvent du Guignol. On se donne des coups de bâton, Gnafron prend sa claque, il dit aïe ! mais ça ne fait pas mal. La télé filme et on se dit : « C'est le Grand Soir à Millau. »

Là, je vais vous dire ce que je pense du discours Bové. Ça va être raide.

D'abord, la fascination. Ce gars-là a fasciné les Français parce qu'il *est* la synthèse de toutes les contradictions de la France — ça n'est pas mon idée mais celle de la sémiologue Mariette Darrigrand, qui a mis le doigt dessus. Bové fait partie d'un ensemble, il y a une grammaire Bové : c'est la grammaire de la France telle qu'elle se pense. Chacun veut être tout et son contraire, et c'est exactement ce qu'est Bové : la pipe mais le portable ; le Larzac mais l'enfance californienne, les menottes mais le visage hilare, le terroir mais le bilingue, les brebis mais le livre à 90 000 exemplaires, le rural mais l'urbain, le traditionnel mais le moderne, l'agissant mais le non-violent, le Français citoyen du monde, l'anarchiste républicain, bref, l'austère qui se marre.

Ce que démontre parfaitement l'équation :

$$\frac{(2cx+b)(n!)(n-1)!4^n k^{n-1}}{q[(2n)!\sqrt{x}} \sum^{n-1} \frac{(2r)!}{(4kx)^r(r!)^2} = \int \frac{dx}{X^n\sqrt{X}}$$

où x = Bové, r = Larzac, b = MacDo, c = Jospin, q = Chirac, k = préfecture et n = les CRS.

Que dit Bové au juste ? Beaucoup de choses, et la presse lui en fait dire encore bien plus. Là-dedans, il y a un peu de vrai, pas mal de demi-vérités, beaucoup d'exagérations et quelques mensonges. Alors allons-y dans l'ordre, du slogan le plus simple au plus compliqué — et avec calme, je vous prie !

Contre les manips génétiques ! C'est sans doute le point sur lequel Bové & Co ont le plus raison. Y a-t-il danger ? Peut-être que oui, peut-être que non. Mais le public ne fait pas dans la nuance, alors autant y aller à fond. Des manipulations génétiques, il y en a toujours eu. Prenez la vache. Au Moyen Âge, ce bovin avait la taille d'une grosse chèvre. En un siècle, le XIIIe, les Européens ont quadruplé la taille du quadrupède par des croisements successifs. Pareil pour le maïs, pareil pour la canne à sucre. (Bové lui-même est un organisme génétiquement modifié : un gars de la ville, fils d'un grand chercheur français qui a créé dans les années soixante et soixante-dix une variété de riz génétiquement modifié, contribuant ainsi à nourrir ce tiers-monde si cher à Bové fils. Le phénomène Bové, c'est Œdipe revisité.) Sauf que de nos jours la manipulation génétique n'est plus une affaire de croisement mais d'implantation de gènes, et il y a effectivement un risque réel qu'un de ces aliments Frankenstein produise un monstre écologique. Les industriels disent : « Faites-nous confiance !» Mais c'est aller vite en besogne. D'autant qu'il y a un précédent : dans les années cinquante et soixante, l'industrie pharmaceutique ne subissait presque aucun contrôle et cela donna quelques centaines de milliers d'enfants nés difformes. Bové & Co n'ont pas tort d'exiger l'étiquetage de ces produits génétiquement modifiés et des contrôles de santé rigoureux – même si ça peut passer parfois pour du protectionnisme déguisé.

Pour un mode de vie paysan ! Bové est un paysan dans le seul pays industrialisé idéalisant sa paysannerie et parlant encore de ses agriculteurs comme de paysans. Deux pour cent des Français vivent de la terre, et une infime minorité vit de petites exploitations familiales. Ailleurs dans le monde, les paysans vivent comme ceux de l'Ancien Régime – grattant leur parcelle à la houe et se nourrissant de gruau en priant Dieu, Allah ou Bouddha de les faire tenir jusqu'aux semailles. On ne nourrit pas 60 millions de Français des villes avec une paysannerie. Pour nourrir Paris, il faut des centaines de tonnes de farine, un million de litres de lait, plusieurs trains de bestiaux et de légumes, deux ou trois piscines de pinard et un gros camion de roquefort. Par jour ! Seule une agriculture moderne et industrielle peut fournir et déplacer de telles quantités de marchandise. Pas la paysannerie. Les paysans du Larzac, c'est l'aristocratie de la paysannerie mondiale, vivant plutôt bien du lait de leurs cinq cents brebis vendu à prix d'or pour un fromage très haut de gamme. Leur roquefort est consommé en quantité importante par une société prospère et industrialisée qui a les moyens de se le payer ; il est protégé par son appellation contrôlée, un dispositif de propriété intellectuelle reconnu par plusieurs traités internationaux, dont les accords de l'OMC !

Non à la malbouffe ! J'apprécie fortement la conception très terrienne de l'alimentation des Français, mais je pense que Bové fait fausse route en prenant Ronald McDonald's pour tête de Turc – même si ça marche question placement média. Bien des gens s'affligent du fait que la France compte 860 MacDo, soit l'une des plus fortes concentrations de franchises McDo par tête de pipe hors des États-Unis – après l'Australie, les USA, le Canada et la Grosse-Bretagne. C'est vrai qu'aux États-Unis, MacDo a donné naissance à une industrie du fast-food qui a totalement occupé le néant culinaire de ce pays. Mais la présence de MacDo en France prouve plutôt le contraire : la diversité. La vérité, c'est que McDonald's remplit une fonction importante que la restauration française ne comble pas. Pourquoi vais-je chez MacDo, moi ? Tout simplement parce que c'est le seul endroit où je peux manger vite, pas cher et assis. Je sais, je ne devrais pas, mais je suis parfois pressé. Quand Bové vient à Paris, il va à la boulangerie se chercher un sandouiche qu'il met dans sa musette pour aller le grignoter tranquillement sur un banc de parc. Pour manger assis (ou à l'abri), il faut aller au café – et donc attendre le serveur, se faire servir, attendre l'addition, et payer. MacDo (et Quick) offre la solution hybride : un repas rapide au prix du sandouiche, avec le confort d'une place assise sans avoir de compte à rendre à personne. L'alternative, c'est d'avoir, comme José, une femme qui fasse la popote quand on est à la maison, mais ça ne règle pas le problème s'il faut sortir. Le plus étonnant dans tout ça, c'est que la France, société moderne où il y a beaucoup de gens pressés, n'ait pas davantage de MacDo, de Quick et autres fast-foods. Mais ça, ça s'explique mal au journal télévisé.

Non à l'américanisation ! Vaste programme, fort louable, sauf qu'on ne sait pas ce que c'est, l'américanisation. L'adoption d'idées et de valeurs américaines ? Mais il y a du bon, là-dedans, et il y a du mauvais. Il est un peu enfantin de tout réduire à la formule Hexagone contre Pentagone ! Je trouve que les Américains ont le dos large. Peut-on parler d'américanisation quand les juges d'instruction interrogent les politiciens pour trafic d'influence ? Je crois que c'est de la démocratie tout court, et tant pis si les Français ne sont pas encore habitués. Peut-on parler d'américanisation quand on voit les banlieues se développer et s'étendre avec le mode de vie qui en découle ? Non, c'est l'automobile. Les Américains ont été les premiers à vivre ces mutations, typiques des sociétés modernes, mais l'américanisation, c'est autre chose. Alors quoi ? C'est mettre de l'anglais sur ses affiches pour faire cool ; c'est demander à tout le monde de se tutoyer pour faire moderne ; c'est décerner la Légion d'honneur à Sylvester Stallone pour sa contribution au septième art. Notez au demeurant que le sujet agissant ici n'est pas américain. Vos apostrophe's bidon's, vos Speed Rabbit Pizza, vos Leader Price, il n'y a pas un seul Américain qui vous les ait demandés. Les Américains sont même plutôt d'accord pour trouver ça nul.

Contre l'OMC ! Là, je dois dire que je ne comprends pas. D'abord, l'Organisation mondiale du commerce reconnaît le concept d'appellation d'origine contrôlée comme un type de propriété intellectuelle inamovible et légitime. Ce dispositif est vital pour les paysans du Larzac, pour l'agriculture française et celle des pays qui reprendront l'idée. Bové mais aussi les 2 500 éleveurs de brebis des Causses lui doivent donc leur mode de vie. De plus, on oublie trop souvent que l'OMC est une agence de l'ONU au même titre que les autres. Elle fut créée en 1947 sous le nom de GATT dans l'idée, vérifiée depuis, que les guerres mondiales deviendront impossibles si le commerce augmente et entremêle les économies nationales. Et ça marche – la paix européenne des cinquante dernières années le prouve. C'est aussi le seul projet de l'ONU qui fonctionne, en grande partie parce que les puissants le veulent, malheureusement ou non.

Pour le contrôle citoyen ! Là, je suis presque d'accord. Les agences internationales comme l'OMC, le FMI, la Banque mondiale et l'OCDE sont des forums où les multinationales ont un accès privilégié et où se prennent des décisions qui engagent l'avenir de sociétés entières sans qu'on demande l'avis des principaux intéressés et en faisant l'impasse sur d'autres traités de l'ONU sur les conditions de travail et d'environnement. Déjà, à Marrakech en 1994, Bové faisait partie d'une poignée de protestataires dénonçant un accord qui allait un peu loin malgré l'indifférence totale de la presse pour ces questions à l'époque. Sur ce point, je dis chapeau, Bové. Là où j'accroche, c'est sur la définition du mot « citoyen ». Je veux bien d'un contrôle citoyen, si l'adjectif ne signifie pas juste les gogos catatoniques de la contestation et leurs ONG. Il en faut, mais pas trop. Si on tombe là-dedans, on tombe dans le piège du corporatisme d'Ancien Régime : autant revenir aux états généraux. Et puis les citoyens sont représentés par leur gouvernement, qu'ils ont élu, et ce sont les gouvernements qui négocient les accords – qui ne peuvent pas plaire à tout le monde.

Au fond, Bové n'est pas contre la mondialisation : il est pour une mondialisation avec des règles précises et contrôlées. Nuance.

Mon histoire de Bové a un épilogue assez curieux. En complément de son portrait Bové, Julie a publié une interview avec le directeur général de l'OMC, Mike Moore. Or il se trouve que j'avais moi aussi rencontré Moore voilà douze ans en Nouvelle-Zélande. Il était alors ministre du Commerce et principale cheville ouvrière du traité de libre-échange australo-kiwi. Le Canada s'y intéressait parce qu'il était en grande discussion avec les États-Unis pour obtenir un traité semblable. Ce que je n'avais pas dit à Mike Moore, c'est que j'étais allé l'interviewer à Wellington rien que pour revoir ma Julie, qui travaillait comme jeune fille au pair. J'étais tombé amoureux d'elle et j'étais allé finir ma cour là-bas aux frais de la princesse. Et voilà que douze ans plus tard je suis en France, toujours aux frais de la princesse (en fait, c'est un riche oncle d'Amérique), et revoilà Julie qui interviewe Mike Moore encore et toujours.

Le monde est quand même petit, vous ne trouvez pas ?

XVI

Deux mille ans
et toutes ses dents

Où l'auteur, colportant son roquefort du Larzac en Sologne,
est frappé par une double révélation pendant la messe de
minuit puis inaugure l'an 2000 en beauté, quoique avec
quatre ans de retard.

Nous rentrons du Larzac avec trois kilos de roquefort.
Pas juste parce qu'on aime ça, mais nous allons célébrer
Noël avec le clan Marsault — grands mangeurs de
fromage devant l'Éternel. Les Marsault, vous vous en
souvenez, j'espère ? On était allés les voir à Pâques en
Sologne. Les réjouissances tempifestiennes — ça, c'est
l'adjectif du temps des fêtes que je me suis créé sur
mesure, et au diable l'Académie — ont toujours occupé
une très large place dans mon folklore familial. Enfant,
mon frère raffolait à ce point de la musique de Noël
qu'il commençait à faire tourner les 33-tours dès la fin
août. Mon temps des fêtes a toujours débuté tôt à
cause de mon anniversaire, le 20 décembre. Quant à la
période entre Noël et le jour de l'an, j'ai en mémoire
un va-et-vient continuel de 12 mononcles, 7 matantes

223

et 30 cousins, sans oublier les amis et autres membres de la parenté.

Les Marsault sont des gens relax, surtout quand je sors le roquefort de sa cage. Eux, je connais leurs goûts, alors je leur ai acheté un quart de meule de Papillon noir, du râpeux à souhait. Jean-Marie sort le beurre, l'argent du beurre, et le gewürstraminer, et on passe la moitié du fromage rien que là, sur un coin de table. J'en profite pour faire connaissance avec les nouveaux venus. L'aînée, Patricia, est prof d'espagnol. Elle était déjà là à Pâques, et on a toujours des discussions pétées sur l'éducation. Martine et Pascal arrivent de loin. Martine, la technicienne en pharmacie, vit à Gap. Une maniaque de plein air, celle-là : elle a fait la Sologne-Gap à vélo l'été d'avant en sept jours au lieu de neuf. Et il y a Pascal, qui revient du Japon finir son conservatoire, après un an comme organiste attitré d'une nouvelle salle de concerts à Sapporo.

La musique, Pascal tient ça de son père. Jean-Marie était un fameux accordéoniste de bals musettes avant son infarctus, qui le force maintenant à jouer de l'accordéon électronique. Le paternel avait même son orchestre familial – Jean-Marie et ses Marsouins. C'est Pascal qui avait la vocation et qui s'est mis à jouer de ces espèces d'accordéons horizontaux à neuf claviers et huit cent mille tuyaux appelés orgues. Quant à Éric, qui est aussi musical que Ringo Starr, ils l'ont mis à la batterie – et il a fait chimie.

Cette année, la messe de minuit se déroule à... minuit, oui. Pascal est déjà là qui joue, et j'y accompagne Marie-Madeleine, Julie et Jean-Marie. Quoique incroyant, je ne rate jamais la messe de minuit. C'est Julie ma Julie qui m'a fait revoir cette institution d'un regard neuf. Voyez-vous, Julie est aussi protestante que je suis catho, c'est-à-dire malgré elle. Les protestants ont la foi austère : pas de décorations, pas de fioritures, ils lisent leur Bible et ils sont là pour communiquer *live* avec le Seigneur. Bref, l'envers du catholicisme. Alors, quand je l'ai amenée à sa première messe de minuit, il y a dix ans, Julie a vu toutes sortes de trucs là-dedans. Par exemple, l'imagerie. Le protestantisme est une religion née de la presse à imprimer où il fut toujours de bon ton de lire sa Bible soi-même. Les temples sont dépourvus de statues, de tableaux et même de dorures. Rien à voir avec le catholicisme, religion plus ancienne qui s'est structurée autour de l'analphabétisme de ses fidèles et du rôle du clergé comme intermédiaire. Julie n'avait pas été déçue par sa première messe de minuit à la cathédrale de Sherbrooke — ma ville natale, et celle de Garou. L'archevêque avait brandi une grosse poupée en plastique toute nue et proclamé : « Voici le fils de Dieu ! » Il avait oublié de cacher l'étiquette. C'était un fils de Dieu à 22 dollars venu au monde dans une boîte de carton.

C'est la première fois que j'assiste à un office religieux en France. On visite toujours les églises en touristes : c'est aussi bête que d'aller visiter un temple bouddhiste quand il n'y a personne, car le plus intéressant demeure le rituel. Cela tombe bien, étant donné que l'église de Contres est tout ce qu'il y a de plus ordinaire : XIIIᵉ siècle rénovée XIXᵉ, plâtre blanc, chaises cannées, haut-parleurs, éclairage, chaufferettes. Pas trop de gadgets.

Les curés en beurrent toujours épais à la messe de minuit, car c'est le gros show de l'année. L'église est bondée de mécréants éméchés qui ne viennent y cuver leur vin qu'une fois l'an, à Noël. Tout bon curé qui se respecte espère sauver du lot deux ou trois de ces brebis égarées — et passablement avinées. Voyez-vous, la plupart des gens dans la foule sont comme moi :

des cathos de troisième zone qui ne demanderaient qu'à croire si seulement le Bon Dieu daignait leur accomplir un petit miracle, là. Ce serait le moment, non ?

La foule solognote est la même qu'au Québec, et ce sont les mêmes ti-culs pas tenables qui jouent sur les bancs. Je n'ai jamais été enfant de chœur, mais il y en a qui aiment ça. Clairement, celui de droite est aux anges. Pendant la communion, il te sonne les clochettes pendant une bonne minute, jusqu'à ce que le curé lui donne un coup de pied. On a aussi droit au chœur de la paroisse, qui chante aussi mal que Pascal joue bien. Même le curé roule des yeux. C'est-y pas une honte de faire trois ans de conservatoire pour être pris à accompagner une bande de tapons pareils ? Mais Pascal fait sa BA. Les fidèles chantent, surtout en mineur. Pour *Le Peuple fidèle* et *Il est né le divin enfant*, ça manque carrément de groove, baby.

Le curé est à la hauteur. Il chante sa messe au complet. Son français, comme celui des programmes, est parfaitement châtié, ce qui est une expression horrible pour dire un excellent français, et le clou de la soirée est bien l'eucharistie − normal, c'est dans le script depuis deux mille ans.

Quelque part entre l'eucharistie et la communion, la grâce me frappe sous la forme d'une RÉVÉLATION. Depuis que je suis ici, on me dit : la France est catholique, la France est catholique. Et chaque fois, je ne comprends pas parce que la France que je vois est plutôt mécréante et cathodique. Mais sa catholicité n'est pas une question de foi, c'est une question de structure. La France a décalqué à l'identique la structure pyramidale de l'Église catholique : il y a une grande Église (l'État) avec son pape à deux têtes (président-Premier ministre), son Esprit saint (la république), sa trinité (Liberté, Égalité, Fraternité), sa curie (le gouvernement), son Inquisition (le procureur de la République), ses cardinaux (Chevènement et autres...), ses évêques (les préfets), son collège des Jésuites (l'ENA), ses jésuites (les énarques), son clergé (les fonctionnaires), sa Vierge Marie (Marianne), ses saints (de Gaulle, Napoléon, Ferry), ses martyrs (Dreyfus, Danton, Jeanne d'Arc), ses anges déchus (Pétain, Robespierre, Papon), ses démons (royalistes, émigrés) et ses fidèles (le peuple français). Elle a aussi Pasqua, mais lui, on ne sait pas où le mettre. Plus important encore, la France se veut universelle, comme l'Église, c'est-à-dire *one size fits all*, une taille pour tous, uniforme, égale, parfaite. Merci, Seigneur !

En vérité, je vous le dis, ça n'est pas de la tarte de se reposer en France : je suis toujours allumé, si bien que je termine la messe mon calepin à la main, en prenant des notes. Ce doit être le roquefort. Devait y avoir du jus de pipe à José Bové là-dedans. Le proverbe dit : c'est en écrivant que l'on devient écrivain. Et c'est donc en écrivant que la grâce me frappe d'une seconde RÉVÉLATION sur le sens du mot « Anglo-Saxon ».

Vous remarquerez que les quelques fois où j'ai utilisé ce mot, c'était par décision. Parce que moi, « Anglo-Saxon », ça me donne la chair de poule. Ça fait très Jeanne d'Arc au bûcher et un peu Le Pen à Vitrolles. Moi, je ne me pense jamais comme un Gaulois. Je ne vois pas pourquoi je parlerais des Anglo-Américains comme d'Anglo-Saxons. Les Français, eux, mettent de l'Anglo-Saxon à toutes les sauces : le cinéma anglo-saxon, les consultants anglo-saxons, le droit anglo-saxon, la culture anglo-saxonne, la logique anglo-saxonne. J'ai du mal à imaginer le sénateur Jessie Jackson ou le cinéaste Spike Lee comme des Anglo-Saxons. D'où vient que des gens aussi intelligents usent de ce terme à tort et à travers ? La clé de l'énigme anglo-saxonne réside dans le fait que j'ai vu désigner comme anglo-saxons des pays aussi variés que les États-Unis, l'Allemagne, les pays scandinaves, la Grande-Bretagne, le Canada, l'Australie, et même l'Afrique du Sud et les Pays-Bas. En fait, on veut dire par là qu'il s'agit de pays à éthique protestante, c'est-à-dire très fortement appuyée sur la liberté individuelle, la vie communautaire et le libre commerce. Mais alors, pourquoi les Français ne peuvent-ils pas appeler un chat un chat ? Tout simplement parce que l'intelligentsia française ne veut pas dire qu'elle est catholique alors qu'elle se veut laïque. Cela n'a rien à voir avec la pratique religieuse : c'est une affaire de structure. Or, contrairement aux pays « anglo-saxons », la République est hypercentralisée, pyramidale et universaliste – comme l'Église catholique, on vient de le voir. Mais comme le terme « catholique » est une étiquette politique dangereuse depuis cent cinquante ans, on l'évite. Alors on dit que les pays protestants sont anglo-saxons, pour s'éviter des problèmes imaginaires, quitte à parler comme Jeanne d'Arc.

Vous voyez que ça dégrise, la messe de minuit.

Après la messe, retour et réveillon. Là, j'ai l'autre surprise de la soirée : les Français réveillonnent au foie gras et aux huîtres. Même que l'Éric, qui n'est pas venu à la messe pour se reposer, vient de finir d'en ouvrir une grosse – douze douzaines.

Vous ne pouvez pas savoir combien cela me réjouit, les huîtres et le foie gras. Dans l'esprit de tout Canadien normalement constitué, Noël = tourtière + cretons + gâteaux aux fruits confits + dinde aux atocas + plum-pouding. En général, ça passe. Mon problème, c'est la tourtière. La tourtière est une sorte de pâté en croûte arrondi fourré d'un hachis de viande. La plupart des faiseuses de tourtières ne savent pas faire, mais comme elles s'en sentent obligées par la force des traditions elles la font n'importe comment. L'intention est louable, mais le résultat est abominable. Les tourtières sont quasi universellement sableuses, ou trop sèches ou trop molles, et toujours insipides. Le seul truc disponible pour relever le mélange, c'est le ketchup, autre abomination qui en dit long sur le niveau culinaire général. Il me souvient d'une année de festivités particulièrement néfaste où l'on m'a servi de la tourtière au ketchup trois fois par jour pendant douze jours – un vrai carême !

Au Québec, nous sommes environ une douzaine à détester la tourtière, et nous avons constitué une sorte de société secrète (je ne vous dévoilerai pas le nom, c'est secret). Cela fonctionne comme une sorte de peloton de la mort des tourtières. J'en ai moi-même fait disparaître quelques douzaines au cours de ma longue vie. Je ne vous dirai pas chez qui, mais ma cellule m'autorise à vous dire comment. On s'y prend comme pour le lancer du disque. D'abord, on saisit la tourtière à pleines mains, comme ça, et on pivote le haut du dos pour s'assurer qu'on la tient bien. Puis, d'une torsion soudaine des épaules, on projette la chose le plus loin possible. Si la croûte est légèrement incurvée sur le dessus, on dirait qu'elle vole tel un ovni.

On peut faire tout un tas de trucs avec le lancer de la tourtière. Quand la tourtière est un peu dure, on peut la faire rebondir sur la neige croûteuse comme les galets sur l'eau. On peut aussi y aller pour le record de distance, en la projetant avec assez de hauteur pour qu'elle aille s'enfoncer le plus loin possible. En général, elles disparaissent jusqu'au printemps. Une tourtière mal faite se désintègre en vol, ce qui projette la viande dans toutes les directions. On peut gagner en aérodynamisme en enduisant la tourtière de ketchup, ce qui est franchement dégueulasse, mais on peut ainsi la voir saigner sur la neige, ce qui est du plus bel effet. Un autre membre de notre groupe se sert également des tourtières de sa sainte mère pour le tir au pigeon d'argile. Je suis également autorisé à vous raconter qu'un excentrique détruisait les tourtières en les mettant à la place du disque dans le phonographe, et personne ne voyait de différence – certaines tourtières jouent même de la musique de Pâques en face B. C'est dire la qualité du phonographe et de la tourtière, et le degré d'ébriété qui prévaut en cette période de festivités. Malheureusement, ça ne marche plus avec les CD, car la tourtière salope tout le lecteur.

Que faisiez-vous le matin du 26 décembre 1999 à 6 heures ? Moi, je dormais du sommeil du juste, la panse bien pansue, gavé de foie gras, d'huîtres, de dinde aux marrons, de saint-émilion et de calva. Si bien que j'ai à peine ouvert l'œil pendant que soufflait la fameuse tempête. Il y avait bien la toiture, qui craquait comme l'armature d'un vieux galion espagnol de la grande Armada dans l'ouragan. (Remarquez ici la qualité de la métaphore.)

Quand nous repartirons le lendemain, nous constaterons l'importance des dégâts partout où nous passerons : panneaux arrachés, grues démantibulées, échafaudages renversés, forêts ravagées. Rien ne marche, il y a des bouchons monstres, les trains ne passent plus, des centaines de milliers de foyers sont privés de courant et de téléphone. Le vent a arraché la moitié des panneaux indicateurs, et il faut naviguer à la boussole. Dans les livres d'histoire, j'avais toujours trouvé bizarre ce dispositif défensif de l'armée française consistant à enlever les panneaux indicateurs pour nuire à l'ennemi. Cela me paraissait un peu fantaisiste, mais à l'essai je peux vous assurer que ça nuit.

J'ai donc échappé aux ravages de la Tempête Du Vingt-Six Décembre, mais il y a un gros iceberg à l'horizon : le bogue de l'an 2000. Cela fait un an et demi que les génies de l'informatique répètent sur toutes les tribunes qu'une lacune de programmation remontant aux années soixante et répétée depuis pourrait entraîner la friture totale de tous les microcircuits de la planète à la même seconde, provoquant l'arrêt du téléphone, des guichets bancaires, de l'électricité, du gaz, des feux de circulation, des voitures, des avions, des tours de contrôle. Bref, Armageddon. En prévision de la catastrophe annoncée, je vais au Vieux Campeur m'acheter un bidon de vingt litres (pour l'eau), deux litres de pétrole (pour le réchaud et le fanal), une douzaine de piles (pour la radio), des bougies (pour voir), des boîtes de conserve (pour subsister) et deux grosses boîtes de capotes réutilisables (pour se désennuyer). Scout un jour, scout toujours...

L'autre raison de ces précautions, c'est que je suis bonne ménagère. Nous recevons des amis pour le réveillon de la Saint-Sylvestre et je n'ai pas envie de me faire surprendre les culottes baissées, alors autant avoir la ceinture et les bretelles. D'ailleurs, il serait temps que je vous les présente, ces amis-là. Il s'agit de Paola, Anne et François.

Paola, c'est une amie ritalo-canado-française dont la vie est presque aussi compliquée que son nom de famille : DeGhenghi.

Ça se prononce à peu près comme « Dégaine, Guy ! » mais ça n'est pas très sortable. Surtout pour les réservations au resto. Dialogue vécu par bibi :

« Une réservation pour trois au nom de DeGhenghi.

— Comment ?

— DeGhenghi.

— Denis Guy ?

— Dégaine, Guy.

— Ah !... (Il regarde dans son cahier.) Nous n'avons rien au nom de Grand Guy.

— DeGhenghi. Vous avez regardé Jean-Guy ?

— Ce n'est pas ce que vous disiez.

— Vous pourriez avoir mal compris.

— Nous comprenons toujours bien.

— Peut-être a-t-elle donné son prénom. Paola.

— Paula ?

— Paola. Pa-o-la.

— Ah ! Paola. »

Le quiproquo s'est réglé à l'arrivée de Paola, qui avait réservé à mon nom pour éviter tout malentendu !

Figurez-vous qu'elle tient ce patronyme fort malcommode de ses parents, des Milanais qui vivent près de Paris dans une belle grande maison de Rueil toute blanche pleine de canards de bois. Ses parents ont pris ça au Canada. En 1957, Ancilla et Romano sont partis de leur lointaine Italie pour aller vivre à London, en Ontario, où le mari avait décroché un poste de chimiste à l'université. Il l'a tout de suite regretté, Romano, car London en 1957, c'est le trou du cul du monde, peuplé de ploucs vivant plouquement dans des bicoques de deux étages, poussant les samedis leur tondeuse plouc et se déplaçant en pick-up plouc le reste de la semaine. Ce London-là n'est pas bien loin de Paris, bourgade ontarienne de 2 000 habitants où il ne fait pas bon vivre. Les DeGhenghi sont donc partis pour Québec, où ils se sont croisés et ont multiplié, produisant deux beaux enfants. Depuis que les enfants ont l'âge de déraison, une polémique ravage le clan DeGhenghi sur l'orthographe du nom de famille. Le père signe Deghenghi, la fille signe DeGhenghi et la mère et le fils signent

De Ghenghi. Vous vous imaginez bien que je ne m'en mêlerai pas.

Paola a toujours entretenu des rapports difficiles avec la France, car elle y est venue avec ses parents au lycée, puis elle l'a quitté pour l'université canadienne, puis elle est revenue, puis elle est repartie, et elle est re-revenue pour y rester. Paola a aussi un chat, Ulysse, que nous avons gardé quelquefois : je peux vous dire que c'est une petite peste qui griffe tout le monde et qui creuse des tunnels dans le tapis. J'adore les chats, mais celui-ci est franchement psychotique. Il a fallu se mettre à trois pour lui couper les griffes. Si ce mammifère n'avait pas été le chat de mon amie Paola, il aurait fini en boîte. Mais voyez-vous, Paola aime son chat. Et nous, nous aimons Paola. À trois mois, Ulysse s'est brisé la mâchoire en tombant du troisième étage et Paola a dépensé 4 000 francs pour le rapiécer. Maintenant, elle l'assure, et quand elle nous l'amène dans sa cage elle apporte aussi le dossier médical. *That's Paola.*

Anne Dupont et François Digonnet, j'ai fait leur connaissance lors d'une table ronde sur la francophonie organisée par l'ambassade du Canada. Anne fait son doctorat en littérature. Sa thèse compare les intellectuels anglophones et francophones du Canada des années cinquante et soixante – ce à quoi personne au Québec n'a osé s'attaquer parce que trop chargé politiquement. Elle enseigne l'anglais au lycée et a étudié en Irlande, d'où elle est revenue à vingt ans avec une pointe d'accent anglais, phénomène assez curieux de la part d'une Française. Elle, elle est caennaise, mais son mari, François, est stéphanois (de Saint-Étchienne, oui !) ; elle accouchera dans quatre mois d'une petite Spinassienne (ils vivent à Épinay-sur-Seine). Anne a la personnalité moins flamboyante que son mari, et c'est tant mieux pour eux : du genre prévoyante, elle étudie tout en enseignant, et regarde très loin devant elle. C'est exactement le genre de personne qu'il fallait à François, qui fut plutôt du genre dissipé.

Il est assez difficile de dire ce qu'est François, car il ne le sait pas lui-même. Il a fait trente-six métiers, il a perdu beaucoup de temps dans la vie, c'est un anarchiste convaincu, il compose des chansons et il a une voix de basse comme vous en entendrez rarement. Il m'a raconté un jour comment il avait vécu pendant six mois dans sa bagnole. C'est un excellent ami, très chaleureux et toujours disponible. On a passé tout l'été à s'inviter à manger – chez z'eux, chez nous. C'est à cause du concert de François à Caen que nous avons commencé notre tour de Bretagne par la Normandie : c'est vous dire si on les aime, ces deux-là.

Outre le bogue, je m'inquiétais un peu que le courant ne passe pas entre Paola, Anne et François, car ils ne se connaissent pas. Finalement, tout marche comme sur des roulettes. Nous faisons donc à cinq le compte à rebours rituel et l'an 2000 arrive enfin. Je suis un peu déçu car ça n'est pas du tout la fin du monde. Pas le moindre réveille-matin qui cesse de fonctionner. Finalement, c'est le bogue qui a bogué.

Le jour de l'an est une des conventions les plus idiotes qui soient, car c'est un jour exactement semblable aux autres. Tous les autres jours de l'année, on célèbre des événements ou des personnes. Mais le jour de l'an, on célèbre une convention. Et le changement de millénaire est sans doute l'idiotie au cube. Pour commencer, l'an 2000 a eu lieu en 1996. Comment ça ? C'est tout bête. C'est la faute du moine chargé du comput en 532, le bien nommé Denys le Petit. Figurez-vous qu'il s'est trompé de quatre ans. C'est un peu normal puisqu'à l'époque personne ne connaissait le zéro, ce qui rendait tout le monde un peu incalculte. Si bien qu'il s'est gouré en comptant sur ses doigts, le moine, et nous avec.

Au calendrier républicain, le jour de l'an 2000 n'est que le 12 nivôse an CCIX.

Cet épisode du calendrier républicain est d'ailleurs l'un de mes favoris de l'histoire de France. Les gars étaient tellement obnubilés par le métrique qu'ils se sont mis en tête de compter les secondes, les heures, les jours de la semaine en métrique. Un coup partis, ils ont décidé qu'ils changeaient tous les noms de mois. Les jours de la semaine allaient s'appeler primidi, duodi, etc. jusqu'à nonidi et décadi, mais cela aurait pu être bien plus poétique encore car on avait envisagé potiron, raisin, oie, tonneau, faisan, cheval, châtaigne, safran et pressoir. Je ne rigole pas. Naturellement, ça ne pouvait pas marcher. Qui veut célébrer Noël un pressoir 5 nivôse ? Le 1er Mai serait le 12 Floréal. Et que dire des week-ends qu'il faut attendre huit jours au lieu de cinq ? Napoléon en a eu assez de ce bordel et il a décrété que le 11 nivôse an XIV serait suivi du 1er janvier 1806.

Il me semble que ça va reposer tout le monde, l'an 2000. D'abord, ça va faire du bien de n'avoir plus aucun schème de référence. Cela fait depuis que je suis tout petit qu'on nous dit que l'an 2000, c'est la fin du monde. En l'an 2000, il n'y aura plus rien à manger, plus rien pour s'éclairer, plus rien pour se chauffer, plus rien à respirer. Chaque fois que quelqu'un essayait de ramener un peu de bon sens dans les débats, un prophète de malheur s'exclamait : « Attendez voir en l'an 2000 ! » Ben là on y est, et pis on est bien !

Le temps, il n'y a rien à comprendre là-dedans. En fait, les historiens nous disent que le XXe siècle est fini depuis 1989, avec la chute du mur de Berlin. Ce qui fait qu'on vit depuis dix ans dans une espèce de non-ère : la nouvelle économie, la fin de l'histoire, Internet. Les journalistes (comme les historiens) aiment bien ça, les boîtes temporelles, ça leur permet de donner un sens à ce qui n'en a pas. Ils inventent des ères : les twenties, les thirties, les fifties, les sixties, les seventies, les eighties, les nineties, qu'on aurait pu appeler les néantises.

Dorénavant, c'est les zéroties, alors ça ne vaut pas la peine d'en parler. Là, on remet les pendules à l'heure.

XVII

Leur pays aussi c'est l'hiver

Où l'auteur, ayant tiré à boulets rouges sur ses compatriotes hivernophobes, part à la découverte de véritables cultures hivernales et effectue sa première jonction avec la culture allemande en Forêt-Noire, réalisant par là son vieux fantasme gothique — en allemand : das gotische Hirngespinst *(ils parlent comme ça, on n'y peut rien)* —, *puis rentre en France avec la ferme intention d'apprendre l'allemand, ce qui lui permet de développer quelques réflexions sur l'Europe des langues et le bilinguisme.*

Vous allez rire, mais je passerai l'un des plus beaux hivers de ma vie cette année-là. J'aime l'hiver. J'ai même apporté mes patins à Paris pour profiter de la patinoire de l'Hôtel-de-Ville. Il faut dire j'ai passablement rongé mon frein l'hiver dernier à cause du déménagement. Alors j'ai décidé de me reprendre et je me suis inscrit à toutes les sorties de ski du Touring Club.

J'aime autant vous prévenir que ma fierté nationale en prendra une claque. Comme tous les Canadiens, je me suis toujours cru un pro de l'hiver. Je sais me tenir sur des patins et mes amis randonneurs, à Paris, ne me trouvent pas frileux. Mais à force de balades à skis dans le Jura, la Forêt-Noire et plus tard les Vosges et la Savoie, je m'apercevrai que ces régions ont bien mieux intégré l'hiver que nous, tant dans les mœurs que dans la pratique intensive de sports aussi « canayens » que la raquette. Comme le dit la chanson, leur pays aussi, c'est l'hiver. Et pis en plus, c'est un pays.

Je m'étais toujours demandé pourquoi mes amis français à Montréal se montraient toujours aussi déçus de nos hivers. Pourtant, ils y trouvaient ce qu'ils cherchaient : le froid, la neige, la grosse nature. Mais il m'a suffi de quelques balades hivernales chez eux pour comprendre ce qui fait défaut chez nous : de l'hébergement adapté, du personnel, de l'authentique, du terroir. S'il manque une certaine joliesse à nos hivers, c'est à cause de la géographie. Car voyez-vous, l'hiver français, on ne le trouve que dans les montagnes. Or qui dit montagnes dit paysages. Nos hivers canadiens ne sont pas une affaire d'altitude mais de masse continentale toute bête. Et il n'y a rien de plus ennuyeux qu'une masse continentale.

Tout de même, nos quelques arpents de neige seraient bien différents si des Européens venant de véritables cultures hivernales les avaient colonisés. Mais en 1608 les Vosges étaient allemandes, la Franche-Comté était suisse et et la Savoie était indépendante. En tout cas pas française. Résultat des courses : la maison canadienne traditionnelle est en fait une maison de la Loire modifiée pour la neige, avec les volets en moins, ce qui est ridicule sous notre climat nordique, et les Canadiens sont restés de grands frileux. À cause du vieux stéréotype, les Français comprennent assez mal que la plupart des Canadiens n'aiment pas l'hiver. Ils le subissent, bien ou mal. Certains tentent même de l'ignorer. Ceux-là, on les reconnaît facilement : ils se promènent nu-tête, en petits souliers et sans gants dans le but évident de prétendre que la bise n'est pas venue.

Moi, je suis plutôt le genre à prendre mes vacances l'hiver dans la neige, alors ma première sortie hivernale a lieu à la mi-janvier dans le Jura. Il s'agit de me remettre en jambes avant la semaine de ski de fond prévue en Forêt-Noire à la fin janvier.

Ce premier week-end dans le Jura sera riche d'enseignements. D'abord sur la région : le Jura est formé d'une série de crêtes basses et arrondies se développant en France et en Suisse. Comme dans les Vosges, l'agriculture s'y pratique soit au fond des vallées, soit au sommet des crêtes, ce qui permet de skier dans des espaces très ouverts et d'admirer les Alpes au loin. On peut donc se laisser aller sur de grands espaces en pente très douce, et pratiquer sa technique de télémark sur la neige dure.

Nous logeons aux Granges Michel, un gîte bâti dans une grosse ferme jurassienne rénovée, à cheval sur la frontière franco-suisse dans la commune de Verrières-de-Joux. Les habitations sont semblables à celles des Vosges. Il s'agit de grosses fermes plus larges que hautes, avec des toits immenses, très solides. Traditionnellement, on y vivait au rcz-de chaussée avec les bêtes, et on mettait le foin au premier. Les Savoyards et les Allemands ont repris le même modèle, à quelques nuances près – à moins que ce ne soit le contraire, mais enfin ! Les bonnes années, ces maisons sont littéralement ensevelies sous la neige. La moindre remise à clous est construite dans le style idoine. L'habitat fait toujours face au sud, pour capter le maximum de lumière, et il est toujours sombre, pour capter la chaleur. Et les corniches sont très avancées pour tenir la neige le plus loin possible de la maison. Même le bois, ils l'empilent en tas de la même forme que leurs toits.

Je pars donc sur les sentiers sous un soleil radieux et passe sans encombres en Suisse. Il n'y a aucune différence notable d'un bord à l'autre de la frontière, sauf le franc suisse, qui est lourd. En fait, on ne sait pas au juste à quel endroit se trouve la frontière. Michel, le proprio du gîte, me raconte d'ailleurs qu'il s'est fait arrêter un jour par un douanier — suisse et zélé — dissimulé derrière un arbre. Je n'en verrai pas un seul des trois jours que je passerai dans la région. Moi qui ai l'habitude de traîner un sac et ma collation, j'ai la surprise de constater qu'il y a des auberges partout. Dans mon esprit de Canadien, l'hiver est synonyme de solitude et de désolation. Alors rien de tel qu'une petite fondue suisse à l'auberge suisse pour se replacer le Canadien.

Pas très loin de l'auberge, j'observe un panneau qui me jette à terre. Ça dit : « Pontarlier 30 km, Neuchâtel 70 km. » Je suis absolument épaté par la densité et le niveau d'organisation du réseau skiable. On ne voit ça nulle part au Canada, où il y a des petites poches de ski ici et là, mais rien de très relié. Le seul endroit où l'on trouve ce genre de structure, c'est les Laurentides, au nord de Montréal, mais il s'agit de pistes non damées, dont les panneaux finissent de rouiller et qui n'offrent pratiquement aucun refuge.

Je suis un peu déçu de constater que les Suisses, qui ont la réputation de prendre leur temps, sont des rapides à ski. Ils font tous du ski à pas de patin, ce qui implique des sentiers larges comme des autoroutes, et ils portent tous des combinaisons moulantes multicolores du genre qu'on imaginait dans les films de science-fiction des années soixante-dix. C'est l'effet de l'olympisme. Moi, je suis un skieur à pas alternatif, plutôt lourd et passe-partout. Comme j'aime partir dans la brousse, je suis équipé en conséquence avec de larges skis à carres d'acier et de grosses chaussures en cuir. Par-dessus le marché, je suis looké (en anglais dans le texte) XIXe siècle : pantalons et chemise de laine, casquette de tweed et gants en peau de phoque chiquée par une Esquimaude édentée. De toute façon, là où je vais d'habitude, l'apparence importe peu puisqu'il n'y a personne pour me voir et qu'il est plus prudent de se traîner sa hache et son briquet – on ne sait jamais. Le principal défaut de l'olympisme, c'est d'avoir inventé de toutes pièces des disciplines idiotes comme le *beach volley* ou le bobsleigh. J'aime le ski, brut. Sans définition. Le « ski de fond » ou le « ski alpin » sont des catégories créées par les pingouins du CIO.

Je frétille littéralement d'impatience à l'idée de partir avec le club pour une semaine de ski en Forêt-Noire. Je ne connais rien de la Forêt-Noire, sauf le gâteau et le jambon. J'ai bien hâte de voir le reste. Adolescent, j'en avais beaucoup entendu parler par le mari de ma tante Louisette, Étienne, un Bavarois grand amateur de ski qu'elle était allée dégoter à Vancouver – après l'épisode marseillais de Jimmy.

Le programme de la semaine consiste à faire le tour du Feldberg, un sommet chauve culminant à 1 493 mètres. Nous changerons donc d'auberge tous les soirs ou presque, dans des lieux avec des noms poétiques comme Bärental (qui signifie vallée aux ours) ou Titisee (le lac Titi).

Les deux premiers soirs, nous logeons chez Frau Kastner. Frau Kastner, c'est la Teutonne type, encore qu'il faudrait dire la Deutonne, car elle est le genre qui tiendrait quatre litres de bière par doigt à l'Oktoberfest. Sur les murs, il y a des photos de Frau und Herr Kastner avec leurs enfants, tous en costumes traditionnels forêtnoiriens – les Allemands disent

Schwarzwälder, ce qui veut dire exactement ça : Forêtnoiriens.

La maison est quasiment squattée par des animaux empaillés, depuis le sanglier jusqu'à la truite, en passant par la zibeline, le lièvre et le cerf. Ce sera partout pareil dans toutes les pensions. Je m'étonne, car les Allemands sont censés être de grands environnementalistes, mais ce sont aussi de grands carnivores et de grands chasseurs et ils aiment les trophées de chasse comme c'est pas permis. Ils doivent tirer dans le tas à la mitraillette.

Ce qui m'embête, c'est que je ne parle pas un traître mot d'allemand, sauf quelques expressions toutes faites comme : *Bitte schön* (Beau s'il vous plaît), *Danke schön* (Beau merci), *Ich bin ein Kugelschreiber* (Je suis un stylo à bille), *Geben Sie mir die Butter !* (Passez-moi le beurre !), *Eins, zwei, drei, gsuffa ! Prosit ! Gemütlichkeit !* (Un, deux, trois, buvons comme des trous ! Santé ! Bien-être !) et *Wohnen Sie bei Ihren Eltern ?* (Vous habitez chez vos parents ?), ce qui ne se place pas dans n'importe quelle conversation. Je sais aussi du vocabulaire de film de guerre, comme *Achtung !, Jawohl !, Schnell !, Kaputt !* et *Blitzkrieg*. Mes amis français savent plutôt des mots allemands du temps de l'Occupation, comme *Kartoffel, Ausweis !* et *Raus !* – c'est-à-dire patate, laissez-passer et dehors. C'est à cause de leurs histoires. Si bien qu'à nous sept on sait assez d'allemand pour tenir une conversation avec un enfant de huit ans.

La Forêt-Noire n'est absolument pas française, ce qui m'étonne beaucoup. Je m'explique. En effet, du côté français, l'influence allemande (ou germanique) dans l'architecture, les noms de lieux et même l'accent se fait sentir aussi loin que R'mir'mont. Mais de ce côté-ci, tout est teuton. De plus, le populo n'est pas du tout bilingue. Autre matière à étonnement. Car on se fait souvent dire que les Allemands sont extraordinairement bilingues, ou en tout cas beaucoup plus que les Français. Ce qui n'est pas du tout le cas. Heureusement, dans notre groupe, il y a Henri, un Roumain qui a appris le teuton pendant l'occupation allemande en Roumanie, et il y a Jacques, qui a travaillé en Allemagne pendant la guerre – je suis de loin le cadet, comme vous pouvez le constater. Chez les Kastner, Frau Deutonne ne baragouine que l'espagnol – ce doit être un restant d'empire des Habsbourg. Heureusement que je parle cette langue, cela nous servira plus d'une fois.

L'Allemagne, c'est vraiment ailleurs. Ça se voit à la façon dont les gestes les plus quotidiens doivent se conformer à des usages nouveaux. Il y a notamment le problème des chiottes – en allemand : *das Klo*. Depuis un an, je ne me suis toujours pas habitué aux toilettes à la turque, et voilà les Kastner qui fonctionnent selon le modèle allemand. Il faut le voir pour le croire. De loin, le trône allemand a l'air du trône français, qui lui-même a l'air du trône Crane – le père de mon *Institute*. Sauf que la chiotte allemande se vide par le devant plutôt que par l'arrière, ce qui est parfaitement horrible. À l'arrière, il y a un petit plateau qui permet à votre relief de prendre l'air bien au sec avant la plongée. C'est tellement dégueulasse que je me suis résolu à m'asseoir à l'envers sur les toilettes à l'allemande – c'est-à-dire à l'endroit pour moi.

Il paraîtrait que cette particularité a fait l'objet d'une grosse querelle – en allemand : *ein großer Streit* – franco-allemande à la Commission européenne. Je vois d'ici les délégués allemands avec leurs diagrammes en train d'expliquer à leurs collègues les mérites de chier sur plateau :

« On peut examiner l'étron, monsieur Delors.

243

– On peut aussi le regarder partir dans le tourbillon. Ça amuse les enfants.

– Vous verrez, monsieur Delors : l'essayer, c'est l'adopter. »

Je pense que les Allemands auraient pu maintenir leur modèle contre l'Europe s'ils avaient invoqué l'exception culturelle – en allemand : *die kulturelle Ausnahme*. En tout cas, c'est ce que les Français auraient fait, j'en suis sûr. Heureusement, le modèle allemand sera balayé par la marche de la civilisation, encore qu'il subsiste des poches de résistance, dont la pension Kastner.

Le dernier jour, à Fribourg-en-Brisgau, je dis au revoir à mes amis à la gare et je reste un jour de plus pour voir ce que c'est que l'Allemand des villes.

Décidément, les Teutons sont des gens curieux. Très carrés, ils respectent scrupuleusement les limites de vitesse et s'arrêtent aux feux. Mais ils portent des boucles d'oreilles et n'ont aucune retenue quand ils boivent.

Pour me faire l'oreille, je vais au ciné – en allemand : *das Kino* – voir un James Bond, le genre de truc de base. Je m'étais préparé à toutes les questions, mais le sagouin du guichet se met à me baragouiner un truc à n'y rien comprendre. Heureusement, son collègue parle l'anglais et me demande quelle place je veux. Figurez-vous que dans un cinéma allemand, on est placé comme au théâtre – j'ai le siège R-22. En revanche, les Allemands ne rallument pas les lumières entre les pubs et le début du film – l'une des coutumes les plus incompréhensibles du cinéma français.

Le James Bond, je l'ai vu deux semaines avant en anglais, alors je connais l'histoire. Mais je peux vous assurer que Sophie Marceau s'exprime aussi bien dans la langue de Goethe que dans celle de Shakespeare.

« *Wie heißen Sie ?* »

244

— Ich heiße Bond, James Bond.
— Ach ! Auf Wiedersehn, señor Bond.
— Auf Wiedersehen, señorita. »
Si vous n'y comprenez rien, c'est tout à fait normal.
Je voulais juste vous donner goût aux belles lectures.

Ma résolution est prise : dès mon retour d'Allemagne, je file au Goethe Institut pour m'inscrire à
un cours d'allemand. C'est tout à fait moi, ça : la fois
où j'ai redécouvert le Mexique, en 1987, je me suis
mis à l'espagnol pour mon plus grand bien. Cette fois,
ce sera le *Deutsch*. Adolescent, je m'étais passionné
pour cette langue du fait que l'oncle Étienne était très
populaire dans la famille. Mais mon école n'enseignait
que le latin et l'anglais, et je peux vous assurer que
la combinaison des deux ne fait pas de l'allemand.
J'ai aussi une raison professionnelle pour prendre
des cours. Durant ma semaine de ski en Allemagne,
j'ai lu deux auteurs allemands résidant en France, le
journaliste Klaus Harpprecht et l'historien Joseph
Rovan, et j'ai trouvé que ce qu'ils avaient à dire sur
la France était nettement plus original que ce qui
émane de la plupart des autres sources étrangères,
notamment américaines. Joseph Rovan, en particulier,
est un Français qui se souvient d'avoir été allemand
(le titre de ses mémoires), et son histoire de l'Allemagne est un livre brillant qui remet en perspective
toute l'histoire de France. J'ai glané dans ces lectures,
et d'autres, tout un tas de trucs, dont une expression
allemande qui est l'un des plus beaux hommages
qu'un peuple puisse rendre à un autre : « *Leben wie
Gott in Frankreich* » — Vivre comme Dieu en France.
C'est pas gentil, ça ?
Je découvre combien l'histoire des deux pays est
indissociable. Depuis mon arrivée, j'avais cherché
plusieurs fois à visiter la capitale de Charlemagne,

Aix-la-Chapelle. Et comme je ne trouvais rien, j'avais cru que la ville avait été rebaptisée. En réalité, Aix-la-Chapelle s'appelle Aachen, qui se trouve en Rhénanie-du-Nord-Westphalie. Conclusion : les frontières n'ont pas toujours été très claires. D'ailleurs, les deux pays se sont construits selon des mouvements opposés. L'Allemagne s'est définie autour d'une langue commune, alors que l'histoire de France, c'est l'histoire d'une langue qui a colonisé son pays. Et cela change tout. Absolument.

Bien avant qu'on parle du couple franco-allemand, la France et l'Allemagne s'examinaient et se copiaient l'une l'autre : les Allemands ont tout fait pour centraliser leurs 329 principautés en une seule Allemagne, ce qui a mal tourné avec Adolf ; à l'inverse, les mesures sociales françaises, et en particulier le paritarisme, s'inspirent de pratiques développées par Bismarck en Prusse dans la seconde moitié du XIXe siècle. Même l'idée des 35 heures est allemande. Les raisons d'apprendre l'allemand sont donc nombreuses, et je regretterai de n'avoir pas commencé dès ma première année en France.

Les professeurs du Goethe Institut parlent tous un français impeccable, mais ils sont également carrés à souhait. J'ai beau leur expliquer que je ne parle pas un traître mot d'allemand, ils insistent pour que je passe l'examen. Comme je ne comprends même pas le questionnaire, je réponds en aidant un peu le hasard. Heureusement, c'est du choix multiple. Le correcteur applique sa grille et je m'en tire avec 17 sur 73. Mais comme les Allemands ne laissent rien au hasard, le correcteur a également une charte qui permet justement d'établir la part du hasard. Il soustrait donc 20 points, ce qui donne − 3 sur 73. C'est mieux qu'un zéro pointé. On m'assigne donc la classe des zéros.

Autant le dire tout de suite : au terme de deux cours et demi, je baragouinerai brillamment l'allemand, mais ça ne dépassera jamais le stade du baragouinage éclairé. En revanche j'ai beaucoup appris sur l'Europe. En fait, en choisissant de retourner m'asseoir sur les bancs de l'école, j'ai pris la meilleure décision possible pour comprendre cette grande question qui est la pierre d'achoppement de l'Europe : les langues.

J'ai ma petite théorie pour expliquer pourquoi on dit que les Français sont moins bilingues que les autres Européens. D'abord, je crois que c'est faux : je suis même convaincu que les Français ont toujours été aussi bilingues que les autres. Problème : le niveau de bilinguisme d'un peuple ne se mesure pas, objectivement. Toutes les études ne peuvent mesurer que ce que les gens pensent d'eux-mêmes. À la question : « Parlez-vous une autre langue ? » un Français aura tendance à répondre non, sauf s'il la parle bien, tout simplement parce que la maîtrise parfaite de la langue est fondamentale pour lui.

L'autre aspect de la question, c'est : de quel bilinguisme parle-t-on ? Le bilinguisme, c'est le fait de parler n'importe quelle autre langue que sa langue maternelle. En ce sens, il y a au moins une dizaine de millions de Français qui sont bilingues de naissance, du fait que leurs parents sont corses, bretons, alsaciens, beurs ou africains. Ça, c'est le bilinguisme qu'on ne choisit pas. Il y a aussi le bilinguisme qu'on choisit. Et, là, ça n'est pas évident non plus parce que le rapport entre les langues est asymétrique. Par exemple : l'espagnol est bien plus facile à apprendre pour un francophone que l'inverse, parce que la langue espagnole comporte moins de sons et sa grammaire est plus claire. Les Anglais trouvent le français aussi difficile que l'allemand, mais pour des raisons différentes. En revanche, les Allemands trouvent l'anglais ridiculement simple par rapport au français. Donc, il y a peut-être plus d'Allemands bilingues *anglais*, mais je doute fortement qu'il y ait plus d'Allemands bilingues. Tout cela est néanmoins hypothétique : de la centaine d'articles que j'ai lus sur la question, je n'ai jamais pu tirer un seul chiffre fiable.

Les Français souffrent d'un blocage culturel particulier qui leur nuit dans l'apprentissage d'une langue étrangère : leur maudite obsession de la correction. Apprendre une langue n'est pas difficile si on peut justement se remettre dans l'esprit d'un enfant, qui ne parle aucune langue à sa naissance. Un enfant qui apprend sa langue maternelle l'apprend en combinant des bribes inconsciemment. Je pense que cette partie du processus est particulièrement difficile pour les Français. Parce que « bien parler » est l'objectif central de l'éducation en France. Or, pour bien apprendre une langue étrangère, il faut la parler sans complexes, et donc mal au début. Un fait ressort des conversations avec mes collègues : les Français ne parlent jamais du français comme d'une langue. Absolument curieux. Pour eux, c'est le français. Quand ils apprennent l'allemand ou l'arabe, ils ne disent pas « langue seconde » comme au Québec. Ils disent : « J'apprends une première langue » – alors que c'est objectivement la seconde. Moralité : on les a incités à croire qu'elle était innée alors qu'ils l'ont acquise.

Une source du blocage vient d'une vieille idée qui n'a rien à voir avec la nature intrinsèque du français : l'idée du français œuvre d'art. La langue française est une création, avec des normes très fortes et très définies. C'est exactement le contraire de l'esprit de l'anglais – les Anglais ont rejeté l'idée d'une Académie anglaise sur le modèle de l'Académie française. Les anglophones ont voulu d'une langue véhiculaire : ils la parlent sans complexes. Le défaut en est qu'il est facile de le mal parler – pour citer un académicien français. Mais du moment qu'on se comprend ! Pas de vertu là-dedans : les British ont dû apprendre à vivre assez tôt avec l'idée qu'ils seraient minoritaires dans leur propre langue. Les Espagnols aussi, d'ailleurs. Cela n'a rien à voir avec la nature de la langue : le français existe en forme véhiculaire, cela s'appelle la francophonie, mais ça passe mal à Paris.

Comme je l'ai raconté au chapitre XI, j'ai fait la rencontre l'été dernier d'un M. Jean-Marie Bressand, un ancien héros de la Résistance, qui a fondé Le Monde bilingue. Je vous ai surtout parlé de ses exploits, mais très peu de son organisme, dont la devise est : « La paix par les langues. » Je ne suis pas certain que le bilinguisme apportera jamais la paix, car il y a trop de monde bouché, mais il me semble que ça ne peut pas nuire et que les gouvernements devraient faire un effort.

Jean-Marie Bressand tient le Canada pour la référence mondiale en matière de bilinguisme officiel. C'est le seul pays, avec la région du Val d'Aoste, où il existe un programme officiel d'immersion regroupant environ 300 000 élèves – soit 10 pour cent de la population scolaire, ce qui est énorme. Les Canadiens ignorent cependant que la conception du système n'est pas canadienne mais française, et que c'est le bébé de Jean-Marie Bressand, qui fonda Le Monde bilingue en 1950 et dont les premières expériences d'immersion scolaire remontent à 1951. L'idée de Bressand était d'offrir à tous le même genre d'éducation linguistique que les enfants de richards reçoivent par leur gouvernante étrangère. Parce que les enfants d'âge préscolaire peuvent assimiler de front deux ou trois langues.

Ça paraît simple, mais pour réussir le truc à grande échelle il faut déplacer des milliers de profs et modifier les structures. Alors, on imagine les résistances. Jusqu'au milieu des années cinquante, les gouvernements français, briton et américain ont procédé aux premiers échanges de professeurs, et quelques milliers d'enfants sont passés dans les classes d'immersion, principalement françaises et anglaises. Puis le système s'est grippé et ça n'est guère allé plus loin.

Je peux comprendre que les réseaux scolaires publics résistent à l'idée de l'immersion, mais je trouve déplorable que les gouvernements européens n'aient pas encouragé une meilleure offre linguistique en dehors de l'école. Moi, par exemple, j'apprends l'allemand à Paris mais je ne trouve pratiquement rien hors du Goethe Institut, à part quelques films avec Klaus Kinski auxquels il n'y a rien à comprendre. Il y a deux librairies allemandes, mais il n'y a aucune télé ou radio en allemand. Arte, c'est une chaîne franco-allemande, mais en français. Ce genre de fermeture se concevait plutôt bien en 1914 ou en 1939. Mais pas avec l'Europe. Les dirigeants des six pays du noyau dur de l'Europe ont commis une erreur historique en négligeant cet aspect, en n'imposant pas le multilinguisme des fonctionnaires et en ne favorisant pas l'offre linguistique dès le départ. Dès l'union douanière de 1958, ces pays auraient dû procéder à des échanges massifs de fonctionnaires, de professeurs et d'étudiants, mais surtout ils auraient dû encourager la retransmission d'émissions de télé en langues étrangères pour appuyer les cours de langues – comme cela se pratique au Canada.

Dans le contexte européen actuel, l'apprentissage des langues s'opère mal, et il faut énormément de volonté et de moyens aux élèves pour exposer leurs oreilles à un peu de langue étrangère. Il ne faut donc pas s'étonner si les jeunes Européens se tournent vers la seule langue disponible sur le marché qui se soit donné tôt des moyens de diffusion importants : l'anglais. D'ailleurs, c'est assez typique de l'anglais de profiter des carences des autres. Ils ont fait ça aussi pour l'Amérique.

XVIII

Se faire des montagnes

Où l'auteur visite des amis en Haute-Savoie, pimentant le voyage de parenthèses pénétrantes sur les intellos, la famille et l'éducation du Franceau (qui est le petit du Français comme chacun sait), et dévoile le sujet qu'il aimerait étudier s'il redevenait étudiant.

Je me suis offert une petite semaine de ski de randonnée alpine en Haute-Savoie, autour du mont Thabor, en mars. Je ne vous en ai pas parlé parce que c'étaient mes vraies vacances. La seule chose que j'ai apprise ? Jouer au tarot – c'est vous dire. Je n'avais même rien à lire. Mais j'ai tellement aimé la haute montagne que lorsque les amis Anne et François m'invitent durant leurs vacances au Grand-Bornand, je ne fais ni une ni deux, et hop !

Je les retrouve donc à Genève le 25 avril. Ils sont venus me chercher en bagnole et nous partons aussitôt pour le Grand-Bornand. Le paysage devient de plus en plus rugueux à mesure que nous nous éloignons de Genève et après avoir franchi une gorge étroite nous nous retrouvons au milieu des montagnes et à destination.

Le Grand-Bornand n'a de grand que le nom, car

c'est une petite commune de 2 000 habitants. Le village est blotti le long du ruisseau Borne, que les gens du coin s'obstinent à appeler une rivière. Les maisons sont toutes de grosses fermes savoyardes en bois, solides et noires, où les gens logent juste au-dessus de l'étable – ça doit sentir bon là-dedans ! La vue est grandiose : tout au bout de la vallée, les Aravis bouchent l'horizon. Une barrière bien plus formidable. Le Grand-Bornand fait partie de ces petites stations de ski « traditionnelles ». Rien à voir avec les usines à ski : au contraire, on fait terroir dans le coin. Son slogan pourrait d'ailleurs être « 2 000 habitants, 2 000 vaches ». Ses infrastructures sont tout à fait ordinaires, mais sympathiques. De plus, le Grand-Bornand est un cul-de-sac : le col de la Colombière est fermé l'hiver, et la seule raison d'y passer c'est de vouloir y séjourner.

J'apprendrai le jour même que je suis dans l'une des vallées d'origine du reblochon, l'un de mes fromages favoris. Il paraît que ce terme signifie « la seconde traite » en savoyard. Cela vient du temps où les moines, au col des Annes, étaient les seigneurs des environs. Quand ils inspectaient bergeries et fermes, ils se prenaient naturellement un pourcentage. Les paysans, pas fous, commettaient alors un vilain péché : comme ils étaient taxés sur la quantité traite, ils ne trayaient pas leurs vaches jusqu'au bout. Après l'inspection, ils finissaient le travail et utilisaient le lait de cette seconde traite (plus crémeux) pour fabriquer un fromage.

C'est le printemps, ici, et l'herbe est déjà d'un beau vert – la nature n'a pas une seconde à perdre. Nous non plus d'ailleurs, et après un repas vite expédié François et moi partons faire une petite rando du côté du col de la Colombière.

François a une excellente vision, et après quelques

minutes de marche il aperçoit des bouquetins dans les falaises du pic de Jallouvre et dans les vallons herbeux formant une sorte de plateau entre les falaises et la route. Nous sommes encore assez loin des animaux pour qu'il hésite entre bouquetins et chamois. Nous avons le vent en face, ce qui signifie qu'avec un peu de chance les bêtes ne nous sentiront pas.

Et en effet, nous nous retrouvons à quelques mètres seulement. Il s'agit bien de bouquetins, avec leurs longues cornes noueuses. Je ne sais pas ce qu'il y a dans l'herbe du coin, mais ces grosses chèvres ont l'air bourrées aux stéroïdes – il faut l'être pour gambader comme elles le font dans les rochers et au bord des précipices comme si de rien n'était. Pour une raison qui m'échappe, elles nous laissent approcher. On doit sentir le bouc. Moi, je ne me sens plus de joie. J'ai rarement observé des animaux sauvages de cette taille et de si près. Au Canada, il y a tellement de végétation qu'on n'en voit jamais. Je m'étonne que ce genre de bestiole subsiste encore dans les Alpes, en dépit de la colonisation des stations de ski.

L'une des raisons pour lesquelles j'avais hésité à venir au Grand-Bornand, c'est qu'Anne n'a accouché que trois semaines auparavant. Mais c'est elle qui a insisté le plus. Elle tient une excellente forme, malgré l'allaitement. Je n'en reviens pas. Y a pas à dire, les femmes sont bien plus fortes que leurs mâles.

Sur le bébé, Ambre, je lance les niaiseries d'usage : elle ressemble à son père, elle n'est pas trop déformée, elle est en avance pour son âge. Mais je me limite. Il n'y a rien de plus agaçant que d'être obligé de dire tout un tas de trucs ridicules aux parents sur la beauté, l'intelligence et la précocité de leur nourrisson. D'abord, un nouveau-né, c'est laid comme le péché et bête comme un manche de pioche. Dans la plupart des cas, le nourrisson a la tête en torpille, parfois avec la marque du forceps sur le front. Chauves ou velus, ils sont invariablement couverts de cloques, grimaçants, avec un clin d'œil permanent. Vraiment pas une référence pour le concours de Miss America. J'ai beau faire des efforts, je ne trouve pas les bébés humains particulièrement jolis. Moi-même, je fus le bébé le plus abominablement laid de tous l'est du Canada. Je ne blague pas : j'étais si déformé que mes parents n'ont pris aucune photo de moi avant mon quatrième mois. (Mon dossier révèle qu'on se servait de ma bine pour provoquer des accouchements et faire avorter les jeunes filles – redoutable, mais entièrement naturel et autorisé par le pape.) Quoique né à terme, j'étais si malingre (sous les deux kilos) que le médecin a dit à ma mère que ça ne valait même pas la peine de nourrir « ça » – la médecine sortait tout juste du Moyen Âge en 1964. Je parle donc d'expérience quand je vous dis qu'un mioche tout frais sorti, c'est moche.

On est de drôles de marsupiaux, vous et moi. J'en vois dans le fond qui s'agitent. Ne sommes-nous pas des mammifères ? Oui, certes, mais la plupart des mammifères mettent bas un rejeton qui tient la route. Le girafon, le chamelon, le poulain, le veau, l'éléphanteau ou le baleineau gambadent déjà allégrement quelques minutes après la naissance – encore que pour ce qui est du baleineau, cela demande de l'imagination. Il s'en faut d'à peine quelques semaines pour que le chiot, le chaton, le lapereau, le levraut, le louveteau et le serpenteau quittent le nid, le terrier, le trou et l'antre – encore que le serpenteau ait les mêmes difficultés conceptuelles que le baleineau. Au bout de quelques mois, parfois un peu plus, ils sont matures et prêts à saillir, lutter, monter, côcher et bouquiner. (C'est l'Académie des Français qui a décidé que les lapins « bouquinent » au temps des amours. Où donc ces vieux boucs ont-ils bien pu bouquiner ça ? Ce sont les bouquinistes qui bouquinent au temps des amours. Les lapins lapinent.)

Les marsupiaux sont des mammifères bizarres qui mettent bas des machins ridicules si mal développés qu'ils doivent les fourrer dans une poche ventrale pour qu'ils finissent leur gestation. L'humain, c'est pareil : la gestation humaine devrait durer quatre-vingts semaines, mais le bébé ne franchirait plus la sortie et les femmes exploseraient. Alors, elles accouchent au bout de quarante semaines d'une créature très incomplète qui ne maîtrise qu'un seul réflexe : sucer − plus quelques trucs idiots pour amuser les pédiatres. Pour le reste, il faudra repasser. Ça ne reconnaît personne avant quelques semaines ; ça commence à réagir à certains stimuli après plusieurs mois ; ça finit par marcher, mais mal, au bout d'un an ; ça continue de faire sous soi pendant des mois et des mois ; puis ça finit par se vêtir tout seul juste avant la maternelle. Ensuite, il faut les mettre à l'école. Vers douze ans, cela développe finalement toutes les fonctions de base permettant de saillir, lutter, monter et bouquiner, techniques qu'ils pratiqueront en dilettantes pendant de longues années avant d'en envisager la finalité réelle. Mais cela reste enfantin pour une période additionnelle allant de quatre à quinze ans. Après quoi, tout fiers de leur indépendance, ils demandent à papa de leur trouver un appartement, de le meubler et de les aider à déménager. Et ils ne sont pas encore mariés ! Mais ils peuvent enfin vivre ! Dépêchez-vous : c'est le début de la fin.

Bref, la société n'est rien d'autre qu'un immense substitut de la poche ventrale dont nous ne sommes pas équipés. Heureusement, d'ailleurs : vous voyez votre femme avec une poche ventrale en plus ?

257

Comme je n'ai pas encore ma propre famille malgré mes 445 mois (je suis un excellent exemple de maturité tardive), j'observe beaucoup les familles françaises et j'ai pu constater deux différences notables dans la façon dont on élève les enfants ici et au Canada. La première, c'est le vocabulaire extrêmement varié que les Français ont développé pour leurs rejetons et qui témoigne d'une relation complexe. Dans le registre sympa, il y a les petits, les petiots, les bambins, les gamins, les mômes, les gosses, les mouflets, les marmots, les marmousets, les loupiots. En moins sympa, la liste comprend (entre autres !) : les chiards, les babouins, les mioches, les moutards, les gones, les gnards, la gnasse, la gossaille, les morveux, les moucherons, les nabots, les têtards et les trousse-pets – ce dernier reste mon préféré.

L'autre truc objectif, c'est la propreté. En France, on entend peu parler d'enfants qui ont encore la couche aux fesses après deux ans. En Amérique, il est très rare qu'ils soient propres avant cet âge. On voit même certains mioches de quatre ans, la couche aux fesses, qui disent à leurs parents quoi faire pour les torcher. En Amérique, où l'on glorifie l'âge de l'Innocence et où tout est pensé pour que l'individu atteigne son plein potentiel (le sien et pas celui d'un autre), on encourage très tôt le gosse à s'exprimer dans sa couche – c'est tout juste si on n'expose pas les couches souillées en vitrine.

Je pense que la question de la propreté résume toutes les différences entre les modèles éducatifs et familiaux français et américain. En France, la famille et l'école tendent à être plus autoritaires. Les enfants ont intérêt à marcher droit. Depuis notre arrivée, Julie et moi sommes épatés de voir des Franceaux (les petits du Français) de six ans qui se tiennent à table, savent s'exprimer, écoutent la conversation jusqu'à ce qu'on leur dise de parler. Tout le projet éducatif consiste à en faire de jeunes adultes le plus rapidement possible.

Tout se joue avant six ans, dit-on, et il est clair que les parents font avec leurs enfants ce que la République a fait avec la France : elle te me les fait rentrer dans le moule.

Les diplômes sont tout dans la société française, si bien que la prouesse académique et la réussite aux concours déterminent l'avenir de façon radicale. Cela explique un curieux renversement qui se produit au début de la puberté, au moment justement où la prouesse académique est vitale pour l'avenir. J'ai d'ailleurs eu une conversation fascinante avec le fils de mon ami Chabert, le spéléologue. Vers l'âge de quatorze ans, le benjamin, Benjamin, a exprimé le souhait de vivre un an aux États-Unis, et Jacques lui a trouvé là-bas une famille d'accueil et une école. Deux choses ont frappé le Benjamin : les élèves américains du même âge sont très en retard sur lui au plan scolaire, mais beaucoup plus matures socialement : ils conduisent une auto, la plupart ont travaillé, ils organisent leur temps comme ils veulent. Il est très singulier, quand on y réfléchit, que l'enfant français soit si avancé sur certains aspects de la vie sociale jusqu'à l'adolescence, avant de plafonner pour quelques années tandis que tous les progrès se concentrent au niveau scolaire puis universitaire. Si bien qu'il n'est pas rare de rencontrer un jeune de vingt-cinq ans n'ayant jamais travaillé de sa vie. Une amie du club de randonnée, Liliane, m'a aussi fait visiter son école, et j'ai été fort surpris de voir les élèves se mettre en rang pour se faire accompagner d'une classe à l'autre, et se lever à l'entrée du professeur pour dire bonjour. D'ailleurs, ici, il faut savoir sa leçon, les notes sont rarement au-dessus de 14 sur 20, et quand c'est mauvais ça n'est pas seulement zéro, c'est zéro pointé. Tout le débat en France sur l'introduction de la pédagogie est d'ailleurs fascinant, puisqu'on perçoit l'école comme le lieu de rencontre des esprits, où le professeur professe et où l'élève étudie – élève que sa famille protège pour que sa prouesse soit maximale. Tout l'inverse de la doctrine nord-américaine qui n'est qu'essentiellement pédagogique : il faut se mettre au niveau de l'enfant et le laisser se développer. Au bout du compte, à vingt-cinq ou trente ans, cela revient au même, mais les chemins sont très différents.

D'autre part, je suis en France depuis assez longtemps pour savoir que ce sont les Françaises qui assurent. La contribution du Français aux tâches ménagères se limite en général à finir son assiette et à prendre ce qu'on lui donne. François est l'un des seuls Français de mon entourage qui se mette en cuisine. Tout ça pour vous dire que c'est lui et moi qui préparons la tartiflette pendant qu'Anne récupère.

La Savoie est le pays du génépi, dont je raffole, alors nos discusions nocturnes seront fort arrosées. Anne, François et moi avons toujours des conversations pétées et assez nourries sur tous les sujets. Les plus récurrents : la politique et les intellectuels. Anne, je l'ai dit, fait sa thèse sur les intellectuels canadiens francophones et anglophones des années cinquante et soixante, et il y a beaucoup à dire là-dessus. Pas facile comme sujet, d'ailleurs. En particulier parce que ces deux groupes n'ont pas la même définition de l'intellectuel.

Il est assez difficile d'étudier l'intellectuel en Amérique, car cette figure déconsidérée vit terrée. En Amérique, on valorise l'expert, à qui l'on permet de s'exprimer parce qu'il sait de quoi il parle. Mais les grandes gueules dépourvues de sens pratique et dont le principal talent consiste à prendre une position et à la défendre publiquement, c'est mal vu − surtout depuis les années cinquante, à l'époque de la chasse aux sorcières communistes. Vous voyez que c'est tout le contraire de la France, où l'intellectuel est fortement valorisé. Cela ne veut pas dire qu'il n'y pas d'intellect en Amérique, mais les intellectuels doivent toujours se justifier. À l'exception du Québec, où ils sont légèrement mieux vus.

La tartiflette fut excellente, le génépi l'est tout autant, mais je me demande si le grand art des Français, plutôt que la cuisine, ne serait pas la rhétorique − ce qui complique la lecture et la conversation. Les Italiens ont l'opéra, les Allemands ont le crincrin, les Britons font du théâtre, les Américains grattent la guitare, les Suédoises jouent aux fesses. Les Français, eux, font dans le verbe. Tout leur système scolaire est organisé avec la volonté évidente de structurer la pensée et son expression. Il est assez difficile de dire qui de l'œuf ou de la poule vint en premier. Cet accent très fort sur l'expression découle-t-il de la place des intellectuels dans la société française ou vice versa ?

Vous voyez le genre de conversation qu'on a avec le génépi...

J'admire beaucoup le travail d'Anne. Je n'aurais jamais eu la patience de vivre dans l'air raréfié des facultés, avec leurs chicanes de clochers, leurs querelles de clercs de notaires et leurs guerres picrocholines. D'ailleurs, je fus un étudiant on ne peut plus moyen. Tout de même, si j'avais à rédiger une thèse de doctorat, ce serait celle-ci : *Phénoménologie de la communication comparée et déclin de l'expression française au XXᵉ siècle.* En bon français, cela revient à dire :

pourquoi la littérature française est-elle devenue aussi plate dans le dernier tiers du XXᵉ siècle ? Chaque fois que j'en parle à ma vieille mère, elle me regarde en disant : « Mon fils tu as la fièvre ! »

Cela m'est venu il y a une dizaine d'années en consultant l'encyclopédie. Je travaille toujours avec trois : une Larousse 1898 (superbes descriptions), une Britannica 1962 (très généraliste) et une Universalis 1984 (très académique). Un bon jour, je commence à lire *Le Père Goriot* et je décide de me plonger dans mes encyclopédies pour en savoir plus long sur l'auteur – Balzac ne fait pas partie des lectures scolaires obligatoires en Amérique. De toute évidence, un boulot pour Universalis. Puisque Universalis est française, j'y lirai des choses intelligentes, me dis-je. En effet : c'est tellement intelligent que je n'y pige rien ! Neuf pages sur l'essence et la métaphysique balzaciennes – au bout desquelles je ne sais pas au juste ce qu'a écrit Balzac, quand il est né, qui il était. Une belle compo à la mords-moi-le-nœud : thèse-antithèse-synthèse. À mon corps défendant, je me tourne vers Britannica : l'article sur Balzac tient en quatre pages – sa vie, son œuvre, le sens de tout cela. Carré et clair. Par curiosité, je vais consulter le Larousse 1898 : un tour de force. En deux tiers de page, ils en disent autant que Britannica en quatre. Ça c'est de l'écriture ! Je veux bien admettre qu'Universalis ait pris le parti de la spécialisation, mais cela va contre l'esprit même de l'encyclopédie.

Je ne suis pas le seul à avoir constaté un problème, car la grande mode dans les cercles intellectuels français depuis quelques années consiste à s'interroger sur le déclin de la pensée française. Il n'y a plus de grands penseurs, dit-on, il n'y a plus de grande littérature. J'ai longtemps pensé la même chose. Regardez des auteurs comme Zola, Camus, Hugo, Verne : tous d'une lisibilité et d'une clarté inouïes. Lisez Tocqueville : c'est d'une limpidité sidérante. Et puis, entre 1898 et 1984 – je prends les dates de publication de mes trois encyclopédies comme référence mais ç'aurait pu être 1911 et 1993 –, je ne sais pourquoi, l'écriture française devient hermétique, trouble, et carrément grotesque par moments. Or, en y réfléchissant bien – et c'est ma petite théorie à moi –, c'est moins une question de fond que de forme. À mon avis, cela tient au fait que les Français sont devenus des communicateurs moins efficaces au XXe siècle. L'idée m'est venue en écoutant l'une des envolées logorrhéiques de mon ancien rédacteur à *L'Actualité*, qui avait une façon bien à lui de critiquer les journalistes : « Arrêtez de vous exprimer, on veut du monde qui communique ! » Cette opposition résume toutes les différences entre les traditions journalistiques anglo-américaine et française.

La *communication* est un exercice qui fait s'interroger l'écrivain sur trois plans : Qu'est-ce que je veux dire ? Quelle est la meilleure façon de le dire ? Comment mon propos sera-t-il reçu ? Ce n'est pas un hasard si le mot est appliqué à la technologie et à la diffusion. Une antenne radio peut transmettre ce qu'elle veut, s'il n'y a pas un récepteur allumé et syntonisé sur la fréquence il n'y a pas de communication. Vous me recevez ? L'*expression*, c'est le contraire. Celui qui s'exprime se fiche de la réception, du moment qu'il émet. Ce qui lui importe, c'est la qualité de l'émission.

Tout écrit de qualité combine les deux. La communication absolue, c'est la publicité. L'expression absolue, c'est la poésie – encore que les meilleurs poètes soient ceux qui se demandent s'ils sont reçus. La presse se trouve quelque part entre les deux. La différence entre Français et Anglo-Américains est une affaire de degré.

Tout le milieu de l'édition anglo-américaine (presse et livre) insiste lourdement sur la communication. C'est une des raisons, à mon avis, de la fantastique diffusion des médias anglophones (abstraction faite de la dominance économique et militaire des États-Unis depuis soixante ans). Une presse exclusivement de communication a le défaut de tomber dans les recettes, les formules, et cherche constamment le plus petit dénominateur commun. L'avantage en est que les genres sont souvent très démarqués entre la nouvelle, le reportage, la chronique, l'éditorial. De plus, la rédaction y joue un rôle très directif, corrigeant, clarifiant et renvoyant le journaliste à sa copie si elle n'est pas claire.

À Paris, l'accent porte sur l'expression. Ce n'est pas mauvais en soi, mais c'est bien plus compliqué, parce que ça demande une pensée originale et une virtuosité rare, ce que tout le monde ne possède pas. L'avantage en est que les journalistes s'autocensurent beaucoup moins par rapport à leurs propres perceptions. Ils se conforment assez peu à une forme ou un genre particuliers. Ils cherchent spontanément à s'élever, quitte à faire dans l'original pour l'original et à perdre de l'intelligibilité. Chez les torcheurs de copie, cela donne l'impression qu'ils écrivent en se demandant où ils veulent en venir.

La culture d'anticommunication est évidente dans la façon dont les Français fabriquent leurs livres. La plupart n'ont carrément pas d'index – par exemple ce livre. Or, c'est de règle dans le monde de l'édition anglo-américaine. Un chercheur étranger qui doit se taper vingt bouquins sur un sujet n'a pas de temps à perdre avec un livre non indexé qu'il faut avoir lu pour savoir où trouver quoi. J'ignore pourquoi les éditeurs français et les auteurs ne se donnent pas la peine de concocter des index plus souvent : cela coûte cher, cela prend du temps ? Peut-être. Et alors ?

Je n'ai jamais cru que la pensée française avait réellement décliné au XXe siècle, mais elle a oublié de se demander si le message passait.

XIX

Grandeur majuscule et tout-à-l'ego

Où l'auteur, assistant au défilé du 14 Juillet, regrette de n'avoir pas apporté son échelle pour se donner un peu de hauteur, s'interroge sur cette passion insatiable des Français pour la grandeur et dévoile l'échelle de Nadeau, le premier grandeuromètre susceptible de détecter les mecs plus ultra.

Le défilé du 14 Juillet est le grand événement qui annonce la fin des soldes d'été et la fermeture annuelle de Chez Ridha, l'Arabe d'en bas. Paris propose tout un tas de festivaux (c'est le pluriel contracté de festival estival — je dis ça pour économiser l'espace) : fête de la Musique, du Cinéma, et j'en passe. Mais l'événement le plus remarquable reste cette grand-messe militariste sur l'autel de la République républicaine : le défilé du 14 Juillet.

Jamais vu un truc pareil. Il n'y a pas de service militaire obligatoire au Canada, et je ne connais personne qui ait fait ni la guerre, ni son service — si, il y a l'oncle Rosaire, qui s'enrôla comme pilote d'auto-patrouille pour terminer ses études secondaires. En raclant les fonds de tiroirs, l'armée canadienne compte 60 000 soldats, dont la moitié sont des officiers et des sous-officiers. Bref, il y a plus de chefs que d'Indiens, ce qui laisse assez peu de personnel pour astiquer nos 3 frégates, 17 F-18 et 32 chars. Avec tous nos officiers, il y aurait plus de monde à la tribune que dans la parade, alors on s'abstient d'organiser des défilés. Forcément, on a une petite armée de réserve, mais ces gars-là savent tout juste faire la guerre à temps partiel ou se faire tirer dessus comme casques bleus. De temps en temps, pour la parade, on sort un ou deux régiments, mais seulement s'ils ont le casque bleu et le tank blanc de l'ONU. En tant que Canadiens, on veut bien avoir une armée, mais une armée gentille, avec des mines de rien, des bombes glacées et des pétales dans les pétoires.

Il y a un monde fou à l'approche des Champs-Élysées et je laisse mon vélo à la Madeleine dans l'espoir de me frayer un chemin jusqu'à l'hôtel Crillon pour observer le passage du défilé devant Jacques le Débonnaire à la tribune d'honneur. Malheureusement, je ne figure pas encore sur la liste des invités présidentiels, et comme je n'ai pas de laissez-passer deux flics m'envoient promener rue du Faubourg-Saint-Honoré avec le reste de la cohue. La foule et moi marchons donc pendant toute une éternité. Dans le nombre, je remarque trois ou quatre fous portant une échelle – manifestement le genre de types qui s'accrochent au pinceau quand on enlève l'échelle.

Je me retrouve finalement posté sur les Champs-z'El au coin de la Boétie, dans la plèbe, au quinzième rang. Il y a du monde grimpé sur les lampadaires et les murets de la bouche de métro. Tout de même, je peux voir un bout de Champs-Élysées par une trouée entre deux fessiers de ti-culs sur les épaules de leur père. (Finalement, outre le risque de passer pour fou, il y a un certain mérite à marcher rue du Faubourg-Saint-Honoré avec son échelle.)

Contrairement à la tradition, il ne pleut pas aujourd'hui. Il fait même très chaud et cela sent l'aisselle de papa et le cul mal torché. Les haut-parleurs crachent une musique de marche, toujours la même ritournelle. J'ai malheureusement raté le passage de la garde républicaine, avec leurs casques en crin de jument. J'ai tout de même droit au général sur sa jeep, saluant la foule, habillé en gendarme de Saint-Tropez. Puis j'entends les plantons approcher au pas. Pendant une demi-heure, ça défile : les polytechniciens, les légionnaires, les parachutistes, l'aviation, l'artillerie, la marine, les fusiliers marins, le génie, la territoriale, la police, la gendarmerie, alouette ! En veux-tu, du planton ? Ben, en v'là ! Même les pompiers, tiens !

Ils portent tous la mitraillette sauf les polytechniciens — à qui il ne faut pas donner d'armes — et le drapeau aux armoiries les plus fantaisistes. L'armée, c'est la force des traditions dans toute sa débauche. C'est à se demander d'où ça vient, ces traditions. Par exemple, pourquoi est-ce que les polytechniciens défilent encore avec bicorne et épée alors que depuis un siècle et demi la guerre consiste à poivrer l'ennemi à la mitraille et à lui exploser du shrapnel plein la gueule — et réciproquement ? Voulez-vous bien me dire ce que signifie ce barda de bicornes et d'épées ? Si je me promenais avec ça sur la tronche, on m'enverrait direct à l'asile. Eux, on les prend au sérieux. Et la garde républicaine, pourquoi se véhicule-t-elle encore en jument, alors que la vraie cavalerie, c'est les tanks, les jeeps et tout le bataclan ? C'est comme pour le képi. Cette coiffe remonte à la conquête de l'Algérie, en 1830. Ça ne correspond à rien de rien. Mais un policier en képi, ça fait plus sérieux qu'un policier à casquette. Pourquoi ? Je n'en sais rien. C'est comme ça. Cela fait romantique, et on les prend au sérieux.

C'est vous dire le pouvoir de la force armée : ça défile habillés en clowns et on ne rit même pas !

La première partie du défilé se termine en apothéose avec le défilé aérien : les Mirages avec leur fumée bleu-blanc-rouge, les Rafales, les Coléoptères, les Bourdons et les Gros Bidons. Il ne manque que les missiles balistiques et la fusée Ariane en rase-mottes sous l'Arc de triomphe. Quel vacarme !

Après la piétaille, repos. Les papas s'aèrent les dessous de bras et on renouvelle un peu l'air tandis qu'ils font pisser fiston sur la vitrine de Gap. Il y a partout des militaires qui distribuent des programmes. Je ne trouve personne à qui acheter un périscope. Dommage. De toute façon, j'en aurai moins besoin pour ce qui suit : le matériel roulant.

Avec la grosse quincaillerie, le défilé devient carrément soviétique. Les chefs de char se tiennent perchés dans leur tourelle, raides comme une envie de chier. Le sol tremble sous les chenilles. La mécanique roule en rangs serrés dans une gradation du plus anodin au plus meurtrier : chars *very* légers, chars légers, chars mi-légers, chars normaux, chars mi-lourds, chars lourds, chars *very* lourds, chars hyper-lourds, et – le clou ! – chars hyperextralourds. Ensuite, nous avons droit aux lance-roquettes, aux radars anti-roquettes, puis aux roquettes antiradars, suivis des radars antiroquette-antiradar, et enfin aux roquettes antiradar-antiroquette – vous me suivez ? Puis, les organisateurs y vont ferme dans la débauche de matériel : charrues antiémeutes, canons à eau, ponts mobiles, excavatrices en tenue de camouflage, motos, voitures de police, camions de pompiers. On n'attend plus que les sous-marins. Quand je vois les grenouilles des pompiers de Paris en combinaison étanche rouge dans leurs Zodiac remorqués par des camions rouges toutes cerises allumées, je trouve qu'ils en beurrent un peu trop épais côté étendard sanglant. En tout et pour tout, cela dure une heure – mais j'ai lu quelque part que le plus long fut le défilé de 1919 : 6 heures 18 minutes. Rien que du poilu !

Je dois dire que cette démonstration m'étonne. Qu'est-ce que ce défilé ? Un grand rituel républicain, certes. Mais c'est aussi la volonté de montrer le pouvoir de la violence organisée sur les masses. C'est gros balèze qui roule ses muscles devant la piétaille admirative et terrifiée. C'est l'État tout cru. Et c'est étrange pour un Canadien, car nous, on ne sait pas très bien ce que c'est que l'État, et on n'apprécie pas particulièrement l'étalage de la force pour la forme, quand ça n'est pas nécessaire. Par exemple, on n'aime pas tellement les CRS stationnés en permanence et les flics à trois ou quatre par véhicule. Un ou deux, ça suffit. Mais les Français aiment voir l'État dans toutes ses manifestations – même, et surtout, les plus primaires. En fait, ce n'est pas qu'ils aiment : il faut qu'ils le voient. Ils en ont besoin.

Au Canada, les défilés de la fête nationale ressemblent à des défilés du Père Noël : c'est plein de chars allégoriques à frous-frous, de majorettes à paillettes, de musique de fanfare nègre de La Nouvelle-Orléans style *O When The Saints*. De temps en temps, on sort le bataillon d'anciens combattants et deux ou trois cornemuses pour montrer aux enfants ce que c'est que l'horreur de la guerre – affreux, la cornemuse, vraiment. Si le trésorier-payeur général se sent une fantaisie, ce qui est rare, on ajoute une jeep. Dans le cas du Québec, c'est encore différent : on fait défiler des chars allégoriques et cela se termine par une marche du Peuple-Imaginaire derrière la personne du Premier ministre de la province. Une année, on a demandé à tout le monde de s'habiller en bleu et en blanc – allusion au drapeau. On a du fun, et pis on se touche même pas. En tous les cas, il ne viendrait à personne de faire défiler les pompiers avec mitraillette et baïonnette au clair.

Il faut dire qu'on a globalement une histoire plutôt pacifique et que nos anniversaires sont des conventions. La fête du Canada, le 1er juillet, commémore la signature de la Constitution de 1867, qui a fondé le Canada en tant que pays. C'est sympa. La fête du Québec, le 24 juin, commémore la Saint-Jean-Baptiste, un berger araméen qui mourut décapité. Gentil comme tout.

Je trouve d'ailleurs la célébration de la prise de la Bastille un peu bizarre. Ce fut une révolte, à n'en pas douter. Mais les types ont massacré une garnison pour libérer deux ou trois prisonniers de droit commun. Ce fut bien davantage un malentendu qu'autre chose. Je sais bien que c'est l'acte fondateur de la Révolution française, mais ce fut tout de même une erreur. La nuit du 4 août avec l'abolition des privilèges aristocratiques aurait fait aussi une belle fête, mais cela tombait pendant les vacances du mois d'août. Pensez donc !

Vous aimez ça, la grandeur, la pompe, le clinquant, vous autres, les Français. Ça se voit. Vous êtes économes dans vos petites affaires, mais pour ce qui est de la dépense publique, là, ça y va. C'est ce qui fait le cachet assez particulier de Paris. Ça remonte bien avant Haussmann. Prenez le Louvre. Ou Versailles. Sans parler des cathédrales. Notre-Dame servit de pigeonnier et vous l'auriez démontée pierre par pierre n'eût été Victor Hugo, mais il fut un temps où elle était peinte en bleu et or, à une époque où tout le monde vivait dans des bicoques en torchis. Alors Haussmann, qui perça des tranchées d'un bout à l'autre de la ville, lacéra des quartiers et détruisit un patrimoine entier pour satisfaire les désirs de grandeur de son empereur, ça n'avait rien de nouveau.

La quantité de labeur et d'abnégation que la royauté, la noblesse, le clergé et autres saigneurs ont pu extraire du peuple pour se bâtir une grandeur est proprement effrayante. À chaque randonnée, nous voyons d'assez près un château ou une cathédrale. Mais tout ça fut bâti à coups de corvées et de levées de taxes diverses à tire-larigot. Et ces pauvres pigeons de manants marchaient là-dedans, pas de problème. Pourquoi ? Pour la grandeur, N'dudju ! Et ce n'est pas rien qu'un truc ancien : Mitterrand avec ses grands travaux pharaoniques, il vous a plu. L'or-feuille sur le dôme des Invalides et le pont Alexandre, vous aimez ça. Au Canada, s'il prenait l'envie à un politicien de mettre des statues sur un pont et de les faire dorer par-dessus le marché, ce serait la révolte. Un pont est un pont. Les dômes, on les préfère en vert-de-gris. Les Américains aiment davantage le clinquant, mais ils n'ont pas assimilé la grandeur dans leurs mœurs publiques. Washington, c'est grandiose, hollywoodien même, mais il n'y a personne qui vit là. La grandeur ostentatoire, c'est bon pour le privé, pour le nouveau riche et ses coactionnaires. Mais l'État, jamais ! Vous, la grandeur, vous l'aimez proche, en chair et en os, vous y vivez. Et en plus, ce n'est pas un truc de nouveau riche. La grandeur doit être publique. Un ministre communiste dans son hôtel Louis XV, cela fait bien.

Le plus fascinant, c'est que les Français attribuent de la grandeur non seulement aux choses mais également aux hommes − à certains. Quand on lit *De la démocratie en Amérique*, il est évident que Tocqueville raffole de la liberté et de la démocratie, en bon aristocrate éclairé de sa génération. Mais il cache mal son regret de voir l'idée de grandeur prendre la tangente.

Le tour de force en France, c'est que l'idée de grandeur n'a jamais disparu. Il vous faut de grands hommes. De Gaulle, c'était un cadeau du destin à la France. Napoléon aussi. Ils ont tout fait, on les a laissés faire parce qu'ils étaient grands. Vous avez même vos grands officiels, ceux du Panthéon – qui ne sert d'ailleurs qu'à consacrer la grandeur *post mortem*. Chez nous, on fait plutôt dans le registre familier et bon enfant : on a peur des grands hommes, le panache est suspect, la gloire doit être collective. Mais en France, la passion de la grandeur devient une manie. Si bien que vous vous fabriquez des grands même quand ils ne le sont pas vraiment – genre Sartre. Dans le cinéma aussi il vous faut des grands, quitte à ce qu'ils deviennent des éléphants dans un magasin de porcelaine. Prenez Depardieu. Acteur brillant, ce Gérard. Mais il est de toutes les distributions. Quand il ne joue pas le colonel Chabert de Balzac, il joue Balzac lui-même, avant de se mettre dans la peau de Jean Valjean, en attendant sans doute de faire Hugo. Il vous faut un grand pour jouer un grand.

Un des pendants de ce besoin effréné de grandeur, c'est l'élite. Il vous faut une élite. Un pays comme la France ne peut pas fonctionner sans élite clairement identifiée. Sous la Révolution, vous avez bousculé les élites. Napoléon s'est empressé d'en recréer une, passablement codifiée. En 1870, quand la France s'est effondrée, on a blâmé l'élite et on a changé d'élite. Et en 1945, on a créé l'ENA pour changer de nouveau l'élite. Toutes les grandes écoles ont pour but de créer une élite. D'ailleurs, pourquoi les dit-on grandes ? Il ne s'agit avant tout que d'institutions donnant une formation technique et pratique à leurs recrues. Rien de bien grand là-dedans. Sciences-Po, ENA : rien que des CAP de plombiers du pouvoir. Il se trouve en ce moment passablement de Français et de non-Français pour reprocher tous les défauts de la France aux élites, surtout aux énarques. « C'est la faute aux énarques ! » J'ai dû entendre ça cent fois depuis mon arrivée. Plutôt commode... Ça dédouane les gérants d'estrade. Et puis, à franchement parler, les énarques ne représentent pas la seule clique dans la société française. Bien au contraire : toute la société est organisée en cliques. Total-Fina contre Elf, c'était Polytechnique contre ENA. Dans la plupart des grands bureaux d'affaires, les gars d'Essec ne votent que pour les gars d'Essec et ne donnent du travail qu'aux gars d'Essec, et les gars d'HEC peuvent bien aller voir dans l'arbre s'ils y sont — et réciproquement.

Difficile à mesurer, la grandeur. Qu'est-ce qui fait que celui-ci est grand et que celui-là l'est moins, ou pas du tout ? Car la grandeur, c'est subjectif. Cela ne veut pas dire qu'elle n'existe pas, mais les ordres de grandeur sont difficiles à saisir.

Pour clarifier la question, j'ai donc conçu un grandeuromètre. En fait, il s'agit d'une méthode de gradation de la grandeur. Je l'ai appelé l'échelle de Nadeau. Cela fonctionne un peu comme l'échelle de Richter : l'échelle de Nadeau mesure tout le tremblement produit par un individu X. Ça m'est venu à force de me cogner le nez dans le journal sur des adjectifs et d'autres mots jamais vus. Il y a cinq degrés de grandeur dans mon système. Vous allez voir, il s'agit d'une invention très ingénieuse, qui pourrait très bien servir aux gars de la Légion d'honneur afin d'éviter les remises de cocarde intempestives à des personnages insignifiants comme Rambo.

Degré 0 sur l'échelle de Nadeau. — Ce n'est pas vraiment un degré, c'est le plancher. Alors je le mets juste pour étalonner l'appareil. Ça représente M. Toulmonde. Vous et moi, quoi. Enfin, vous...

Degré 1 sur l'échelle de Nadeau : la familiarité. — On

275

désigne l'individu par un bout de nom ou par une abréviation. Bové, Depardieu, Arlette, DSK, PPDA, JBN – cela confère une certaine noblesse. Ces gars-là sont tout de suite reconnaissables. En langage moderne, on dirait que c'est une marque de commerce. Mais c'est plus que ça : c'est un repère. Ces types-là ne sont pas encore des montagnes, mais ils dominent déjà les poteaux indicateurs. On les voit de loin. Ils ont la gloire, ils sont sur le point d'acquérir un sens. Ils ont presque leur place assurée dans un dictionnaire. Ils vont écrire un livre, si ce n'est déjà fait.

Degré 2 sur l'échelle de Nadeau : l'école. – Vous savez que vous y êtes quand un suffixe, généralement un « isme », se met à vous pousser sur le nom. Voir le jospinisme, le chiraquisme, le giscardisme, le chevènementisme, le gaullisme, le pétainisme, le boulangisme, le nadalisme (d'un certain Nadeau). Ces gars-là ont tous pour point commun de prétendre pouvoir faire école. Ils ont une doctrine. D'autres gens adhèrent à leurs idées. Ils sont au-delà de la gloire. Ils sont maintenant des montagnes : immuables.

Degré 3 sur l'échelle de Nadeau : la vénération. – On remarque ça à l'usage d'adjectifs. Bourdieu est bourdivin. Untel est jospinien, avec quelques nuances de mitterrandisme. Là, on est au stade du culte. Le grand homme devient une religion, avec ses zélotes. Ces gars-là font des convertis même après leur mort. C'est très fort. Ils peuvent mourir, leur existence est assurée.

Degré 4 sur l'échelle de Nadeau : le règne. – Le jospinisme devient la Jospinie. Et le chiraquisme devient la Chiraquie. Le gaullisme devient la Gaulle. On passe de l'adhésion à la citoyenneté pure et simple. La Jospinie, la Chiraquie, la Mitterrandie sont des planètes tournant sur elles-mêmes dans le vide sidéral – avec leur propre masse, leur propre champ gravifique, leur propre magnétisme, leur propre atmosphère. On y respire le bon air et l'on s'abreuve de leur parole.

Degré 5 sur l'échelle de Nadeau : la divinité. – Ça, c'est le ticket pour l'éternité. On constate qu'un type est devenu l'alpha et l'oméga. À ce stade, la grandeur englobe tout et son contraire. Il y a de Gaulle. Il y a le gaullisme et la Gaulle – rien à voir avec la Gaule (voir degré 4). Qu'on le veuille ou non, de nos jours, on est gaulliste ou gaullien. Un gars comme de Gaulle a bâti des structures, un système et une façon de penser. Il est incontournable, même pour ses adversaires. Pompidou était gaulliste, Mitterrand était gaullien, que ça plaise aux socialistes ou non. Ce club compte peu d'élus, dont un certain Jésus, le recordman. Ces gars-là prennent tellement de place qu'il n'y en a pas plus d'un par siècle. Le Grand Louis fut l'un d'eux. Napoléon aussi. Tout et son contraire participent de l'homme. C'est la grandeur suprême.

XX

Au ras des pâquerettes

Où l'auteur, ayant mis le pied dans une merde de chien de trop, part en croisade contre l'incivisme ; en explorant la gestion des affaires locales, il tombe par inadvertance sur la figure du préfet, ce qui lui permet d'éclairer comment l'on danse la lambada en République.

Un petit matin de septembre, après ma marche matinale, je rentre villa Etex. Lieu agréable et toujours frais que cette petite place privée ouverte sur la rue, avec ses deux tilleuls nains. Je pousse la porte...

... Et je mets le pied dans une merde bien fraîche.

Mais quel imbécile a pu laisser chier son chien juste sur un seuil de porte ? J'en ai plein la semelle. On ne peut pas faire deux pas en France sans risquer de mettre le pied dans le caca, mais cette crotte-ci dépasse les bornes.

Quelle chierie !

Quel manque de civisme !

Quelle espèce de pays est-ce donc, où l'on ne sait qui du maître ou du cabot est le patron ?

Je suis en train d'essayer de décoller ça en tapant du pied sur le soupirail de la cour quand s'amène le

Portuguais avec son chien. D'une manière ou d'une autre, ce doit être de sa faute.

« C'est pas votre chien qui a fait ça, j'espère ?

— Nioche pas monche. Neche pi he seiche enculé chi fé so. »

On se regarde tous les trois, lui, son clebs, et moi. Je pense : « Nioche pas monche. » Le Portugais parle comme je tire à l'arc : n'importe comment, en en plaçant une dans le centre de temps en temps. Qu'est-ce qui m'a pris de lui parler !

« Vous avez dû voir qui c'était...

— Pi chi meiche nioche penis ningoune quiche kebiche. Uno cabo.

— Quand est-ce que vous allez nettoyer ça ?

— Nioche fa mé no ! Nioche fa mé no ! »

Il a dû répéter ça au moins dix fois en faisant non de la tête. J'en déduis que ce n'est pas son travail, ce qui m'étonne.

« Me nioche conquiergue. Me guardianche la cou du sindiquiche. »

À force de le faire répéter, je viens à bout de comprendre que ce type n'est même pas concierge mais seulement gardien de la cour pour les cinq immeubles de la villa, et que son patron n'est pas le syndic des immeubles mais le syndic de la cour. Exit le Portugais.

Je vais vous faire une confidence : je déteste les chiens avec passion et tout ce qu'ils font, c'est-à-dire baver, puer, japper, pisser, chier. J'ignore quel auteur a décrété que le chien était le meilleur ami de l'homme. Quelle sornette himalayenne ! Cette bête nuisible est au contraire un vecteur de rage, une vermine obscène, une infection repoussante et une machine à morsures. À Paris, 600 personnes chaque année se cassent un membre en glissant sur des bouses abjectes. Contrairement au chat, qui sait vivre, le

280

chien ne peut pas être propre. Telle est sa nature. L'adoration que nos sociétés vouent au cabot est proprement insupportable. Tous ces films américains mettant en vedette des clebs me puent au nez. Lassie, Rintintin, Benji, je les imagine parfaitement en pot-au-feu au café Ming. Je n'ai guère plus de sympathie pour Milou, Idéfix et Boule. Dans *Mary à tout prix*, il y a cette scène du plus haut comique où un type botte un caniche jappeur tel un ballon de rugby. J'aime assez.

C'est l'homme qui est le meilleur ami du chien, et c'est bien ce qu'il y a de plus incompréhensible dans toute l'affaire. Plusieurs amis des chiens trouvent d'ailleurs que j'ai des préjugés. Le mot est faible. Je leur voue une haine biblique. D'où cela me vient-il ? Je l'ignore. J'aime plutôt les bêtes en général. Enfant, je remplissais la maison de poissons, de salamandres, de reptiles divers. J'ai élevé des lapins, des canards, des souris blanches, des gerboises. J'ai même eu un rat belge. Je n'ai jamais été mordu, mais j'ai peur des chiens. Deux fois, un clebs m'a pris pour un réverbère. Je me suis fait charger à plusieurs reprises sans raison apparente. Je ne compte plus les fois où j'ai déclenché des aboiements de la part de cabots réputés pacifiques. Les amis des chiens disent que ces derniers peuvent sentir de loin mon hostilité. Je l'espère bien ! À mon esprit, le seul chien que je tolère est celui avec une laisse (courte), une muselière (serrée) et une couche (pour qu'ils se fassent dessus).

Depuis que je suis en France, j'ai déplacé une partie de mon ressentiment contre les chiens sur l'appendice qui se trouve à l'autre bout de la laisse : le maître. Au Canada, les maîtres font un geste attendrissant qui excuse presque leur responsabilité originelle : chaque fois que leur chien pond une merde, ils se penchent pour la ramasser avec un sac. C'est qu'il faut aimer son chien pour saisir ainsi la merde chaude et molle. Le civisme des maîtres excuse leur créature.

Les maîtres parisiens, eux, sont particulièrement remarquables pour leur manque de civisme. Nul ne connaît exactement le nombre de chiens à Paris, et par conséquent de maîtres, mais on observe les résultats de leur incivilité partout. Vu du haut de mon balcon, le trottoir est zébré de coulées de pisse. Les jours d'été, l'odeur est pénétrante. La rue Coysevox, qui mène à la laverie, est une véritable litière. Mais que dire, que dire de la rue Ganneron, qui borde le côté nord-ouest (vers Dieppe) du cimetière de Montmartre ? Une proportion importante des dix tonnes de merde égayant quotidiennement les trottoirs de Paris est dirigée rue Ganneron. Un champ de mines. On dirait que tous les maîtres des 17e et 18e arrondissements se sont donné le mot pour venir y vidanger le toutou. Il y a des jours où je me réconforte en me disant qu'il s'agit d'une sorte d'exposition des grands maîtres du dégueu. Il ne reste pas un seul mètre carré de vierge. On nous en fait voir de toutes les couleurs (orange, jaune, mauve) et de toutes les formes (longiligne, en boules, sphériques ou en crème), disposées des manières les plus savantes (debout, en ponceau, en varappe). C'est très couru. Le Versailles de la crotte de chien ! La galerie dégueulasse !

La Révolution française a donné aux Français la Liberté et l'Égalité, mais la Fraternité, là, fume ! Le manque de civisme des Français me tue. Je gagerais que le type qui a laissé son clebs chier sur mon perron est le même qui me corrigerait parce que je dis « tapis » au lieu de « moquette ». J'ai lu un papier du *Parisien* dans lequel une jeune femme explique pourquoi elle ne ramasse pas : « J'attends que la ville de Paris fournisse les sacs. » Depuis mon arrivée, j'observe des comportements indignes d'une société développée (et non développée) : les gens qui jettent leurs ordures en plein trottoir ; les facteurs qui passent à Noël pour vendre des calendriers à leur profit (pareil pour les éboueurs) ; les jeunes qui couvrent la ville de graffitis et les conseillers municipaux qui les encouragent. La merde, ce n'est finalement que la pointe puante de l'iceberg. Depuis un an, la ville de Paris a entrepris une campagne éloquente. On y montre un aveugle qui rentre chez lui avec une douzaine d'étrons en brochette sur sa canne blanche. Et il y a cet homme en chaise roulante dont la roue vient de passer dans une merde et qui s'apprête à mettre la main à la pâte. Slogan : ne vous inquiétez pas, ils ramassent pour vous. Deux fois j'ai félicité un Parisien qui ramassait la crotte de son chien, il m'a répondu : « *Thank you.* »

Si vous êtes français, vous n'avez sans doute pas remarqué que je n'ai rien fait pour enlever la crotte de chien du seuil de ma porte : j'ai attendu qu'on le fasse — en l'occurrence, la femme de ménage de l'immeuble. C'est que la France a monté tout un appareillage technologique pour dédouaner les propriétaires de clebs et leurs voisins lymphatiques. À la maison, on ne peut pas vivre sans paillasson ni balai à chiottes. Au Canada, le paillasson est un tapis à poils longs et drus servant à brosser la neige qui colle aux semelles. À Paris, où il ne neige jamais, ce tapis est installé en permanence pour brosser les déjections canines. Quant au balai à chiottes, même les toilettes publiques en sont dotées pour permettre au quidam de décoller l'excrément de sa semelle avant une entrevue. Aux prises avec des tonnes de merde inesthétique, la Ville lumière s'est équipée d'un dispositif imposant pour pallier le comportement asocial de ses résidents dotés d'un cabot. Chaque matin, des centaines d'hommes en vert armés de balais verts balaient la merde dans le caniveau, secondés par une brigade de 63 motocrottes équipées d'un aspirateur à merde. La rue Ganneron, près de chez moi, est d'ailleurs un lieu de rendez-vous des motocrottistes qui viennent y vidanger le contenu infect de leur aspirateur — cela se passe tous les jours entre 15 h 30 et 16 heures. Je vous invite à venir voir ça. Une abomination, mais cela crée de l'emploi.

Comme je l'ai dit, c'est une merde de trop et j'ai à peine posé mon sac que j'organise une série de rendez-vous avec les maires adjoints à la vie animalière et à l'environnement. La semaine suivante, avec encore une autre merde sous la semelle, j'entre donc à l'hôtel de ville de Paris avec la ferme intention de comprendre l'incivisme des propriétaires de chiens — et avec le but mesquin de répandre de la merde partout où je passerai.

Mon premier rendez-vous se déroule dans le bureau de Jean-Claude Michaux, adjoint au maire à la vie animalière. Michaux, vétérinaire, est un amoureux des bêtes ; je dois donc souffrir l'odeur putride des babines noires de son labrador. Sa grande obsession — à Michaux, pas au labrador — c'est la fonction sociale de l'animal domestique.

« Qu'est-ce que quelques crottes ici et là en regard des problèmes que les chiens résolvent ? Ils sortent les vieilles grand-mères. Ils sont souvent la seule compagnie des vieux et ils aident des gens à se socialiser. Mais je suis d'accord avec vous : bien des maîtres n'ont aucune idée de la psychologie des chiens. Il faut développer des services de base pour les gens qui partent en vacances ! »

Je rencontre ensuite son collègue Patrick Trémège, l'adjoint à l'environnement. Lui, il est parti en croisade contre la merde de chien. Le seul incitatif de son programme est la création d'une pelle-à-crottes avec benne intégrée qui serait obligatoire pour tout propriétaire de chien. Pour le reste, le programme Trémège se résume à deux points : châtiment et répression.

« Savez-vous combien de contraventions la police a émises l'an dernier, monsieur Nadeau ?

– Je l'ignore. Cinq cents...

– Six. »

Six, vous vous rendez compte ! Six ! Ça dépasse les bornes. Je peux comprendre qu'il soit assez difficile de poursuivre une moto qui vient de brûler un feu à contresens à l'heure de pointe. Mais là, ce n'est plus de la clémence, c'est de la nonchalance.

Comme la nature du vrai problème m'échappe, il me faut un certain temps pour comprendre où Trémège veut en venir. Après un échange assez fouillé, il ressort un fait qui me scie littéralement : la ville de Paris n'a pas de police ! La police que l'on voit à Paris, c'est la Police nationale. Il est clairement en deçà de la dignité de policier de verbaliser un propriétaire irrespectueux.

« La ville a sa propre sécurité pour contrôler les marchés et les parcs. Ils peuvent verbaliser les propriétaires, mais ils n'ont pas le droit de leur demander leur identité. »

En fouillant un peu, je saisis une chose fondamentale sur la vie des cités françaises : une ville comme Paris n'a aucun pouvoir réglementaire pour tout ce qui touche la sécurité publique, la circulation, les transports et l'hygiène. C'est le préfet qui mène la danse, et le gouvernement n'est pas prêt à laisser le pouvoir policier à la ville. Pourquoi ? Tout simplement parce que ça s'est mal passé jadis. Le pouvoir français s'est toujours méfié de la foule parisienne, dont les coups de tête l'ont toujours menacé. Armez-la, et vous aurez Étienne Marcel, la Fronde, la

Bastille, les Trois Glorieuses. Il en ressort une distance certaine entre la sphère strictement municipale et les opérations de police, qui sont nationales. C'est un peu comme si, aux États-Unis ou au Canada, seule la police fédérale était habilitée à patrouiller dans les grandes villes.

Le gros de l'activité d'un maire consiste donc à faire en sorte que le préfet accouche d'un arrêté. J'ai lu quelques arrêtés concernant les limites de vitesse et la direction de certains sens uniques à Paris. Tous commencent par une énumération des lois et des décrets qui régissent le cadre de l'intervention préfectorale. « Attendu le décret du 28 pluviôse an VIII » ; « attendu le décret du 12 messidor an VIII » – façon révolutionnaire de dire 18 février 1800 et 2 juillet 1800. Si ça ne colle pas avec le préfet, le maire doit frapper plus haut, chez le boss, le ministre de l'Intérieur. Heureusement, depuis 1986, Paris a obtenu le pouvoir de nettoyer ses rues et ses trottoirs. Ils sont quand même forts, les gars de Paris !

Le concept de préfet et de préfecture est parfaitement inintelligible pour un esprit nord-américain, car il n'y a rien de tel au Canada et aux États-Unis. À force de conversations, je viendrai à bout de commencer à comprendre. Je peux même me vanter d'être un des rares non-Français ayant percé le mystère.

Pour éviter que les lecteurs français ne s'endorment, autant vous livrer ma conclusion tout de suite (et je vous expliquerai après comment j'en suis venu là) : tout le système politique français est colonial, au sens où on l'entend au Canada. Pour être précis : toute la France est gérée comme une colonie de Paris.

Le préfet, c'est le représentant de la République dans chaque département. Le rôle de ce fonctionnaire non élu est parfaitement analogue à celui d'un gouverneur colonial. La préfecture est d'ailleurs un gouvernement en miniature, qui dirige la branche locale de chaque ministère, sauf l'Éducation, la Justice et les Finances. Tout le reste est du ressort du préfet, et en premier lieu la police — donc la crotte de chien.

Le préfet, comme les départements, est un pur produit de la Révolution française, qui était animée par une volonté presque évangélique de faire table rase du passé. Le système métrique, c'était pour mettre de l'ordre dans le bordel des poids et mesures. À Paris, la terre se mesurait en arpents de 100 perches carrées alors qu'en Bretagne c'était un journal de 22 seillons et un tiers. Et que dire de la lieue de Paris, sinon qu'elle était 282 mètres plus courte que la lieue de France ? Le plus gros succès législatif de la Révolution demeure le système métrique, son seul produit devenu vraiment universel. Dans le même esprit, la France a saucissonné le territoire en unités administratives appelées « départements » sans aucune signification historico-politico-linguisitique. Plus de Bretagne : voilà le Morbihan, le Finistère, les Côtes-d'Armor et l'Ille-et-Vilaine. L'Aquitaine, la Provence, tout a disparu, emporté.

Pour être tout à fait exact, les gars de l'Assemblée nationale ont poussé le bouchon plus loin que leurs prédécesseurs, car la tendance à centraliser et à placer des représentants de l'État un peu partout existait déjà sous l'Ancien Régime. Progressivement, l'État s'est attaqué aux attributs de la vie communautaire : la langue locale, l'appartenance locale, même la charité. Pour vous donner une idée du degré de méfiance à l'endroit de tout particularisme local : jusqu'en 1982, un conseil municipal devait soumettre au préfet les sujets à débattre *avant* le débat afin que ledit préfet s'assure que le contenu était conforme aux lois de la République Une et Indivisible et Majuscule. Pas

287

question que le préfet laisse passer des velléités de souveraineté locale par la porte de derrière.

Cette conception centraliste et unitaire est l'antithèse de tout ce qui se pratique en Amérique, où le système fédéral découle de la puissance des communautés locales. Un premier ministre provincial ne rend de comptes qu'à ses électeurs et ne peut absolument pas être destitué par le Premier ministre fédéral. Et la charité privée y est forte et encouragée, selon le principe que des intérêts privés peuvent aller dans le sens du bien commun. Tout l'opposé de la France.

Le grand mystère, c'est que les Français marchent là-dedans. Ils manifestent devant la préfecture à chaque fermeture de PME, ils exigent des emplois, ils aspergent les préfectures de purin, ils cassent tout. Mais jamais ils ne remettent en cause l'institution du préfet (j'exagère un peu, mais pas tant que ça).

Le préfet fait l'affaire des Français parce qu'il est finalement le garant de l'intérêt général contre les intérêts particuliers. C'est très fort comme idée. Exemple : un conseil municipal qui refuserait de voter le budget parce que la crotte de chien envahit les rues. Le préfet l'imposera, lui, le budget. Ou bien : un conseil municipal de Savoie refuse de déneiger une route parce que ça coûte trop cher. Le préfet va te me vous la faire déneiger, la route. En pratique, cela signifie qu'il arbitre les conflits locaux. C'est aussi lui qui assure l'odieux des décisions difficiles. Le maire ne veut pas menacer sa réélection sur un trottoir ou un pont trop coûteux ? Le préfet va utiliser son pouvoir de contrainte. Pratique, le préfet !

En principe, depuis la régionalisation, ce sont les conseils généraux et régionaux qui mènent. Les villes qui se portent le mieux (Lyon, Nantes, Strasbourg, Lille) sont celles qui ont le mieux compris le parti à tirer de cette nouvelle structure. Mais l'inertie reste forte dans le système, et il y a encore pas mal de préfets et de maires qui fonctionnent à l'ancienne parce que ça arrange leurs affaires. Et naturellement, la République a aussi créé des préfets de région ! De toute façon, la régionalisation n'est jamais allée jusqu'à donner un début d'autonomie à ses entités. Une commune, un département, une région n'a même pas le droit d'avoir son propre compte en banque. Et quand le gouvernement a voulu éliminer la vignette, il n'a rien demandé aux départements. En Amérique, cela aurait provoqué une crise constitutionnelle grave.

XXI

Gwadloup,
dépatman fwansé Améwik

Où l'auteur, à l'invitation d'un ami, part faire une tournée de la Guadeloupe et se familiarise avec le ti-ponche, l'esclavage et la banane-dollar, tirant quelques leçons sur la gouverne de la République et la logique d'assimilation, pour conclure que le Canada l'a échappé belle.

Je ne vous ai pas dit que mon ami Gustave était parti depuis un certain temps pour la Guadeloupe, où son ministre l'avait affecté. Il y supervise tout ce qui s'y passe au plan hospitalier. La fonction comporte quelques avantages : les bonus et les primes, mais aussi la maison de fonction, le personnel de fonction et un studio pour la visite — aux frais de la princesse, bien évidemment. Depuis son départ en janvier, Gustave m'appelle chaque semaine pour prendre des nouvelles et me demander quand je compte venir le voir.

Alors j'y vais, fin octobre.

Autant vous le dire tout de suite, il sera assez peu question de plage ici : je n'ai jamais compris ce qui poussait des hordes de touristes à se déplacer par 747

291

entiers pour aller se faire rôtir la couenne sur des sables trop chauds quoique fins, tels des varans de Komodo digérant leur bouquetin entre deux palmiers oscillant sous la brise du large. L'odeur de la crème solaire à la noix de coco me pue au nez. Et les décors de paillotes m'ont toujours paru d'une artificialité désolante. Je n'ai jamais trouvé le bronzage carotte particulièrement joli, et encore moins les vieilles peaux flétries par une exposition trop prolongée aux rayons ravageurs du soleil.

Mon but premier : examiner un département français d'outre-mer. Il s'agit de l'un des traits communs à la France et aux États-Unis (voyez Hawaï, l'Alaska et Porto Rico). J'ai aussi une raison plus personnelle de partir aux Antilles : en 1763, au terme de la guerre de Sept Ans, les British ont donné à la France le choix entre le Canada et les îles à sucre. Le Roy a préféré le rhum et le sucre au sirop d'érable et aux peaux de castor, si bien que le Canada s'est retrouvé anglais, et pas nécessairement contre son bien. Je veux donc y voir ce que les Français y trouvaient, à leurs îles à sucre, et ce que le Canada a manqué en n'étant pas français. Je m'autorise d'ailleurs à vous donner tout de suite la conclusion à cette dernière question : nous autres, on l'a échappé belle !

Je reconnais la silhouette de Gustave à l'aéroport de Pointe-à-Pitre. Baraqué comme il l'est, on peut difficilement le manquer. Et en plus, il est blanc comme le pain, alors que c'est noir de monde tout autour.

« Putaing, chasseur d'orignal, te voilà enfaing !

– L'avion est parti en retard. Merci d'avoir attendu.

– Pa ni pwoblèm ! » répond Gustave, qui prend déjà les expressions du cru.

Nous roulons pendant près d'une heure pour nous rendre chez lui à Saint-Claude, sur l'île de Basse-Terre.

J'ai beaucoup voyagé en Amérique centrale et le mélange France-Tropique me frappe tout de suite. Les cases de planches, la terre surcuite par le soleil et le bétail broutant l'herbe malingre au bout d'une corde attachée à un piquet, c'est exactement le même spectacle qu'au Nicaragua, que j'ai visité deux ans plus tôt. Et pourtant, la Guadeloupe c'est clairement la France, avec ses bonnes routes, ses panneaux d'affichage, sa Police nationale, sa poste, sa priorité à droite, et ses cartapuces de France Télécom. Ici et là, notre voiture passe sous de petits téléphériques déployés en travers de la route et qui charrient des régimes de bananes en partance pour les marchés mondiaux. Lorsque la voiture ralentit dans les villages ou les hameaux, les maisons bien bâties côtoient les cases de planches. Et partout des gens qui font de la course à pied ou du vélo, un détail qui étonne parce qu'il tranche sur l'habitat, plutôt pauvre − la course et le vélo sont des activités de sociétés riches. (Le fait est là : la société guadeloupéenne émerge tout juste du tiers-monde.)

En dépit du vernis français, c'est clairement l'Amérique ici : la nature est omniprésente, violente, les routes sont ouvertes à coups de bulldozer dans la végétation luxuriante, qui n'en finit pas de pousser. Comme presque partout en Amérique, une certaine laideur se dégage de tout, une laideur presque inconnue en France. Il s'agit de la laideur d'une société, d'un habitat, d'un mode de vie exogène plaqués sur un milieu étranger. Les noms de lieux aussi font typiquement Nouveau Monde : Capesterre-Belle-Eau, Petit-Bourg, Goyave, Bananier, Trois-Rivières. Cela me fait sourire, car une des grandes villes du Québec s'appelle aussi Trois-Rivières. Tous ces toponymes ont en commun de reposer sur les caractéristiques physiques de l'endroit ou sur le nom du saint dont c'était la fête le jour de la découverte du lieu ou de la fondation de l'établissement. C'est là que j'ai compris qu'en dépit de la différence de couleur de peau je partage avec les Guadeloupéens une certaine créolité, une certaine américanité totalement étrangère à la métropole.

Comme le travail de Gustave l'amène à traiter constamment avec la préfecture et que le préfet est à Basse-Terre, sur l'île de Basse-Terre, mon ami fait comme la plupart des hauts fonctionnaires métropolitains : il vit dans les hauteurs, à Saint-Claude, c'est-à-dire juste entre Basse-Terre et la Soufrière. Saint-Claude est l'un des endroits les plus frais de toutes les Antilles. Gustave habite une belle propriété en béton dont le trait le plus marquant est une immense terrasse s'ouvrant sur la mer entre les papayers, les cocotiers et les manguiers. Dès l'arrivée, je lui sors le cadeau confectionné par l'amie Janine, du Touring Club. Il s'agit d'un assemblage de bons fromages français tous plus odorants les uns que les autres. Gustave est ravi, car ce grand Périgourdin nourri au confit de canard commence à se tanner des parfums de curry, de piment fort, de citron et d'avocat.

Nous emploierons les jours suivants à faire le tour méthodique des deux îles principales, Basse-Terre et Grande-Terre, qu'un étroit bras de mer sépare, et qui forment le « continent » guadeloupéen – par opposition aux cinq autres îles de l'archipel.

La Guadeloupe est quatre fois plus petite que la Corse, pour quasiment le double de population. Très exactement 422 486,7 – il manque un bout du 422 487e à cause d'un coup de machette malencontreux. Malgré cette densité élevée, certaines parties du « continent » demeurent inhabitées. C'est une terre extrêmement variée, quoique minuscule. En un rien de temps, on passe des plages volcaniques aux vallées chaotiques, aux vallons fertiles, aux plaines stériles et à la mangrove, l'une des plus importantes de tout le bassin caraïbe. Si l'on n'avait joué du bulldozer et remblayé, Pointe-à-Pitre serait dans la mangrove. Je ne m'explique toujours pas pourquoi le lieu le plus peuplé de la Guadeloupe fut longtemps l'endroit le plus insalubre de tout l'archipel. Pointe-à-Pitre a des airs de petite ville dense aux maisons multicolores comme j'en ai vu au Nicaragua, mais c'est nettement mieux tenu. Il subsiste encore quelques bidonvilles qui n'ont rien à envier à ceux de Mexico ou de Managua, mais la plupart ont été convertis en HLM.

On ne peut pas dire que la Guadeloupe soit une terre éblouissante par sa vie culturelle – ça, c'est clairement l'Amérique. La nuit, les villes deviennent désertes. La plupart des lieux de culte sont des églises en béton conçues pour résister aux ouragans. La cathédrale de Basse-Terre présente la caractéristique d'avoir abrité le nid d'un gros iguane – il n'y a rien d'autre à en dire. Les locomotives et les bouilloires des grandes usines à sucre de jadis finissent de rouiller dans l'indifférence générale, englouties dans la végétation.

La construction la plus ancienne de l'île est le fort Louis-Delgrès, à Basse-Terre. Vieux de trois siècles, c'est une citadelle impressionnante au bord de la mer avec des ouvrages défensifs massifs, mais vous n'en saurez pas davantage car les gars du syndicat d'initiative n'ont pas encore songé à mettre des panneaux explicatifs. (Comme la citadelle de Québec, elle a finalement assez peu servi. En 1802, dans les derniers jours de la bataille entre abolitionnistes et esclavagistes, Louis Delgrès et ses partisans de l'abolition s'y sont retranchés quelques jours avant d'évacuer vers Matouba.)

Après le fort, nous nous promenons dans les rues de la ville jusqu'au marché, qui se trouve derrière la douane de Basse-Terre. Julie et moi cherchons des currys pour le colombo, une des spécialités des îles. Un peu plus loin, coup de bol : entre deux étals, devant une maison, j'aperçois un gros iguane sur une clôture, agrippé comme un écureuil. C'est vert comme un caméléon avec une crête de punk. La créature mesure un bon mètre et doit peser dans les vingt ou trente kilos. Je suis tellement surpris que je laisse échapper un cri, qui attire l'attention d'une marchande. Hurlements de rage dans les étals. La marchande prend son balai et se met à frapper violemment le lézard pacifique, qui encaisse et décroche de la clôture. Manifestement, on n'aime pas l'iguane dans les chaumières, sauf en pot-au-feu. Le reptile détale de son pas mécanique de dinosaure de série B. Je regarde une grosse blonde que je prends pour une touriste :

« Vous avez vu ça ? »

Et elle me répond :

« Vwé ! Bèt-la pwi pin djeule. Pa ké lésé couwi ! »

Je pense que l'accent de la grosse blonde m'a autant surpris que l'iguane, car elle parle très exactement comme les Noirs d'ici. De toute évidence, elle est native de l'île. Son accent ressemble d'ailleurs à certains égards à la façon de prononcer au Québec. Boire se dit *bwè* et voir se dit *vwé*, alors qu'au Québec on prononce *bwér* et *vwér*. Au bout de quelques jours, j'en fais une excellente imitation − c'est assez facile : j'ai juste à parler comme mes oncles, mais sans prononcer les *r*.

Vers le milieu de la semaine, je visite sur l'île de Grande-Terre l'un des endroits les plus tristes et les plus puissants de Guadeloupe. Il s'agit des Marches aux esclaves, à Petit-Canal. Je m'y rends sur les indications de Gustave. Sans lui, je n'en aurais rien su car aucun livre de voyage, aucun bureau d'information, aucun panneau indicateur ne fait état des Marches aux esclaves. C'est une sorte de monument privé des Guadeloupéens, ou si vous voulez leur lieu de mortification personnel.

Petit-Canal est une commune de 6 500 habitants. Du haut des Marches aux esclaves, on peut contempler la mangrove puante, un dépotoir où brûlent des monceaux de déchets. Quelques vaches broutent au bout de leur piquet et une rangée de cocotiers mène à une jetée qui fut le lieu d'amarrage des bateaux négriers. Jusqu'en 1848, les esclaves y étaient débarqués et lavés, avant d'être conduits en haut de l'escalier monumental pour y être baptisés puis mis à l'encan. Naturellement, il n'y a pas de panneau explicatif, seulement les noms des ethnies d'origine des esclaves – Mandingues, Peuls, Ouolof, Ibos, etc. Et les quelques clients du café près de la jetée nous observent sans rien dire et sans faire le moindre effort pour nous mettre à l'aise.

Petit-Canal est une métaphore frappante de la Guadeloupe, car les cicatrices de l'esclavage n'ont toujours pas disparu un siècle et demi après l'abolition. Que je vous parle un peu de cette abolition. Il y en a eu deux : celle de 1794 et celle de 1848. La première découlait de la Révolution. Les békés – les Blancs natifs de l'île – ont fort peu goûté la chose, surtout après que leurs anciens esclaves eurent trouvé comment se servir de l'invention de ce bon docteur Guillotin. Les British non plus ne prisaient guère cette atteinte aux droits fondamentaux des propriétaires. Une bonne partie de leur économie dépendait de l'esclavage, et il n'était absolument pas question de laisser une bande de

Nègres français épris de liberté faire la rumba sur les îles. Aussi ont-ils rétabli l'ordre en Martinique et en Guadeloupe, sauf que les Guadeloupéens sont parvenus à rejeter les British à la mer Des durs, ces Guadeloupéens, je vous le dis. Leur problème, ce fut Joséphine, épouse de Bonaparte et future impératrice des Français. En tant que Martiniquaise, Fifine ne raffolait pas non plus de voir des Nègres faire preuve d'autant de licence. Elle s'en est donc entretenue avec son consul de mari. Et après une série de contorsions intimes dans des positions inédites, il en a conclu que la liberté nuit à la sérénité de l'esclave et ordonna d'abolir l'abolition.

On ne peut pas dire que ce fut là l'heure la plus glorieuse de l'histoire de France. Ni de la Guadeloupe d'ailleurs, puisque le gars qui menait les rebelles, Louis Delgrès, est allé se faire sauter avec ses partisans dans le réduit de Matouba. Ce suicide malheureux est le fait le plus incompréhensible de cette aventure tragique. Que Delgrès se fût rendu, j'aurais pu comprendre. Que lui et ses hommes se fussent battus jusqu'au dernier, j'aurais pu comprendre aussi. Mais qu'il se soit suicidé avec trois cents partisans en mettant le feu à ses poudres, là, je ne comprends pas. Ils auraient pu avoir Alamo, ils ont eu Matouba. Je vois d'ici Delgrès (Depardieu) tirant sa dernière cartouche en direction du général Richepanse (Daniel Auteuil) en train de se farcir la Négresse Solitude (Juliette Binoche) – quelque chose cloche dans ce synopsis...

En dépit de cette histoire tourmentée, on trouve assez peu de monuments commémoratifs significatifs en Guadeloupe. La plaque en l'honneur de Delgrès à Matouba, juste en haut de Saint-Claude, se trouve au bout d'un chemin où il n'y a rien à voir. Elle fait 28 centimètres de côté. Voilà deux ans (deux !), on a élevé une première statue à Ignace dans un carrefour de Pointe-à-Pitre – Ignace est mort au combat contre les Anglais, lui.

Peut-être la fin « peu » glorieuse de Delgrès explique-t-elle en partie le silence autour de sa personne, mais je pense que le véritable coupable c'est la doctrine d'assimilation. (Ici j'ouvre une parenthèse pour le lecteur canadien : en France, le terme d'« assimilation » n'a pas la valeur négative qu'on lui attribue au Canada, terre de multiculturalisme. En France, l'assimilation est une valeur positive, républicaine, qui vise à ne former qu'un seul peuple français pour une république Une et Indivisible et Majuscule, d'où l'éradication presque systématique de tous les particularismes locaux.) Jusqu'à récemment, les livres d'histoire des écoles guadeloupéennes ne faisaient tout simplement pas mention des héros autochtones. C'est bien connu, Charlemagne, Clovis, Henri IV, Jean Moulin ont fait la France. Parigo-centrisme déplorable, car la Guadeloupe a bel et bien connu des héros qui furent l'incarnation des plus hauts idéaux de la République. Ignace, Delgrès et Hughes ont combattu deux cents ans d'esclavage – deux siècles pleins, cinquante fois Vichy, vous vous rendez compte ? Et on n'en dit rien ? Et ces gars-là ne figurent même pas sur une pièce de cinq centimes ? À mon avis, c'est même plutôt un scandale que ça ne figure nulle part. La conséquence la plus évidente de l'assimilation, c'est l'aliénation. Il faudra au moins encore cent cinquante ans pour effacer les séquelles de l'esclavage, mais je ne suis pas convaincu qu'on réussira en faisant comme si ça ne s'était jamais passé. Peut-on décemment inculquer aux jeunes Guadeloupéens le comment du pourquoi des héros de la Résistance sans leur parler de Delgrès et d'Ignace ? Les monuments aux héros créoles commencent à sortir de terre. Mais il est bien tard.

Comme je suis ici un peu pour le travail, je tiens également à visiter une plantation bananière afin de comprendre pourquoi cette plante à la base de toute l'économie locale est à l'origine de tant de gros mots entre Français et Américains. Car depuis trente ans, la guerre de la banane sévit dans les tribunaux de commerce internationaux, pourrissant le climat au-dessus de l'Atlantique Nord. Scénario connu : la France protège la banane française contre les « bananes-dollars », c'est-à-dire les bananes bon marché des Dole, Chiquita et Del Monte de ce monde.

La banane en Guadeloupe, c'est tout et c'est rien. Le niveau de vie des Guadeloupéens est artificiel à 90 pour cent : il repose largement sur des subventions et les salaires de fonctionnaires – métropolitains et locaux – qui sont dépensés localement dans des entreprises appartenant à des intérêts métropolitains, pour la plupart – au revoir les profits.

Le peu d'économie locale repose largement sur cette espèce de gros céleri qu'on appelle un bananier. J'aurais bien voulu visiter une plantation ordinaire d'un petit producteur standard, mais comme je manque de temps je me rabats sur la plantation Grand Café Bélair. Cette plantation porte le nom de la substance qui fit anciennement la gloire de la Guadeloupe. Le café, c'est l'or noir de l'agriculture, extrêmement payant. Son défaut principal, c'est que chaque arbuste ne donne que deux kilos par an, et qu'il faut attendre trois ans avant que cette plante produise un seul grain. En 1928, après qu'un ouragan eut détruit la production de café de l'archipel, les planteurs se sont tournés en masse vers la banane, un fruit fragile qui présente trois avantages : c'est la saison des bananes 365 jours par an, chaque plant peut donner de 40 à 100 kilos de bananes et un champ peut donner 7 récoltes en 2 ans, ce qui est énorme. De plus, en 1928, les

300

armateurs venaient juste de créer le bateau bananier capable de transporter ce fruit fragile vers les entrepôts de la métropole avant qu'il ne pourrisse. Voilà pour le comment du pourquoi de la banane.

Le défaut de la banane, c'est qu'elle est parfaitement adaptée au climat tropical et que la Guadeloupe n'est pas seule sous les tropiques. Pendant deux générations, Guadeloupe et Martinique ont profité d'un beau marché protégé en France. Mais depuis vingt ans, cela s'érode sous le coup de la concurrence des multinationales américaines et des pays africains, qui se foutent du salaire minimum et des règles d'arrosage d'insecticides comme de l'an 40. Dole, Chiquita et Del Monte exploitent des plantations gigantesques avec de fortes économies d'échelle. Pour vous donner une idée, la plus grande plantation de Guadeloupe, 300 hectares, est plus petite que la plus petite des bananeraies équatoriennes... À mon avis, le marasme de la banane française durera tant que les producteurs ne se regrouperont pas en une ou deux entreprises géantes capables de niquer les Amerloques chez eux — exactement comme l'a fait le secteur agricole en métropole. Je n'ai pas très bien compris pourquoi les bananiers français sont incapables de se concentrer. De toute façon, s'ils attendent trop, Dole, Chiquita et Del Monte le feront pour eux.

Le guide de la plantation Grand Café Bélair sait tout ce qu'il faut savoir pour obtenir une banane standard de dimension optimale. Mais que dalle question commerce international. Je rends donc visite à Sylvestre Mardivirin, comptable et exploitant. Pendant dix ans, Mardivirin a mené les pourparlers avec l'OMC et les Américains pour défendre le marché français protégé. Il se trouve que les producteurs guadeloupéens sont coincés par les obligations de la France vis-à-vis de l'Europe (les Allemands raffolent

des bananes mais se fichent des producteurs français),
de l'OMC (dont les règles interdisent le protectionnisme) et des anciennes colonies (devenues indépendantes, qui peuvent importer en franchise de douane
— la Guadeloupe, qui est une ancienne colonie assi-
milée à la France, ne profite pas de cet avantage). Par
ailleurs, la structure politique française ne permet pas
à la Région de Guadeloupe de démarcher elle-même
les instances internationales. Elle doit passer par le
Quai d'Orsay. Or, les fonctionnaires du Quai d'Orsay
sont les mêmes qui traitent avec les pays africains,
l'Europe et l'OMC, alors la banane de Guadeloupe
reste en rade au Quai d'Orsay.

Pour mieux comprendre l'économie locale hormis la
banane, je suis allé voir un économiste, Éric Édinval,
qui s'occupe du centre de recherche d'économie appli-
quée de l'université de Pointe-à-Pitre. Édinval, c'est
un passionné de la Guadeloupe qui cherche par tous
les moyens à sortir son économie de son ornière d'économie de plantation. Ce ne sont pas les exemples qui
manquent. Les gars de Trinidad font une excellente
bière, la Carib, et ceux de Jamaïque ont monopolisé le
reggae. Sans compter les gars de Porto Rico qui font
florès avec la pharmacie. La Guadeloupe, c'est quoi ?
Il cherche, il cherche, Édinval, mais il ne trouve pas.

Au plan économique, la Guadeloupe mettra des
générations à se libérer de l'ancienne politique coloniale française fondée sur l'extraction pure et simple.
La Nouvelle-France, par exemple, servait au commerce
des peaux, notamment de castor. Quand le castor,
passé de mode à Paris, fut remplacé par le lapin, on
n'a plus eu besoin du Canada. Exit le Canada. La
Guadeloupe, comme la Martinique, servait à faire du
sucre. Ça s'est mis à aller de travers au XIXe siècle,
quand le sucre des îles a commencé à nuire au déve-
loppement du sucre de betterave métropolitain. On a

donc contingenté le sucre des îles et on leur a dit de faire du rhum. Ce qu'elles firent, dans la joie, jusqu'à ce que le rhum concurrence trop les alcools métropolitains. Et on a donc contingenté le rhum des îles. Heureusement, elles avaient le café et la banane, que personne d'autre ne pouvait produire en métropole – mais que la concurrence internationale et les accords de commerce ont salement amochés.

Un des aspects les plus néfastes de cette spécialisation fut l'interdiction de commercer avec les îles voisines, ce qui a favorisé l'isolement – les colonies british et hollandaises n'ont jamais subi d'interdit aussi strict. Désormais, rien n'empêche le commerce avec les voisins, si ce n'est que, malheureusement, il y a les accords de Lomé – une série de traités entre l'Europe et les anciennes colonies qui donnent des préférences douanières aux anciennes colonies devenues indépendantes. Une véritable aubaine pour une île aussi minable que la Dominique (qui se trouve juste entre la Guadeloupe et la Martinique), car cela lui place l'Europe à trente kilomètres. Si bien qu'on trouve des denrées dominicaines, trinidadiennes, haïtiennes dans les épiceries guadeloupéennes, tandis que la Guadeloupe n'exporte presque rien chez ses voisines : ses produits, déjà trop chers à cause du niveau de vie français, sont frappés en plus de droits de douane. Édinval cherche donc des idées pour rompre cet isolement historique.

Outre cet homme et les gars du syndicat d'initiative, il y a les hauts fonctionnaires, dont c'est le travail de trouver des solutions. Mais les types ne sont pas de la place et ils se font muter dès qu'ils commencent à comprendre le problème. Ça, c'est encore la faute de la doctrine d'assimilation. Une des règles non écrites en République veut que les hauts fonctionnaires ne soient jamais de la place. À cause du système des concours et de l'ancienneté, les meilleurs fonctionnaires guadeloupéens ont tendance à partir ailleurs pour être remplacés par des métropolitains, qui ne sont pas moins bons mais qui ne sont pas de la place. Ils font leur possible, comme Édinval, mais le temps de comprendre la situation et de trouver une idée, les voilà déjà mutés ailleurs.

Je ne pouvais pas passer dix jours en Guadeloupe sans tâcher de parler à Gaby Clavier, le patron de l'UGTG, le gros syndicat de la Guadeloupe, qui fait la pluie et le beau temps — surtout la pluie — en matière de relations syndicales. La domination de l'UGTG est un autre particularisme de la Guadeloupe. En Martinique, quatre centrales se partagent tout l'effectif. En Guadeloupe, l'UGTG contrôle 75 pour cent de l'activité syndicale — 90 pour cent de l'hôtellerie, 80 pour cent de la pétrolerie. Elle gère même des hôtels. L'UGTG est aussi « séparatiste » — entre guillemets, car elle n'utilise jamais ce terme. On ne peut pas dire que la population soit particulièrement en faveur de l'indépendance, guère plus qu'en Corse, car à peine 8 à 10 pour cent votent pour des partis indépendantistes — la Guadeloupe a trop besoin de la France. Mais les revendications nationalistes de l'UGTG soulèvent néanmoins une sympathie nationaliste qui porte à l'action syndicale.

Les bureaux de l'UGTG sont un vrai foutoir où l'on circule comme dans un moulin, au troisième étage d'un immeuble tout à fait neutre un peu en périphérie de Pointe-à-Pitre, dans ce qui devait être une mangrove pathétique il y a trente ans. C'est un syndicat comme les autres, avec ses secrétaires, ses boulocrates et ses brutes du service d'ordre. C'est aussi un syndicat dur dans la plus grande tradition guadeloupéenne.

Son principal instrument de négociation est le blocus routier. Globalement, la stratégie consiste à bloquer la route jusqu'à ce qu'on ait obtenu 100 pour cent de ce qu'on réclamait. Simple, efficace et de bon goût. Pour sa défense, il faut reconnaître que l'UGTG doit traiter avec des patrons très réactionnaires qui ne sont pas des enfants de chœur non plus. Gaby Clavier donne d'ailleurs un bon point au nouveau préfet, Jean-François Carenco, qui exige du patronat qu'il applique les lois.

« Votre sympathie m'étonne...

– Carenco a compris qu'il tenait le feu et l'huile !

– Je dois dire que je comprends assez mal votre programme. Le syndicalisme, ça va. Mais vous avez aussi un programme politique sans être un parti politique. Vous n'êtes pas clairement séparatiste. Vous voulez quoi au juste ?

– Nous voulons la fin du colonialisme.

– Mais vous n'êtes plus dans un régime colonial depuis cinquante ans.

– Le colonialisme est toujours là. Ce qu'on veut, c'est créer l'homme guadeloupéen. Regardez autour de vous. On ne décide rien. Il n'y a rien qui vienne d'ici. On n'a même pas d'intellectuels guadeloupéens d'envergure comme en Martinique. »

À bien y réfléchir, Clavier a le même problème conceptuel que Mardivirin ou Édinval – et que la plupart des Français. Aucun des trois ne paraît capable de concevoir un espace de liberté politique *dans* la France. C'est précisément la nature du fédéralisme, un gros mot dans le vocabulaire politique français. La dernière personne à avoir prononcé ce gros mot, c'était de Gaulle en 1946 : il voulait créer une fédération française avec les colonies – et ça n'a pas marché. Toute la tradition étatique française s'y oppose. Dans la République Une et Indivisible et Majuscule, on ne peut pas imaginer qu'il y ait des façons de faire autres que l'Une.

Je vais vous faire une confidence : j'en suis même venu à penser qu'il est assez heureux que la France ait lâché le Canada en 1763. Quand on compare le Québec d'aujourd'hui à la France d'outre-mer et même à la France métropolitaine, il faut bien admettre que la Nouvelle-France a reçu de l'Angleterre tout un tas de gadgets dont elle n'aurait jamais pu rêver en restant française. Le principal est la liberté politique. un parlement, donc une souveraineté, et le pouvoir de faire nos lois – en fait, pas un parlement, mais onze : un pour chaque province canadienne ! Le Québec a son parlement depuis 1793. Au Québec, il n'y a pas de représentant plénipotentiaire de la République genre préfet. Notre lieutenant-gouverneur, le représentant théorique de la reine, est une potiche décorative qui se borne à inaugurer les chrysanthèmes. Le Premier ministre du Québec vient du Québec, comme les hauts fonctionnaires du Québec – ce ne sont pas des greffons métropolitains. Mieux, le Premier ministre fédéral n'a même pas de prise sur le Premier ministre provincial pour lui demander des comptes. Le Premier ministre provincial est purement souverain, et il ne rend de comptes qu'à ses électeurs.

Si la Nouvelle-France était restée rattachée à la France, il y aurait un préfet de région à Québec et un préfet de département à Montréal. Nos deux préfets s'entendraient avec leurs collègues de la métropole sur la date des soldes et seraient chargés de faire respecter les lois de la République, votées à Paris. Nos problèmes de bois d'œuvre et de sirop d'érable avec les Américains, on ne les réglerait pas nous-mêmes, il faudrait attendre que Paris s'éveille et fasse un arbitrage selon des critères qui ne sont pas les nôtres. En fait, il n'est pas certain que nous aurions des ennuis avec les Américains puisqu'on n'aurait pas eu le droit de commercer avec eux pour quoi que ce soit, sauf avec la permission du Quai d'Orsay. On n'aurait aucune industrie de transformation et encore moins une industrie aéronautique : on produirait de l'aluminium sur les berges du Saint-Laurent (pas trop loin) et on bûcherait la forêt. En cas de marasme, on se ferait dire : « Restez assis et attendez les allocations. On change le préfet. » On vivrait bien, mais sans liberté politique d'aucune sorte. Naturellement, nos ancêtres seraient les Gaulois, j'aurais un grand-père qui serait mort à Verdun, et mon grand-oncle aurait fait la Résistance. Peut-être le gouvernement Raynaud se serait-il replié sur Québec en 1940. J'aurais sans doute fait Sciences-Po et j'aurais pu aussi faire préfet. En tout cas, je pourrais travailler dans la presse française. Mon chef de l'État aurait été de Gaulle, mais il ne serait jamais venu nous dire : « Vive le Québec libre ! » – ça, c'était juste pour l'exportation.

Je ne dis pas que le fédéralisme vaut nécessairement mieux que le centralisme à la française, mais il est certainement mieux adapté à un organisme dont certaines parties sont très éloignées.

Le dernier soir, je m'en ouvre à Gustave.

« Il me semble qu'il faudrait plus de pouvoir aux gouvernements locaux. »

Il m'examine avec un regard en forme de *puzzle*.

« Qu'est-ce que tu appelles des gouvernements locaux, chasseur d'orignal ?

– Ben, la commune, la région, le département... »

Ça le fait rire, Gustave.

« Putaing, c'est pas des gouvernements locaux !

– C'est quoi, alors ?

– C'est de l'administration locale !

– Justement ! Ça ne fait que renforcer mon idée ! »

Le fondement de tout le système, c'est la doctrine d'assimilation. Pour l'outre-mer, ça ne marchera jamais qu'à moitié. D'autant que les Guadeloupéens sont noirs, ce qui fait qu'ils passent pour d'éternels étrangers en France, même s'ils sont pour la plupart de bien plus anciens Français que les Corses, les Savoyards ou les Alsaciens.

Les Guadeloupéens sont français quand ça fait leur affaire, mais ce n'est pas leur identité première. Quand ils parlent de la France, ils disent « la métropole ». En fait, malgré cinquante-cinq ans de départementalisation, la Guadeloupe n'a guère plus intégré la France que la France n'a intégré la Guadeloupe et ses départements d'outre-mer. Ouvrez n'importe quel dictionnaire pour connaître la superficie de la France, et on vous dira 540 000 kilomètres carrés. Il en manque près de 100 000 avec les Dom-Tom. Même le *Quid* classe les régions d'outre-mer à part des régions « françaises ». Alors, c'est la France ou bien c'est pas la France ? Si les Japs avaient bombardé Pointe-à-Pitre au lieu de Pearl Harbor, Paris, Lyon et Marseille auraient fait bof !

Autre conséquence de l'assimilation : toute la structure politique qu'on a donnée à l'administration locale est le reflet exact de ce qui se fait ailleurs en métropole, sauf que ça ne marche pas. Par exemple, la Guadeloupe, c'est un département. Quand la France a créé les régions, elle a tout simplement créé la région de Guadeloupe, deux entités administratives qui se partagent très exactement le même territoire – alors que les régions métropolitaines regroupent toutes au moins quatre départements. Si bien qu'en Guadeloupe les présidents des conseils du département et de la région se marchent sur les pieds et se disputent sans arrêt pour des questions de prérogatives, ce qui justifie commodément le rôle d'arbitre du préfet. Aurait-on pu créer une entité propre qui ne soit ni département ni région mais les deux ? En pratique, sûrement, mais pas selon le principe d'assimilation. Et c'est le principe qui a gagné. Fait curieux, l'administration n'est pas tombée dans le même panneau : le préfet du département et le préfet de région sont une seule et même personne.

En décembre 1999, la très gaulliste Lucette Michaux-Chevry, maire de Basse-Terre, présidente du conseil régional et députée, qu'on ne peut pas taxer de séparatisme, a fait une déclaration commune avec les présidents des conseils régionaux de Martinique et de Guyane pour demander plus de pouvoirs locaux. Il ne fait aucun doute que si une Lucette Michaux-Chevry et un Gaby Clavier se mettent à réclamer ce qui se résume à la même chose, c'est qu'il faut vraiment changer les choses !

L'idée est dans l'air, car deux semaines après mon retour en France (notez l'erreur) Jospin sort les accords de Matignon, qui visent à donner à une assemblée corse le pouvoir de « modifier » les lois de la République.

C'est une forme de « fédéralisme » assez diluée, mais j'arrête là, car il ne faut pas dire de gros mots...

XXII

Ce n'est qu'un au revoir

Où l'auteur, sur le point de tirer sa révérence, étire la sauce avec trois rappels, évoquant ses dilemmes personnels, narrant ses tribulations à Vimy, tirant des conclusions sur la mondialisation, pour finalement lever le camp et mettre un point final à ce brillant ouvrage – quand y faut, y faut, hein ? Bye. Bisous. Donne des nouvelles. On s'appelle. Bon ben, ciao, à touta. C'est ça.

Cette fois, ça y est : le millénaire change pour de vrai. Ce passage revêt une signification toute particulière pour moi, pour Julie aussi, car c'est à minuit le 11 nivôse an CCIX – 31 décembre 2000 – que se termine officiellement mon contrat de correspondant avec l'*Institute*. Ça n'est pas une grosse surprise : je savais dès le départ qu'il ne serait ni prolongé ni renouvelé. Mais tout de même : c'est la fin d'une époque, et surtout le commencement d'une autre.

En juin, je dois obligatoirement donner une conférence devant les membres de l'*Institute* – elle est programmée depuis le départ. Une question se pose : sera-ce un aller simple ou un aller retour ? Gros problème, car ça commence à être un peu notre chez-nous, ici. Encore un arrachement ! On s'était déjà

311

arrachés du Québec en 1998. Et maintenant, on s'est fait quelques racines en terre française. Quand on tire, on sent que ça va arracher. Donc on angoisse un peu sur le pourquoi, assez sur le comment et beaucoup sur le quand.

En vérité, il y a certaines choses auxquelles on ne s'habitue pas. En voici donc le palmarès exclusif, en ordre croissant de chianterie :

12) L'heure de lever du soleil : toujours trop tard, même au printemps.

11) Les pourboires : j'en laisse, ou j'en laisse pas ?

10) Je dis mademoiselle ou madame ?

9) Félicitations pour votre accent.

8) Le petit déj.

7) L'heure du déjeuner.

6) Le pressing qui ferme pour le déjeuner.

6) Se faire dire qu'un tapis est une moquette.

6) La priorité à droite.

6) Les toilettes à la turque.

6) Les taxis parisiens.

6) La merde de chien.

(Les six derniers sont ex aequo.)

Des niaiseries, j'en conviens, mais le genre de niaiseries qui me rappelle constamment que je ne suis pas chez moi. Si vous ne les avez pas remarquées, vous êtes français, c'est tout. D'ailleurs, on peut établir le degré de francité rien qu'avec ces douze items. Avec un score de 9 sur 12, vous êtes français. Après un séjour de quinze à vingt ans, j'espère pouvoir péter le 6 sur 12.

En fait, en toute franchise, des considérations bien plus sérieuses pèseront dans la balance – c'est personnel. Mais après quelques mois à branler dans le manche, la décision est arrêtée : ce sera le 26 mai, et ce sera un aller simple. Je ne me sens pas le cœur à retourner au Québec tout de suite. Julie non plus.

Alors ce sera Toronto : l'autre Canada, la métropole canadienne, les grands lacs, Niagara, les protestants, les outardes, l'étalement urbain, les trams. On verra ce qu'on verra, et ça donnera ce que ça donnera.

Il peut paraître étrange que ce chapitre couvre les six derniers mois alors que j'en ai écrit de bien plus longs qui se déroulaient sur un seul week-end. La raison en est simple : il ne se passera plus grand-chose. À cause du succès... Nos démarches pour obtenir des contrats d'édition ont trop bien abouti. Payot, boulevard Saint-Germain, a craqué pour un compte rendu loufoque de mes deux ans en France (c'est le livre que vous avez acheté, lu et aimé). Côté américain, Sourcebooks, à Chicago, nous a commandé un ouvrage fort sérieux sur le qui, le quoi, le où, le quand, le comment, le pourquoi de la France – mais oui, je peux être sérieux quand je veux. Le titre en sera d'ailleurs sans équivoque : *Sixty Million Frenchmen Can't Be Wrong (Soixante Millions de Français ne peuvent avoir tort)*. Avec un titre pareil, vous pouvez être certain qu'on ne dira pas de méchancetés. Je suis donc un auteur tout à la fois germanopratin et chicagolais, privilège rare dont je m'efforcerai d'être digne.

La beauté du métier d'écrivain voyageur, c'est la partie voyage. Voir du pays, s'amuser pendant des mois, vivre de drôles d'aventures aventureuses, subir des avanies, fraterniser avec l'indigène, la dysenterie, le choléra, la malaria. La partie écrivain est nettement moins jojo : pendant des mois, je vis enchaîné à mon ordinateur pour pondre le bouquin, travail de forçat et d'un ennui mortel qui occupera toute l'année 2001 – je la passerai en peignoir et en pantoufles.

Je tairai donc mes joies, mes peines, mes inquiétudes et mes fébrilités durant cette période. Après tout, je n'écris pas un livre sur le gars qui écrit un livre sur le gars qui écrit un livre. Autrement je serais chez Gallimard, pas chez Payot. Ce genre-là vous pompe l'air, moi aussi. (D'ailleurs, j'ai beaucoup écrit au cours de mes deux années en France et je ne vous ai pas embêté avec ça.) Et puis, ça n'est pas très original. Les variations sont connues : la femme qui écrit un livre sur son mari qui écrit un livre ; le fils qui écrit un livre sur sa mère qui écrit sur son père... En roman, à la rigueur. En récit, c'est infect. Et en autobiographie, c'est imbuvable de narcissisme : l'auteur qui s'écrit écrivant son livre sur lui-même écrivant. Pire que pire : l'auteur qui écrit sur lui-même pensant écrire un livre sur ses pensées à l'instant de leur pensement.

Donc, grosso modo, je mènerai une vie de reclus dans Paris au tournant du troisième millénaire, sortant peu, voyageant à peine, mangeant beaucoup, buvant davantage encore, pondant mes chapitres de semaine en semaine.

Mais quand même, je ne resterai pas toujours assis sur mon steak. Entre deux chapitres, je m'autoriserai plusieurs randos et deux ou trois escapades.

Notamment une sortie mémorable à Arras. C'est le copain de mon amie Valérie Lehmann, Jean-François Nantel, qui nous y conduit dans sa BMW. Jean-François est l'un des rares Canadiens que je connaisse dont le but dans la vie est de devenir français – il faut dire qu'il est un peu français par sa grand-mère, ce qui est rare. À vingt et un ans, il a vécu trois mois à Arras comme guide canadien sur le site de la bataille de la crête de Vimy. Et il tient à nous montrer ça.

C'est un lieu de mémoire important pour nous autres Canadiens : nos soldats y combattirent – sous commandement canadien pour la première fois. Du 9 au 14 avril 1917, 11 000 d'entre eux disparurent au cours d'un engagement féroce où ils culbutèrent les

Allemands en bas de la crête. Depuis le gros monument, la crête de Vimy est impressionnante. Côté français, ça n'a l'air de rien : ça monte en pente douce. Mais côté nord, un escarpement de cent mètres domine la plaine de Douai sur des kilomètres, avec une mine de houille à chaque kilomètre ou presque. C'était ici le cœur industriel de la houille française.

Je visite un champ de bataille de la Grande Guerre pour la première fois et j'en suis assez bouleversé. Le gouvernement canadien a tout fait pour conserver l'endroit en l'état. Mis à part les 11 000 pins – un par disparu – le terrain herbeux est labouré de cratères. Défendu de marcher hors des sentiers : il subsiste encore un engin explosif par mètre cube, dit-on. Un peu partout, les moutons batifolent. C'est gentil comme tout, mais il s'agit de moutons démineurs qui broutent l'herbe rase l'air de rien et qui sautent sur une mine de temps à autre – le dernier a sauté il y a quinze ans. Le temps passe. Mais le souvenir de ces soldats disparus, vaporisés, fait frémir.

Ce qui m'amène à discuter un peu de mondialisation. Sans en avoir l'air, je vous en ai beaucoup parlé, quoique indirectement, dans mes laïus sur l'État, la grandeur, le principe de non-affirmation, les AOC, Bové, la guerre, le temps, les traditions, le celtisme, l'éducation.

À force, j'en suis venu à une conclusion qui m'a surpris sur le coup, mais qui s'est peu à peu imposée. On parle beaucoup de mondialisation en France, comme partout ailleurs, à cette différence près qu'on estime que la mondialisation vient d'ailleurs – alors qu'elle est principalement domestique. Les Français se mondialisent d'eux-mêmes depuis longtemps et vigoureusement, quoique sans se vanter. Mais davantage que la mondialisation, quatre phénomènes simultanés

315

agissent profondément sur la France : la paix, la démocratie, l'Europe et la démographie.

Paix. – Cela fera bientôt soixante ans qu'il n'y a plus eu de guerre en Europe. Il s'agit de la plus longue période de paix depuis cinq siècles. Bon, bon : il y a eu l'ex-Yougoslavie, la guerre d'Algérie, le mur de Berlin et la guerre froide. Mais je parle ici du territoire de l'Europe institutionnelle, dont c'était la mission première de rendre impossible l'idée même de guerre en Europe. Plus personne n'envisage sérieusement la possibilité d'une guerre. Nul ne peut mesurer ce qui en découlera. La seule certitude, c'est que l'État y perd sa principale justification de protecteur.

Démocratie. – Une autre coutume qui changera la France pour de bon. La France n'est-elle pas une démocratie ? Si, mais c'est nouveau. Il y a très peu de temps que les contraires se tolèrent. Depuis 1789, les Français ont subi onze régimes différents – cinq républiques, trois monarchies, deux empires et une dictature fasciste. Tous sauf un sont le fruit d'une révolution, d'un coup d'État ou d'une guerre. Le trait uniforme de toute cette période, c'est l'obstination malsaine avec laquelle les rivaux politiques se sont employés à s'éliminer. En 1958, de Gaulle a pris le pouvoir par un coup d'État légal, mais il a pour la première fois institué une démocratie fonctionnelle, capable de tolérer les tensions. Les Français de mon âge ont tous grandi dans un système démocratique avec des institutions stables recevant l'adhésion universelle. Ici, l'État perd une autre de ses justifications, car c'est lui qui a de tout temps arbitré les conflits entre Français.

Europe. – Même si on ne prononce jamais le mot, cela se veut une « fédération » de fait d'États souverains à la canadienne. Les Français, imbus de cohérence, devront apprendre à vivre de façon centralisée dans un système qui ne l'est pas, ce qui n'est pas la moindre des contradictions. Pour la première fois, l'Europe est unie. Pour un vieux pays terrien comme la France, cette unité est la réalisation d'un rêve, même si cette Europe ne s'appellera pas France. Le succès d'Airbus n'est pas une exception, mais plutôt le signe de ce qui s'en vient. L'Europe économique s'est faite : il reste à faire l'Europe du social, l'Europe des partis, l'Europe culturelle, l'Europe judiciaire, l'Europe militaire. Certains de ces chantiers sont plus avancés que d'autres, certains ne se feront pas, d'autres prendront du temps. C'est le propre des fédérations de ne pas être Une et Indivisible. Dans mon pays, le Canada, une grosse partie du social (y compris l'école, la culture et la langue) est gérée au niveau des provinces, ce qui veut dire qu'il n'y a pas de Canada social, même s'il y a un Canada économique et un Canada politique.

Démographie. – Peut-être le plus imprévisible, mais aussi le plus inexorable. En cinquante ans, la population française est passée de 40 à 60 millions d'habitants. C'est autant que dans les cent cinquante ans précédents. Énorme. Ce qui fait que la France a cessé de stagner. Cette croissance forcée de ses structures l'a secouée dans ses certitudes malthusiennes. Et identitaires – quoique ses difficultés d'intégration des immigrants soient les mêmes ailleurs. La France craque de toutes parts, mais elle a tenu le coup. Par un effet de choc en retour historique, la plupart des grands pays européens connaîtront des reculs démographiques importants d'ici 2040 – sauf la France, qui a mieux géré sa natalité que les autres. L'Allemagne, entre autres, passera de 80 à 55 millions d'habitants pendant la même période. On en mesure mal les conséquences politiques, économiques et sociales pour l'Europe. Au XIXe siècle, l'Europe a subi des tensions graves du fait de la stagnation démographique de la France par rapport à toutes ses voisines. Cette fois, c'est le contraire : la France fera du surplace, mais toutes ses voisines reculeront.

Je sais, je sais, cela fait très *dry* parce que très court, mais c'est juste pour vous montrer que la mondialisation, là-dedans, c'est rien qu'un truc pour faire parler Bové.

Ce qu'il y a de bien quand on s'arrache de France, c'est que tous les amis veulent nous revoir et que le champagne coule en abondance. Je ne vous reparlerai pas de tout et de tous, parce qu'on n'en sortirait pas, et puis ça ferait des jaloux. Mais pour vous donner une idée de la bombance, j'avais fait une épicerie trois semaines avant le départ et nous n'avons touché à rien. Pendant ce temps, il faut tout répartir en quatre tas : ce qu'on jette, ce qu'on donne, ce qu'on mettra sur le bateau et ce qui viendra avec nous dans l'avion – pour pouvoir travailler efficacement à l'arrivée en attendant le bateau, qui met six semaines avec la douane[1].

Tout se met en place la dernière semaine. Le lundi, notre mobilier de maison s'envole. Le mardi, nos soixante-quinze cartons partent pour le Canada. Le mercredi, l'équipement de bureau est dispersé. Pour simplifier les opérations de la dernière semaine, Julie et moi allons loger à l'hôtel Ibis dès le lundi. Elle proteste un peu, au départ, Julie ma Julie, car elle voudrait une petite pension sympa. Moi, pas question de rester dans un vieux truc, au sixième sans, avec une douche-téléphone-sans-fixation-au-mur.

Le plus étonnant dans ce genre d'arrachement, c'est qu'on fait une sorte de retour en arrière et qu'on

1. Ici, l'auteur, maîtrisant mal son émotion, essuie discrètement une larme au coin de l'œil.

marche un peu dans les mêmes traces qu'à l'arrivée, mais en accéléré. On commet les mêmes erreurs, il nous arrive les mêmes mésaventures et on refait le même type de découvertes que dans les premiers jours. Par exemple, l'hôtel se trouve sur la branche gauche de la Fourche, que nous connaissons à peine alors que c'est à trois cents mètres de chez nous. Le quartier est très différent de notre futur ex-quartier : les rues sont plus étroites, les gens sont plus pressés et c'est nettement plus black. Trois cents mètres !

Le jeudi, il ne reste plus rien, et Jean-François Nantel vient chercher quelques meubles que je lui ai vendus – deux bibliothèques, trois classeurs. Dont un qui ne rentre pas dans son véhicule. Heureusement, Ridha de Chez Ridha accepte de le prendre pour quelques jours. Ridha n'est pas content qu'on parte – mais depuis trois jours qu'on jette des trucs, des petits meubles, je sais qu'il en a récupéré la moitié.

Nous soupons le dernier soir avec la belle Paola DeGhenghi au restaurant de l'Institut du monde arabe. Paola, on l'a revue deux fois cette semaine et ce n'était drôle pour personne, car on est devenus un peu sa famille. Mais elle est nettement de meilleure humeur, cette fois. Coup de chance : le maître d'hôtel nous prend pour d'autres et nous donne sa meilleure table, côté ouest, juste au-dessus de la Seine. Le tajine est absolument exquis, les vins tunisiens sont excellents et le coucher de soleil entre la Défense et Notre-Dame est à vous couper le souffle.

Le lendemain matin est le jour de gloire. Je suis passablement énervé par l'état des lieux, car je veux récupérer ma caution. Mes amis m'assurent que ça ne posera pas de problèmes, mais je trouve le système assez poétique. Pour vous donner une idée, j'ai même effacé les taches sur les murs à la gomme à effacer. Globalement, ça devrait aller : l'appartement a même plutôt pris de la valeur avec tout le travail qu'on y a fait — sauf pour la porte, que Ridha avait tordue en voulant la défoncer (pour nous aider : Julie avait oublié les clefs à l'intérieur) et dont j'ai masqué les fissures au vernis à ongle.

L'agent, M. Prunier, arrive, toujours aussi fendant que deux ans auparavant. Et il fait son inspection pièce par pièce, et on glandouille. Quand il a terminé, il vient me trouver :

« Vous avez fait une connerie, monsieur Nadeau.

— Ah ? dis-je (en pensant : Toujours aussi chat de gouttière).

— Vous n'auriez pas dû faire débrancher le gaz et l'électricité.

— Oui, mais je restitue l'appartement tel quel et je n'avais ni l'un ni l'autre pour le premier état des lieux.

— Ah !... Enfin ! Vous avez amélioré les lieux.

— Ouais, j'ai arraché les tapis.

— La moquette, vous voulez dire ! Ah ! Ah ! Ah ! Vous n'avez donc rien appris ! »

Toujours aussi maîtresse d'école, finalement, pensé-je. Je retiens le gorille qui grogne en moi, tout de même, vu qu'on veut récupérer le dépôt. On signe et il nous promet qu'on reverra notre argent très vite.

Naturellement, en sortant, on tombe sur le Portugais, avec son clebs incontinent.

« Ah ! Qui sa mé quo fa mé lo sé pipi cheiche ! Vous piteche ?

— Qu'est-ce qui dit ? » demande Prunier, qui n'est pas habitué.

Moi, j'ai compris depuis la Gwadloup que le gars parle en fait une sorte de créole.

« Pas ni pwoblem. Chiche capiche campeche regresser en mé Chanada !

— Au revoir, monsieur Nadeau ! lance Prunier.

— Bonjour, monsieur Prunier ! »

Nous retournons à l'hôtel pour faire nos bagages, mais aussi l'inventaire complet pour la douane canadienne. Nous avions prévu un souper grandiose dans un grand restaurant BCGC – Bon Chic, Genre Cher –, mais on est tellement crevés qu'on annule. On est tout juste bons pour le pique-nique sur les bords de Seine : baguette, rillettes, cornichons, salade parmentier, pinard, sur le petit bout de quai de l'île Saint-Louis. De là, on voit l'hôtel de ville, les péniches dérapant mollement dans la courbe devant le pont d'Arcole. On n'est pas tout seuls, mais c'est pas grave. Le pique-nique sur les bords de Seine est devenu notre spécialité. En fait, c'est exactement ce qu'il nous fallait, les quais de Seine. Pour bien finir, comme tout a bien commencé.

Observer, c'est perturber : je vous ai dit ça plus tôt. C'est vrai qu'on a fait quelques petites vaguelettes ici et là et qu'on a laissé des souvenirs, mais les plus perturbés, finalement, c'est Julie et moi. On ne reverra plus notre pays comme avant, c'est certain – mais cela, c'est un autre livre, alors faites un effort pour que celui-ci marche.

Finalement, la France, on s'y est faits. Moi qui croyais ne jamais pouvoir aimer la musique française et les journaux français, j'aurai du mal à m'en passer. Et que dire de vos anglicismes, vos barbarismes, vos communismes, vos socialismes, vos gaullismes, vos Chevènement, vos Pasqua, vos DSK, vos PPDA, vos Pivot, vos apostrophes, vos best of, vos chiraquies, vos jospinies, vos Bové, vos bourdivineries, vos intellos, vos gogos, vos énarques, vos sévices publics, vos Bretons, vos Basques, vos bédés, vos télécartes, vos Sacré-Cœur, vos coups de cœur, vos querelles, vos guéguerres, vos anars, vos nanars, vos nanas, vos tatas, vos tontons, vos bobos, vos prolos, vos Blacks, vos beurs, vos jambon-beurre, vos patrons, vos 35 heures, vos AZERTY, vos deugs, vos deuches, vos musulmans, vos cathos, vos réformés, vos libertés, vos égalités, vos fraternités, vos principes, vos compromis, vos Bastille, vos bastides, vos bastons, vos 14 Juillet ! Vos France, quoi !

Et moi, quand je reviendrai, ce ne sera déjà plus la même chose !

Je vais vous dire une chose que je n'aurais pas crue possible il y a trente mois : Vous allez me manquer.

Lu et approuvé, bon pour lecture.
À Toronto,
ce potiron 10 brumaire an CCX
(autrement dit : ce mercredi 31 octobre 2001),
JBN.

TABLE DES MATIÈRES

Impression réalisée sur CAMERON par

BUSSIÈRE CAMEDAN IMPRIMERIES

GROUPE CPI

à Saint-Amand-Montrond (Cher)
pour le compte des Éditions Payot & Rivages
en mai 2002

Nᵒ d'impression : 022523/1.
Dépôt légal : février 2002.

Imprimé en France